퇴사는 무섭지만
돈은 벌고 싶은
월급쟁이들에게

퇴사는 무섭지만
돈은 벌고 싶은
월급쟁이들에게

최영은·문지애 지음

일인일북

퇴사는 무섭지만
돈은 많이 벌고 싶어

세상사는 건 참 어렵습니다. 원하는 대학, 원하는 회사, 원하는 사람과의 사랑까지 뭐 하나 쉬이 되는 게 없습니다. 어렸을 때를 떠올리면 정말 부모님 말씀대로 공부가 제일 쉬웠습니다. 물론 잘하는 건 어렵지만 책상에 앉아있는 건 쉬웠습니다.

그리고 사회인이 된 지금은 어려운 게 더 많아졌습니다. 어른이 되면 부자가 되는 것도 멋진 자식이 되는 것도 쉬워질 줄 알았습니다. 그러나 아직도 저는 상사에게 결재받기 전 틀린 게 있나 없나 두려워하고 이 사람이 나를 어떻게 생각하나 고민하며 밤새워 뒤척입니다. 일도, 학업도, 인간관계도 뭐 하나 내 맘대로 되는 게 없는 세상이긴 합니다. 그러나 딱 하나 내 맘대로 되는 게 있다면 무엇일 것 같나요?

네, 놀랍게도 돈입니다. 돈만큼 내가 컨트롤할 수 있고 책임질 수 있는 게 있을까요? 주식을 사고파는 것, 아파트를 매매하는 것, 돈을 저축하고 소비하는 것. 물론 결과는 보장할 수 없지만 제가 어른이 되고 딱 하나 내 맘대로 할 수 있는 건 바로 돈을 굴리는 것이었습니다.

이렇게 자신 있게 이야기하는 이유는 제가 물고 태어난 게 금수저가 아니기 때문이죠. 물론 S기업 같은 대기업에 다니지도 않습니다. 굳이 수저를 논하자면 배스킨라빈스 핑크 수저랄까요? 아이스크림을 먹기 전 설렘처럼 제 인생에는 멋진 부모님 덕분에 설레는 일들이 많았으니까요.

현실을 이야기하자면 저는 여러분과 같이 월 200만 원을 버는 직장인입니다. 그런 저도 하고 있기에 자신 있게 이야기하는 겁니다.

제가 재테크를 시작하게 된 계기는 실패였습니다. 공부라면 꽤 한다고 자만했던 저는 원하던 대학에 떨어졌습니다. 당시 저는 재수할 용기도 없었고 실패가 무서웠습니다. 재수학원 비용의 무게와 부모님의 기대는 제가 현실과 타협하게 했고요. 물론 덕분에 안정적인 직장도 얻었고 그 과정에서 정말 사랑하는 친구들을 만났습니다. 그럼에도 마음 한편에는 채워지지 않는 욕망이 가득했습니다.

내가 하고 싶은 일을 하면서 돈도 얻고 싶은 욕망, 그리고 한평생절 위해 고생하신 엄마에게 주고 싶었던 억 단위가 찍힌 통장과 세계일주가 꿈이라던 아빠에게 항공권을 주고 싶은 욕망까지요. 저는 부자가 되고 싶었습니다. 돈 때문에 힘들어하셨던 부모님을 보는 것도, 재수를 못 했던 것도, 몇 시간 내내 서 있게만 하는 영화관 아르바이트를 때려치우지 못했던 것도 다 망할 놈의 돈 때문이었으니까요.

그냥 월 200만 원에 만족하며 살 건지, 아니면 뭐라도 할 건지 고민하다가 뭐라도 하겠다 결정한 날, 저는 카페에 앉아 여기서 얼마를 더 벌어야 여유 있게 살 수 있을까 고민했습니다. 월 천만 원이요? 아니요, 딱 여기서 100만 원만 매달 더 벌면 좋겠다고 생각했습니다.

처음에는 100만 원을 목표로 주식을 시작했습니다. 주식을 하다 보니 다른 부자가 되는 길도 보였습니다. 부자가 된 많은 사람의 강의와 책을 보다 보니 꼭 주식만이 길은 아니겠더라고요.

제가 찾았던 또 다른 길은 파이프라인 늘리기였습니다. 즉 수익이 들어올 곳을 뚫는 것이었죠. 저는 직장인이기에 늘릴 수 있는 파이프라인에 한계가 있었습니다. 부담 없이 할 수 있는 게 블로그였고 핸드폰으로 업로드하면 그만이니 크게 힘들지도 않았습니다. 그리고 매일같이 공부하는 주식시장 이야기와 기업 분석을 올렸습니다. 그러자 자주 오시던 한 블로그 이웃분께서 댓글을 달아주셨습니다. 영상으로 만들어주면 좋겠다고요.

'뭐… 하면 되지 않을까?' 이런 근거 없는 자신감으로 재테크와 자기 계발에 대한 영상을 유튜브에 올리기 시작했습니다. 그러다 보니 교사 대상 금융연수도 참여해보고 이제 부수입만으로 생활을 할 수 있을 정도로 벌고 있습니다. 월급보다 많을 때도 있고요.

물론 이 책은 돈을 어떻게 하면 벌 수 있는지에 대한 책 맞습니다. 잘 찾아오셨는데, 저와 같은 사회초년생분들이라면 이것만은 꼭 기억하셨으면 합니다. 부자에 이르는 길이 주식, 부동산과 같은 재테크만

이 아니란 걸 말입니다. 진짜 부자가 되는 길은 생각보다 다양합니다. 여기서만큼은 양다리, 문어 다리를 걸쳐도 됩니다. 이 이야기는 본론에서 이어가겠습니다.

제가 이 책을 쓰면서 여러분께 전하고자 하는 건 네 가지입니다.

    1. 직장인이라서 돈을 더 벌 수 있는 파이프라인 만드는 법

    2. 자신의 월급을 효과적으로 분배하고 종잣돈을 모으는 법

    3. 주식 또는 부동산 투자를 혼자서도 제대로 하기 위한 체계적인 가이드

여러분이 100만 원짜리 아이폰을 사면서, 곱창 4만 원어치 먹으면서, 1만 5천 원짜리 책은 몇 번이고 손에 들었다 놨다 하는 거 다 압니다. 저도 그러니까요. 왜 서점에만 가면 합리적 소비자가 되는지. 그런 여러분들에게 책값 그 이상의 값어치를 하기 위해 온 힘을 다해 썼습니다. 직장인들의 슬픈 유행어 중에 '갈아 넣는다'라는 말이 있죠. 말 그대로 제가 쉐이크가 될 때까지 갈아 넣은 책이니, 여러분은 맛있게 소화만 하면 됩니다.

아, 한 가지는 어디 갔냐고요?

    4. 쉽고 빠르게 바로 써먹을 수 있는 투자 노하우

쉽고 빠르게 써먹을 수 있는 노하우는 사실 저에게 정말 절실했던 정보였습니다. 아니, 뭐가 중요한지도 모르면서 공부를 해야 하니 막

막혔거든요. 주위에 물어볼 데도 없고요. 제가 공부를 시작했을 때는 유튜브에 이렇게까지 다양한 주식 영상이 올라오기 전이었습니다. 회의적이기까지 했던 박스피 시절에 공부를 시작해서 온라인에는 소스가 많지 않았습니다. 그만큼 사람들이 재테크에 관심을 두지 않을 때였고 고금리 적금을 쫓아다니는 게 유일한 재테크였을 때였죠. 대신 오프라인 세미나는 활발했기에 저는 '몸 테크'를 택했습니다. 태풍이 오나 비가 오나 거리가 5시간이 걸릴 만큼 멀어도 가서 배웠습니다.

물론 지금은 많은 유튜브나 책이 있긴 하지만 오히려 너무 많아서 뭐부터 봐야 할지 모르겠는 시점이긴 합니다(그럼 영애리치 구독부터).

어찌 됐든 사회초년생은 너무도 어리고 아는 게 없습니다. 주위 사람들도 같은 처지니까 물어볼 데도 없습니다. 그렇기에 이 시기에 돈을 배운다는 건 너무도 외로운 길을 걷는 겁니다. "왜 그렇게 살아?" "왜 그렇게까지 해?"라는 말을 수도 없이 듣게 되기도 하고요. 그런 길을 걸어갈 우리 사회초년생분들에게 이정표도 하나 없다면 너무 답답하고 힘들 것 같더라고요. 그래서 제가 걸어갔던 길 중에서 제일 빠르고 안전했던 길들을 골라서 노하우라는 이름으로 한 이정표를 남겨두려고 합니다.

물론 저는 경제 전문가도 아니고 수백억 원을 가진 자산가도 아닙니다. 경제에 대해서 이제 조금 떠들고 내 집도 겨우 마련한 일개 직장인이지만요. 퇴사는 무섭고 돈을 많이 벌고 싶은 욕심 많은 직장인 또는 돈 공부 쪽에서는 시건방진 젊은 선배라고 생각하고 읽어주시면 감사하겠습니다.

마지막으로 정말 이 책과 함께 꿈을 꾸었으면, 돈 공부를 통해 돈을 벌었으면, 그래서 정말 퇴직이 아쉽지 않은 여유 있는 직장인 부자가 되기를 감히 바라봅니다.

최영은

***

남에게 무언가 알려주는 것도 좋아했고 앞에 나서서 말하기도 참 좋아하는 아이였습니다. 20년이 지난 지금, 저는 교사가 되었습니다. 물론 아이들과 함께 하는 하루하루가 행복했습니다. 그러나 동화처럼 '꿈을 이루고 행복했습니다'로 현실은 끝나지 않았습니다. 직업만 가지면 끝이 날 줄 알았는데 사회로 처음 나선 저는 당장 발 뻗고 내디딜 곳 하나 없었으니까요.

경기도와 전라도를 오가면 겨우 얻었던 전셋집은 저의 따뜻한 보금자리였으나 제게 다가온 또 하나의 차가운 현실이었습니다. 전세 만료 기간이 다가오자 집주인분께서는 전세금을 2배로 받겠다고 하시더군요. 이제 막 사회초년생이 된 저에게는 세상이 너무하다고 느껴졌습니다. 하지만 언제까지나 현실을 탓할 수는 없었습니다. 현실을 비난하고 머무르기보다는 현실을 깨고 해결책을 찾아 나아가고 싶었습니다.

그때 주식 투자가 눈에 들어왔습니다. 좋은 기업에 투자하고 기업이 성장해갈수록 나의 투자금도 함께 불어나다니 이 얼마나 아름다운 이야기인가요. 그런데 해보셨으면 아시겠지만 투자는 전혀 아름답지 않았습니다. 조용하지만 치열한 전쟁터가 따로 없었습니다.

먼저 그 전쟁터에서 헤쳐나가기 위한 도구를 모았습니다. 그렇게 도서관에 가서 책을 빌리고 경제 신문을 구독하기 시작했습니다. 책 사는 돈은 아끼지 말라고 했지만, 그마저도 아까워서 매일같이 도서관을 갔습니다. 제가 바라보았던 투자는 그저 돈을 넣고 돈을 먹는 게임인 줄만 알았습니다만 주식 투자는 하나의 세상이었습니다. 경제와 세계, 사회, 인간 심리가 얽혀 있는 새로운 세상이었습니다. 그 세상을 해석해가면서 제가 어떤 자산을 선택하고 불려야 할지 고민해나가고 있습니다. 그 과정을 통해 앞에 나왔던 2배 오른 30년 넘은 전셋집보다 훨씬 더 좋은 곳으로 탈출을 했고요.

저를 비롯한 이 글을 읽고 있는 사회초년생 또는 대한민국의 모든 직장인분께 우리의 소중한 월급을 현명하게 불려나갈 방법을 함께 나누고 싶었습니다. 적어도 7~8시간, 그렇게 하루하루 열심히 일해서 얻은 소중한 월급을 그대로 방치해두었다가는 우리의 풍족한 노후에 큰 도움이 되기는 어렵기 때문입니다. 국민연금연구원의 연구보고서 '노인가구의 소비수준을 고려한 필요 노후소득 연구'에 따르면 사람들은 은퇴 후 월평균 210만 원 필요하다고 생각합니다(부부의 경우).

'210만 원? 열심히 모아야겠다.'라고 생각할 수 있지만 여기서 우리가 간과한 사실이 하나 더 있습니다. 바로 돈의 가치 하락입니다.

30대 기준 지금보다 20~30년 정도 후 은퇴할 테고 그때쯤이면 돈의 가치는 더욱 떨어져 한 달에 약 260만 원이 필요하다고 쳐봅시다. 60살에 은퇴 후 20년을 산다고 가정한다면 필요한 노후자금은 약 6억 2천만 원. 한 달에 150만 원씩 20년을 꾸준히 저금한다 해도 3억 후반이 모이기에 우리는 저축만이 아닌 무언가를 해야 합니다.

　이 책에서는 우리의 월급을 불릴 그 무언가에 관해서 이야기를 나누었습니다. 이 책을 읽는 여러분의 소중한 시간과 책을 구매하신 돈을 헛되이 하지 않도록 책을 알차게 썼습니다. 이 책의 전부면 무척 좋겠지만 몇 파트, 어느 구절이든 여러분들의 풍족한 노후와 자산 증식을 위해 도움이 되셨으면 좋겠습니다.

문지애

5장 주식이 어렵다면 ETF로 시작하라

6장 부린이를 위한 내 집 마련 가이드

7장 제2의 월급으로 제2의 인생 살아가기

1장

월 200 월급쟁이,
3년 만에 내 집 마련하다

기회의 시기가 오고 있다

가치 있는 자산은 결국 우상향한다

부동산 상승기인 2014년부터 2021년까지 집값은 쉬지 않고 올랐습니다. 성남에 있는 구축 아파트인 41년 차 미도아파트의 경우 24평 2014년 2억 5천만 원이었지만 2021년 10월 8억 원을 찍었습니다. 성남이라는 입지의 힘도 있겠지만 녹물 샤워 안 하면 다행인 41년 차 아파트조차 8억 원대 아파트가 되어버렸습니다.

물가가 오르니 자잿값, 인건비가 많이 드는 아파트값이 오르는 건 당연한 겁니다. 안 오르는 것 같아도 야금야금 오르는 우리의 월급처럼요. 문제는 우리의 임금 상승률 3배 이상으로 올랐다는 것이죠.

2021년 하반기를 기점으로 금리 인상을 시작했고 시장에 풀린 돈

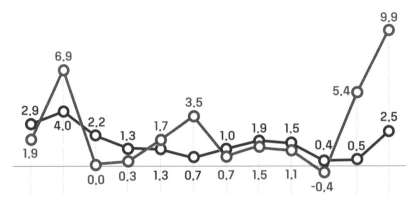

소비자물가 및 주택가격 상승률 추이(단위:%)

2010: 2.9 / 1.9
2011: 6.9 / 4.0
2012: 2.2 / 0.0
2013: 1.3 / 0.3
2014: 1.7 / 1.3
2015: 3.5 / 0.7
2016: 1.0 / 0.7
2017: 1.9 / 1.5
2018: 1.5 / 1.1
2019: 0.4 / -0.4
2020: 5.4 / 0.5
2021: 9.9 / 2.5

—— 소비자물가 상승률 —— 주택가격 상승률

※ 주택가격은 전국 단위, 아파트 및 단독·연립주택 포함

자료: 통계청·한국부동산원

들이 많이 회수되긴 했지만 그렇다고 해서 8억 원의 미도아파트가 다시 2억 원이 될진 의문입니다. 2014년과 2022년의 물가는 엄연히 다르니까요. 그러나 4억 원이 된다면 그건 기회입니다. 미도아파트를 사라는 것이 아니라 상승장세와 높은 입지 효과로 인해 가파르게 올랐던 아파트들이 4억~5억 원대로 내려온다면 월 200만~300만 원 버는 직장인들도 접근할 수 있습니다.

'아니, 어느 세월에 내려오겠어?' 의문을 가질 수도 있겠지만 실례로 2007년 가파르게 올랐던 수용성 지역이 있습니다. 수원, 용인, 성남이죠. 대형평수에 학군이 좋고 당시 준신축 격이라 인기가 있었던 용인의 성동마을 LG 빌리지1차 아파트는 2006년 9월 단숨에 시세

9억 5천만 원을 찍었습니다. 그리고 2008년 리먼 브러더스 사태와 부동산 침체기를 겪으며 2014년에는 고점의 절반 격인 5억 원이 되었습니다. 이때 용인은 '대형평수의 무덤'이라는 평을 들었고요. 용인에 미쳤다고 집을 사냐는 비아냥도 많았죠. 그러나 단 3년 만에 고점인 9억 원을 회복했고 2022년 현재 호가는 12억~13억 원 수준입니다.

여기서 알 수 있는 점은 천정부지로 솟을 것 같던 자산은 언제고 내려오게 되어 있고, 또 한없이 내려갈 것 같던 가격도 다시 오를 수 있다는 겁니다.

정부의 정책과 국제 금리의 변동성에 따라 많은 영향을 받을 수 있지만 가치 있는 자산은 결국에는 우상향한다는 점은 여러분도 알 겁니다. 주위에 다이아, 사파이어, 루비와 같은 보석들이 나와도 금값은 흔들리지 않죠. 금은 구리 이후에 인류가 가장 오랫동안 쓰고 있는 금속이자 6천 년이 지나도 여전히 인정받고 있는 귀금속입니다. 그 이유는 양은 한정되어 있는데 부식되거나 녹이 슬지 않고 다양하게 변형되기 쉬워 인간이 쓰기 편리한 금속이거든요.

가치 있는 자산은 금과 같습니다. '부동산이 앞으로 폭락할 거다', '주식은 휴지가 될 거다'라고 외치는 분들께 혹시 금을 좋아하냐고 물으면 백이면 백 좋아한다고 할 겁니다. 100년 뒤에 금값이 내려갈까요? 여러분은 어떻게 생각하나요.

주식, 부동산, 금의 공통점

주식, 부동산, 금은 다르지만 공통점이 있습니다. 바로 '한정성'입니다. 주식 수도 증자를 하지 않는다면 정해져 있습니다. 단 한 주도 액면분할을 한 적이 없는 워런 버핏이 인수한 버크셔해서웨이라는 기업이 있습니다. 소액 투자자들을 위한 B클래스가 있긴 하지만 단 한 번도 액면분할을 하지 않은 버크셔해서웨이 A클래스의 주가는 1주당 5억 원입니다. 5억 원이라니 거의 수도권의 아파트 가격과 맞먹습니다. 그럼에도 거래가 됩니다. 소유하는 사람은 많진 않지만 그 주식을 거래하는 사람들은 버크셔해서웨이의 가치를 믿는 사람들이겠죠. 대주주 중 한 명은 마이크로소프트를 창립한 빌 게이츠이고요.

번외로 처음 그가 대주주가 됐을 때 1964년 주가는 1주당 19달러였습니다. 당시 화폐가치로 생각해본다면 한화로 39만 원입니다. 그 당시도 낮은 주가는 아니었지만 2주만 갖고 있었더라도 10억 원 자산을 이룰 수 있었겠네요.

부동산은 어떨까요. 학군이 좋은 지역, 역이 있는 지역도 한정적입니다. 대구에서 5만 세대의 아파트가 지어져도 수도권에서는 아무 영향이 없습니다. 안양시에도 많은 새 아파트가 들어섰지만, 학군지로 유명한 평촌동은 30년이 지나도록 가격을 유지하죠. 이유가 뭘까요? 새로운 대체재가 생기더라도 본질은 사라지지 않기 때문입니다. 앞서 예시를 든 미도아파트는 41년 차이지만 강남으로 30분 안에 갈 수 있는 8호선의 초역세권입니다. 용인 수지 아파트는 근처 아이들이 용이

하게 갈 수 있는 초·중·고등학교가 인접해 있으며 30분 안에 강남을 갈 수 있는 신분당선이 도처에 있고요. 이게 본질입니다.

본질이 아닌 가격만 봤을 때 가장 많이 드는 예시로 일본이 있습니다. 우리도 일본처럼 될 거다, 1990년대 이후로 일본은 집값 상승이 멈췄다라고들 합니다. 그러나 이 지역을 쏙 빼고 말합니다. 바로 도쿄입니다. 중심지인 도쿄는 8년 사이 오히려 2배가 올랐습니다. 버블 이전 가격을 회복했고요. 일본 안에서도 입지가 좋은 곳은 한국의 상승세와 비할 바는 아니지만 오르고 있었다는 겁니다.

그리고 일본의 경우 한국과 다릅니다. DSR, LTV 등 대출한도가 정해져 있던 한국과 달리 일본에는 2천%까지 대출해도 규제를 하지 않았죠. 더 심각한 점은 집값이 폭락한 상황에도 공급을 쏟아냈습니다. 수요가 없는데 주택을 계속 지으니 가격이 더 하락할 수밖에요. 무리하게 대출을 했던 사람들은 갑자기 금리를 올려버리자 감당하지 못하는 지경에 이르렀고요. 한국에는 전세제도가 있기에 매매가가 전세가보다 내려가는 경우는 거의 없기에 전세가가 하나의 하한선이 되어줍니다. 하지만 일본에는 매매와 월세만이 있습니다. 받쳐줄 전세가 없으니 매매를 감당하지 못하면 매도할 수밖에 없는 거죠.

일본의 버블 경제는 한국과 비슷한 면모가 있습니다만 제도적 차이가 명확합니다. 그렇기에 우리의 미래가 곧 일본이라고 평가할 수는 없다고 생각합니다.

미국이 금리 인상을 단행할수록 자산 시장은 흔들릴 겁니다. 소비자물가지수 발표 하나에도 나스닥 지수가 4% 가까이 하락하는 시장이니까요. 하지만 영원히 금리를 인상할 수는 없습니다. 자산 시장의 버블을 꺼뜨리는 데 금리 인상이 도움이 될 테지만 투자를 진행하고 성장해야 할 기업들에게는 부담을 주게 됩니다. 투자를 단행해야 영업이익이 오를 텐데 영업이익은 그대로이거나 하락하고 내야 하는 대출이자 비용만 높아진다면 기업은 위태로워질 수밖에 없습니다. 기업이 위태로우면 노동자들이 위태로워지고 국민이 위태로우면 나라가 위태로워집니다. 경기침체를 원하는 나라는 어디에도 없습니다. 사업이 망하기를 바라는 기업도 없듯이 돈을 벌고 싶은 마음이 없는 사람도 없습니다. 그래서 영원한 금리 인상, 재정긴축은 없습니다.

위기는 늘 있었습니다. 그리고 언제나 예측할 수 없이 찾아왔습니다. 리먼 사태, IT 버블 사태, 스페인 독감 사태, 우리나라로 치면 외환위기 사태 그리고 2020년 코로나19 사태까지요. 위기로 사람들은 실직을 당하기도 하고 아파트값이 폭락하기도 하고 기업이 부도나기도 했지만 결국은 다시 일어났습니다. 우리 경제는 늘 위기를 맞았고 늘 회복하고 또 한 단계 더 성장하면서 지금까지 온 것입니다.

예측 안 되는 위기로 두려워할 게 아니라 어떻게 대처하고 어떤 선택을 할 건지 계획하는 게 더 중요합니다. 워런 버핏은 "다른 사람이 탐욕스러워할 때는 두려워하고자 하며, 두려워할 때만 탐욕스러워지고자 합니다."라고 말했습니다. 자산의 본질을 잊지 말고 치열하게 공부해 하락장에서 탐욕스럽게 기회를 잡았으면 좋겠습니다.

1억만 죽어리 모읍시다

왜 1억 원일까?

기회를 잡고 싶은 분들은 여기를 봐주세요. 단, 조건이 있습니다. 1억 원은 모아야 합니다. 1억 원을 모으기 위한 기간을 얼마로 두면 좋을까요? 계산해봅시다. 월 200만 원을 받는 직장인이 1년에 최대로 모을 수 있는 돈은 1,500만 원가량입니다. 그럼 6년이 걸리겠지만 임금 상승률을 고려해보면 평균 5년 정도의 시간이 걸린다고 합니다. 저 또한 이를 알기에 5년 내 집 마련 플랜을 세웠습니다.

저는 생각보다 빠른 3년으로 단축시킬 수 있었는데요(이 방법은 다음 장에서 소개하겠습니다). 만약 제가 지금까지 죽어라 적금만 부었다면 이제 막 1억 원을 모았을 테지만요. 그리고 1억 원을 모았다면 그

1억 원으로는 실물자산이자 투자가치가 있는 부동산을 살 수 있습니다. 1억 원으로? "요즘 같은 시대에 1억 원인 집이 어딨어?"라고 물으시겠지만, 우리에게는 대출이라는 시스템이 존재합니다.

4억 원의 집을 사기 위해선 4억 원이 필요할까요? 아닙니다. 4억 원의 30%인 1억 2천만 원만 있으면 됩니다. 70%는 대출을 이용할 수 있습니다. 생애최초 그리고 6억 원 이하의 아파트라면 집 가격의 70%는 대출받을 수 있습니다(보금자리론, 디딤돌대출 이용 시 금리 2~4% 이내). 일반 시중은행에서 빌린다면 80%까지 가능합니다만 금리가 상대적으로 높습니다.

2천만 원은 어떻게 하나요? 소득이 4천만~5천만 원(세전) 정도라면 2천만 원은 신용대출, 마이너스통장으로도 충분히 해결할 수 있습니다. 그러나 요즘처럼 금리가 높은 상황에서는 최대한 금리가 저렴한 회사 대출을 이용하시길 바랍니다. 특정 기업의 경우 무이자로 2천만 원까지 빌려주기도 하니까요.

이자가 많이 나가지 않냐고요? 5억 원 이하의 집일 경우 디딤돌대출을 이용하면 고정금리로 2.5%입니다. 한 달에 이자 비용이 48만 원 정도 나가는 셈이죠. 월세를 내도 50만 원은 나가는 세상에 월세를 내는 대신 온전한 내 집을 갖는다는 건 충분한 장점이 있습니다. 적어도 1년마다 재계약을 하면서 집주인 눈치를 보지 않아도 되니까요.

전세는 어떨까요? 부동산 하락장이었던 2010~2014년에도 꾸준하게 전세가는 유지되거나 상승하는 경우도 많았습니다. 매매를 하지 않으면 전세를 구하려고 할 것이고 그렇다면 전세에 수요가 몰리기 때문에 전세가는 유지되는 거죠. 물론 지나치게 오른 전세가의 경우 조정을 받기도 하고 주위에 신축 아파트들의 입주가 많은 시기에는 전세가가 일시적으로 하락하는 경우는 있습니다.

하지만 상승장의 경우 비교적 전세가는 가격 변동이 계단식으로 상승하는 모습을 볼 수 있습니다. 재계약이 돌아오는 연도에 집주인이 전세금을 올려버린다면 적게는 몇천만 원 많게는 몇억 원이 되는 경우도 봤습니다. 그럼 모았던 현금이 그대로 집에 묶여버리게 되거나 또 이사를 반복해야 합니다.

대부분 자산가는 0원에서 1억 원을 만드는 것보다 1억 원에서 10억 원을 만드는 게 더 쉽다고 합니다. 1억 원부터는 앞서 이야기한 것처럼 부동산을 살 수 있습니다. 그 뒤로는 여유 있게 다른 투자를 계획해볼 수 있겠죠. 돈을 더 모아서 좀 더 좋은 입지의 아파트로 갈 것인지 아닌 전세를 안고 하나 더 살 것인지요.

주식으로 적용해봅시다. 2020년에는 성장성이 높은 주식들이 3~4배가 오르기도 했는데요. 2020년은 특수하다고요? 그럼 그냥 전 세계 1등 주식인 애플에 1억 원을 투자했다고 칩시다. 애플의 5년간 총수익률은 260%라고 합니다. 5년 동안 아무것도 안 했는데 2억 6천만 원이 된 셈입니다. 아까는 5년 동안 최대한 절약해야 1억 원을 모았는데, 아무것도 안 하고 5년 흘렀는데 1억 6천만 원을 번 셈입니다. 만약 내가 계속해서 절약하며 돈을 모으고 있었다면 내 수중에는 벌써 3억 6천만 원의 돈이 있는 겁니다.

그럼 대출을 일으켜 집을 산다면 7억 원까지 살 수도 있습니다. 우리나라는 현재 6억 원 초과 집에 대해서는 50%만 대출을 해주고 있거든요(2023년 1월에 신설된 특례보금자리의 경우 9억 원 이하의 부동산에 대해서도 70% 대출이 나옵니다. DTI 60% 이내 조건 충족 시).

다시 생각해봅시다. 10억 원을 버는 게 이전보다 어려워 보이나요? 많은 기회가 눈에 보이지 않을까요? 종잣돈이 있다는 건 선택의 기회가 많아진다는 겁니다. 안전하게 집을 이사해나가는 갈아타기 부동산 투자를 하든 아니면 열심히 공부해 주식 투자를 꾸준히 해나가든 내가 투자한 금액이 의미 있게 되돌아올 가능성이 있다는 뜻이거든요. 그러니 1억 원을 모은다는 건 내게 줄 기회를 늘린다는 겁니다.

1억을 모으면 내 집 마련의 기회가 올까?

기회는 시기가 아니라 매물에 달려 있다고 생각합니다. 2023년 하반기부터는 기회가 많을 것입니다. 연준은 현재 5~5.25%에서 최종 기준금리를 5.6%로 올려야 한다는 의견을 밝혔습니다.

현재 한국이 3.5%로 수차례 동결한 상태이긴 하지만 미국과 금리차가 난다는 건 해외투자자들의 유입을 방해하는 요소이기도 합니다. 그렇기에 금리 인상 마무리가 예상되는 2024년 1분기까지는 금리 위험에 노출된 셈이죠. 금리가 동결된다고 하더라도 미국 이상의 금리를 유지해야 하는 한국에서 5%의 기준금리, 그리고 대출금리는 7~9%가 될 겁니다. 아직은 버티고 있는 다주택자들은 임대를 놓는다고 하더라도 10% 이상의 수익이 나지 않으면 오히려 손해를 보는 셈입니다. 다음 전세입자를 구하지 못해 급하게 집을 내놓게 되는 경우가 많아지고 그러한 매물은 평균 호가보다 20~30%가 저렴하기에 기회가 될 수 있습니다.

집값이 폭등하기 시작한 2020년부터 갭투자˙를 한 사람들이라면 임대차계약이 끝나가는 2023년 하반기 시점부터 매물이 많이 나올 수 있는 거죠. 기회는 3종류의 매물에서 찾을 수 있습니다. 6억 원 아래의 공공분양과 6억~9억 원대의 좋은 입지의 구축 아파트, 그리고 입주장이 시작되는 신축 아파트입니다.

1. 6억 원 이하 공공분양

분양가 상한제 아파트는 이제 찾아보기 힘들고 오른 인건비와 자재로 인해 분양가가 점점 주변 시세와 비슷해지고 있습니다. 심지어 미래의 호재를 당겨 가격에 반영하기도 하고요. 국민평형 84m² 기준 12억 원에 달했던 e편한세상 용인역 플랫폼시티가 그 예입니다. 완판이 되었기에 앞으로 나올 신축 아파트 또한 비슷한 흐름을 이어갈 겁니다. 84m² 기준 6억 원 대의 분양가가 수도권에서는 사라진다는 거죠. 아니나 다를까 2023년 5월 분양 공고를 낸 인덕원의 한 신축 아파

· 갭투자: 집을 매수하고 바로 전세입자를 구해 필요한 잔금을 전세금으로 메꿔 넣는 투자입니다. 4억 원 집에 2억 5천만 원 전세라면 1억 5천만 원 주고 집을 매수할 수 있는 겁니다.

트 역시 84m² 기준 11억 원에 달하는 분양가를 선정했고요.

그들이 이렇게 높은 분양가를 내놓은 이유는 사실 땅값의 상승도 한몫합니다. 애초에 지을 때 다른 사람들의 토지를 사들여야 하는데요. 공공분양의 경우는 다릅니다. 공공분양은 민간분양과 달리 국가가 가진 토지 위에서 세우는 아파트이기에 분양가가 저렴합니다. 국가가 가진 땅이기에 좋은 입지에 있는 경우도 많고요. 2022년부터 공공분양 사전청약이 시작되고 있는데요. 총 5년간 수도권에서만 50만 호를 공급할 예정이라고 합니다.

그러나 토지 보상의 문제도 있고 실제 입주가 되기까지는 8년에서 길게는 10년이 걸리는 사업이기도 합니다. 서울의 경우는 꽤 많은 공공분양 일정이 2023년과 2024년에 몰려 있으니 서울에 사는 무주택자라면 꼭 기회를 잡고 그 외의 수도권의 경우는 차라리 민간분양의 미분양을 노리는 것도 방법입니다.

미분양 물량도 최고점을 찍었다가 점점 줄어드는 추세입니다. 2023년 초까지만 하더라도 꽤 좋은 입지의 매물들 중 무순위 청약까지 나왔었는데요. 실례로 초역세권이면서 성남시의 입지를 가지고 있는 한 아파트 역시도 2023년 초 무순위 청약 매물이 나왔습니다.

또한 후분양 아파트의 미분양도 늘어나 선착순 계약 무순위 청약도 찾아볼 수 있는데요. 후분양 아파트의 경우 이미 준공이 된 상태에다가 청약 점수가 필요 없으므로 1년 내 자금 및 대출 여력이 있는 무주택자라면 노려볼 수가 있겠죠.

2. 6억~9억 원대 구축 아파트

또 눈여겨볼 것이 6억~9억 원대 구축입니다. 5억 원 아래의 아파트는 투자용도 많지만 금리가 상대적으로 낮은 정부지원 대출상품인 보금자리론과 디딤돌대출을 이용해 집을 매매한 실거주자들도 많습니다. 그렇기에 대출이 적게 나오는 6억 원 초과 아파트들은 호가가 뚝뚝 떨어졌던 와중에 5억 원 이하의 매물은 지속적으로 거래되고 있습니다. 대출이 나오니까요. 그리고 고정금리이기 때문에 한국은행에서 금리를 아무리 올려도 이자 비용은 그대로 유지됩니다. 6억 원을 초과했던 아파트였는데 금리 인상과 두려움으로 6억 원 아래로 매물이 나오게 된다면 기회가 될 수 있겠죠. 상대적으로 저렴한 정부지원 대출을 이용할 수도 있고요.

그렇다면 어디를 봐야 할까요? 중요한 것이 '좋은 입지'입니다. "서울은 영원히 내리지 않을 거야. 분당은 절대 안 내려." 이 말은 편견에 가깝습니다. 좋은 입지는 변하지 않지만 가격은 의외로 많이 변합니다. 이번 역시 입지도 좋고 많이 오른 아파트가 많이 내려갔죠. 부동산 침체기를 보더라도 수도권 외곽과 지방은 큰 변화가 없었습니다. 상승장에도 오르긴 올랐겠지만 큰 폭은 아니었거든요. 수원, 용인, 성남, 강남 등 많이 오른 지역부터 무서운 기세로 빠졌습니다.

- 선분양과 후분양: 청약을 받고 공사를 시작하는 분양이 선분양, 거의 다 지어질 때쯤 청약을 받는 분양이 후분양입니다. 건설사의 입장에서는 미리 대금을 중간중간 받을 수 있기에 선분양이 유리하고, 입주자의 경우 지어지는 과정을 계속 확인할 수 있기에 후분양이 유리합니다.

강남 도곡렉슬 아파트는 6억 원 분양가로 시작해 입주 당시 15억 원까지 올랐습니다만 부동산 침체기인 2014년 거의 9억 원까지 내려가는 등 6억 원이 빠졌습니다. 하지만 이후에는 어떻게 됐을까요? 2017년에 도곡렉슬 아파트는 15억 원을 회복했습니다. 9억 원에 매수했던 사람이라면 3년 만에 6억 원을 벌었겠네요.

6억~9억 원대의 입지가 좋은 아파트들이 6억 원 아래로 떨어진다면 여러분은 낮은 금리의 대출을 이용해 기회를 잡을 수 있습니다. 그렇기 위해선 관심 있는 아파트들의 가격을 늘 눈여겨보고 있어야겠죠.

3. 입주장이 시작되는 신축 아파트

입주장이 시작될 때 특히 주위 아파트들이 같이 입주한다면 전세가가 내려가면서 매매 가격이 훅 내려갈 때가 있습니다. 분양권 투자를 하려고 했거나 잔금이 마련되지 않은 수분양자들이 급하게 매물을 내놓은 경우입니다. 현재 대부분 지역이 조정지역에서 해제되었기 때문에 입주 시기에 맞추어 매수 및 매도가 가능해졌습니다. 앞서 말한 성남시의 신축 아파트의 경우 거의 만 세대가 동시에 입주했습니다. 그리고 그 과정에서 전세가와 매매가 조정이 있었습니다.

아실 애플리케이션(앱)을 이용하면 공급물량을 확인할 수 있습니다. 공급물량이 많은 곳이 신축이 많이 들어오는 것을 뜻하는데요. 확인해보면 안양시, 화성시, 평택시의 경우도 많은 물량이 예정되어있습니다. 요새 신축 분양가는 결코 저렴하지 않습니다. 그러나 겹친 입주장으로 근처 구축(비슷한 평형) 대비 저렴하거나 비슷한 가격이라면

아파트 입주물량 추이

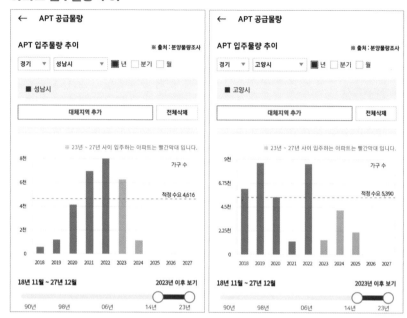

자료: 아실(asil.kr)

신축 프리미엄이 기회가 될 수 있습니다. 물론 그 안에서 입지는 확실히 따져야겠지만요.

그리고 앞서 말한 구축 아파트를 매매할 때는 반대로 해야 합니다. 근 3년간 입주물량이 거의 없다면 구축 아파트에는 호재입니다. 경쟁 상대가 되는 아파트가 없다면 전세가를 유지할 수 있고 전세가는 매매가를 받쳐줄 테니까요. 입지가 좋은 곳이라면 수요는 많아질 텐데 공급은 받쳐주지 않으니 기존 구축 아파트의 수요가 높아질 수 있겠죠.

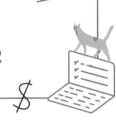

연금이 노후를
책임지지 못하는 이유

연금만으로 노후가 보장될까?

직장인이라면 자동으로 두 가지 연금에 가입됩니다. 국민연금 그리고 퇴직연금입니다. 퇴직연금은 일시 수령 시 1억 9천만 원, 연금식으로 수령 시 월 90만 원을 20년 정도 받을 수 있는 돈입니다. 국민연금의 경우 65세부터 받을 수 있는데요. 평균 수령액은 55만 원 정도입니다. 그럼 내가 은퇴하고 나서 받을 수 있는 돈은 모두 145만 원 정도가 되겠네요. 여러분의 직장 소득에 따라 최대 200만 원까지는 나올수도 있습니다.

생각보다 나쁘진 않은 금액이라 안심하고 계신다면 30년 전 짜장면 값이 얼마였는지 떠올리길 바랍니다. 500원이었어요. 물가 인상률 3%를 계산하면 지금 20~30대가 퇴직할 때쯤이면 월 200만 원은 커녕 400만 원은 족히 필요할지 모릅니다. 2021년 기준 물가는 6.6%가 올랐고 지금 이 순간에도 물가는 오르고 있습니다. 이 속도라면 연금은 우리의 노후를 절대로 책임져주지 않을 겁니다. 물론 딱 먹고 살 만큼은 되겠지만 여러분이 원했던 '편한' 노후, 귀여운 손주가 왔을 때 용돈을 두둑이 챙겨줄 수 있는 여유 있는 노후는 되지 않을 거란 이야기죠.

물론 연금을 받을 수 있다는 가정입니다. 국회예산정책처에 따르면, 국민연금 재정수지(수입 – 지출)는 2039년 적자로 전환되고 적립금은 2055년 소진된다고 합니다. 이 말은 곧 현재 연금 체계가 바뀌지 않는다면 1990년생부터는 한평생 연금을 부었지만 한 푼도 못 받을 수 있다는 겁니다. 그렇기에 우리는 지금 알고 있는 연금액보다는 훨씬 적게 받는 상황에 대비하고 있어야 합니다.

2022년 이미 대한민국은 인구의 20%가 65세가 넘는 초고령 사회로 진입했습니다. 그에 반해 경제인구는 줄어들고 있죠. 계속해서 부양해야 할 사람들은 늘어나는데 연금을 함께 내줄 생산인구는 줄어드는 셈입니다. 국민연금이 피터 린치로 빙의해서 수익률을 높이지 않는 한 수령 연기는 기본이고 연금 개혁은 불가피합니다.

그럼 우리가 직접 모아서 노후를 책임진다고 생각했을 때 월별 필요한 금액을 150만 원이라고 잡아봅시다. 65세부터 20년간 쓴다고 생각했을 때 필요한 돈은 3억 6천만 원입니다. 100세 시대라고 생각하면 5억 원 이상이고요. 그러면 여러분은 30세부터 30년 동안 월

100만 원씩 무슨 일이 있어도 저축을 해야 3억 6천만 원을 만들 수 있습니다. 월 100만 원 저축이라니, 할 수 있는 직장인이 얼마나 있을까요? 중간에 집을 산다거나 큰일이 생기거나 아이가 생긴다면 오히려 마이너스가 되지, 월 100만 원씩 저금하는 건 결코 쉽지 않습니다.

그리고 내 노후도 중요하지만 내 현재는요. 노후만을 위해 젊은 시절에 먹고 싶은 거 못 먹고, 하고 싶은 경험도 하지 못한다면 그게 행복한 삶일까요. 저는 여러분이 현재도 행복하면서 미래를 대비하며 살기를 원합니다. 그렇기에 우리는 두 가지 중 하나의 선택을 해야 합니다.

내 소득을 늘리거나 또는 내 소비를 줄이거나. 후자도 물론 필요합니다. 다만 후자만 한다면 돈을 모으는 범위는 한계가 있습니다. 딱 직장 소득뿐이니까요. 그래서 저는 사회초년생이라면 저축과 함께 소득을 늘리는 데 더 집중했으면 좋겠습니다.

소득은 어떻게 늘릴 수 있을까?

소득을 늘리기 위해서는 재테크, 그리고 파이프라인을 통해 부수입을 늘리는 방법이 있습니다. 'N잡'이라는 단어가 낯설지 않은 이유도 직장 외 수입을 늘리고자 하는 사람들이 늘어났기 때문인데요. 취업 플랫폼 잡코리아의 조사 결과 직장인의 38.5%는 '본업 외 부업을 가진 N잡러'라고 답했습니다. 코로나19로 인한 고용 불안과 더불어 온라인 시장이 커지고 관련 업무가 증가하면서 관련된 N잡이 늘었다고 합니다.

'직장 일 하기도 힘든데 불안한 연금 때문에 집에 와서까지 일을 해야 하나.'라고 한숨부터 내쉴 수 있을 것 같습니다. 그러나 N잡러 조사 결과에서 주목할 점이 있는데요. 그들이 단순히 경제적 목적을 두고 부업을 한 것이 아니라는 점입니다.

일이 우리에게 주는 것은 그저 월급만이 아니라 성취감과 자아실현도 있다고 생각하는데요. 사실 후자보다는 전자가 매우 큰 비중이기는 합니다. 그러나 부업에서 삶의 만족감을 얻을 수 있다면 본업이 주는 부담감을 줄이면서도 경제적인 이익도 얻을 수 있습니다. 그 이익을 통해 부족한 생활비를 충당하거나 저축에 보태도 되고요. 배당주를 꾸준히 사모은다면 배당주가 또 다른 파이프라인이 되어 배당금을 연금처럼 받을 수 있겠죠?

저 또한 유튜브 및 교육 관련 영상 제작 그리고 글을 통해 벌어들이는 인세로 N잡을 실현하고 있는데요. 당연히 본업에 비할 바가 안 되는 수익입니다만, 일단 재밌습니다. 그리고 어떤 달은 꽤 쏠쏠하기도 하고요. 제일 좋은 점은 잘릴 걱정이 없습니다. 상사의 눈치를 볼 필요도 없습니다(본업만 충실히 한다면요). 이후 나이가 들어 은퇴 이후 주식하기 영상을 찍어보고도 싶고요. 20대부터 차근차근 모은 배당주식들이 어떻게 되었나 돌아보는 영상도 만드는 게 제 목표입니다.

직장은, 연금은 우리의 은퇴 이후를 책임지지 않습니다. 자신이 은퇴 이전에 쌓아놓았던 경험과 자산이 우리의 은퇴 이후를 책임지는 것입니다. N잡의 형태이든, 재테크의 형태이든, 개인 사적연금을 같이 운용하든 우리의 미래를 위해 그리고 어쩌면 일에 찌들어만 있는 현재를 위해서도 하나 그 이상은 선택해야 합니다.

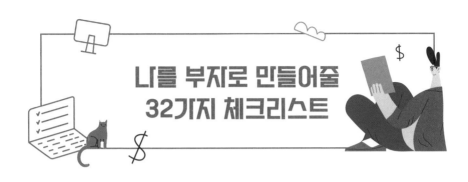

나를 부자로 만들어줄 32가지 체크리스트

2013년 대배우들이 열연을 펼쳤던 〈관상〉이라는 영화를 기억하나요? 그 영화에서 수양대군 역의 이정재가 관상가에 묻는 말이 이 영화를 관통하는 명대사가 되었죠.

"내가 왕이 될 상인가?"

관상학에 따르면 이정재는 왕이 될 상이 아니라고 했지만 영화 속 이정재는 누가 봐도 왕이 될 상이었습니다. 왕이 되고자 하는 욕망, 행동력, 자신 앞을 가로막는 자는 피도 눈물도 없이 해치우는 잔인함까지. 훌륭하고 자애로운 왕은 아니었지만 영화 속 이정재는 왕이 될 수밖에 없는 상이었습니다.

갑자기 영화 이야기를 하는 이유는 여러분도 부자가 될, 아니 부자가 될 수밖에 없는 상인지 테스트를 해보려고 합니다. 체크리스트를 보면서 다음 항목에 해당된다면 표시해보세요.

□ 평소 저축하고 있는 적금이 있다.

□ 자기 계발을 위한 투자 비용을 매달 정해두고 있다.

□ 매달 모으고 있는 주식/투자 상품이 있다.

□ 내가 총 몇 개의 보험에 얼마나 가입되어 있는지 알고 있다.

□ 고정지출이 얼마나 나가는지 확실히 알고 있다.

□ 내 연봉/소득으로 얼마까지 대출이 나오는지 알고 있다.

□ 어떤 대출상품을 이용하는 게 유리한지 알고 있다.

□ 내가 사는 지역의 아파트가 시세가 얼마인지 알고 있다.

□ 첫 집을 어디로 할지 생각해둔 곳이 두 곳 이상 있다(아파트 이름까지).

□ 청약을 5번 이상 신청해봤다.

□ 지역별 청약통장 필수 금액을 알고 있다.

□ 내가 가진 자산과 대출금으로 어느 금액대의 아파트를 살 수 있는지 알고 있다.

□ 부동산 관련 책을 5권 이상 읽어봤다.

□ 청약홈에 매달 어떤 지역의 청약이 나오는지 확인하고 있다.

□ 호갱노노, 직방, 지인 등 부동산 관련 앱을 하나 이상 설치해두고 있다.

□ 챙겨보고 있는 부동산/주식 투자 유튜브가 있다(구독 여부).

□ 투자하고 있는 주식에 대해서 CEO, ROE, 영업이익 등 분기별로 분석하고 있다.

□ 소득 대비 투자 비율을 정한 후 일정 금액만을 투자하고 있다.

☐ 나만의 투자 원칙을 세 가지 이상 정했다.

☐ 주식 관련 책을 5권 이상 읽었다.

☐ 국내 주식, 해외 주식, 가상자산에 모두 관심이 있다.

☐ 구독하고 있는 경제 신문이 있다.

☐ 투자 일기나 투자 상황을 정리하고 있는 노트가 있다.

☐ 1년에 배당금이 얼마나 나오는지 알고 있다.

☐ 익절 수익금을 따로 관리하고 있다.

☐ 유료 종목 리딩방이 아닌 경제, 재테크 관련해서 정보를 나누고 공부하
   는 인터넷 카페, 재테크 모임에 가입되어 있다.

☐ 자신의 3년 뒤, 5년 뒤, 10년 뒤 목표를 설정해두었다.

☐ 제2의 월급을 벌기 위한 목표가 있거나 하는 것이 있다.

☐ 나만의 재테크 또는 인생 롤 모델이 있다.

☐ 내 배우자/여자친구/남자친구와 재테크와 관련해서 자주 이야기한다.

☐ 한 달에 한 번 이상 재테크 관련해서 강의를 듣거나 세미나를 간다.

☐ 재테크를 활용해 부자가 되는 공식을 알고 있다.

　여러분이 모든 질문에 "네!"라고 대답하지 못할 것쯤은 알고 있습니다. 어쩌면 당연하죠. 설상 과반수 이상 표시하지 못했더라도 의기소침하진 마세요. 이제 여러분이 앞으로 하나씩 해나갈 때마다 체크 표시를 할 거거든요. 그리고 1년, 3년, 5년 시간이 지났을 때 여러분의 표시된 칸이 많아진다면 여러분은 부자가 될 상이거나 이미 부자가 됐을지도 모릅니다.

시간이 지나면 관상도 변합니다. 우리가 어렸을 적 봤던 연예인들이 나이가 들고 나서 이미지가 확 달라지는 경우를 봤을 겁니다. 어렸을 때야 내가 갖고 태어난 이목구비가 관상을 정하겠지만 시간이 지나면 내가 자주 지었던 표정, 말, 행동, 상황을 대처했던 방식들이 모여 나의 얼굴을 만듭니다.

부자가 될 상도 마찬가지라고 생각합니다. 시작은 내가 가진 연봉, 부모님의 소득 수준 등이 나의 경제력을 정하겠지만 그 이후부터는 각자도생입니다. '내가 얼마나 재테크에 관심을 가졌냐.' '어떻게 모았고 어떻게 굴렸냐.' '어떤 마음가짐으로 내 상황을 극복해나갔냐.'가 여러분의 자산을 바꿀 것입니다. 여러분도 이미 주위에서 부자들만 더 부자가 되는 게 아니라는 것쯤은 눈치챘을 겁니다. 부자가 부자를 만드는 게 아닌 부자가 되고자 하는 진실한 욕망과 지속적인 행동이 부자를 만든다고 생각합니다. 그래서 지속해야 할 행동 수칙을 32가지로 정리해보았고요.

'32가지를 언제 다 실천하지.' 하고 또 한숨 쉬고 있을 바쁜 직장인 분들을 위해 어쩌면 제일 중요하고 제일 쉽지만, 알기 힘든 32번째 질문에 대한 답은 바로 다음 장에서 미리 알려드리려고 합니다.

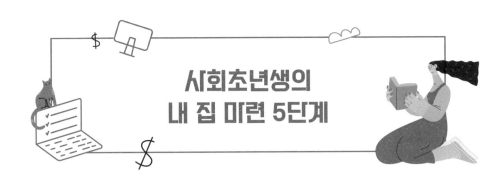

사회초년생의 내 집 마련 5단계

재테크로 자산 불리기 5단계

이러니저러니 해도 우리가 가장 원하는 것은 재테크를 통해 돈을 버는 것입니다. 다만 재테크는 돈을 쉽게 버는 도구가 절대로 아닙니다. 우리가 학창 시절에 공부했던 것만큼 아니 그 이상으로 공부해야 합니다. 그리고 수능과 달리 한 번만 치고 끝나는 것도 아니라 멈춰서도 안 되고요. 한 번 투자로 성공한 사람이 그다음 투자로 번 것 이상을 잃었다는 이야기를 들은 적도 있을 겁니다. 그렇기에 재테크는 자산을 관리하고 지키고 불리는 전체적인 과정으로 생각해야 합니다.

그래서 재테크를 통해 자산을 불려나가는 기본 과정을 말씀드리려고 합니다. 돈을 논하는 책, 자산가, 그리고 제가 봤던 수많은 성공한 투자자의 삶을 돌아봤을 때, 다들 약속한 것도 아닌데 "어떻게 재테크로 돈을 버셨어요?"라고 물으면 보통 이렇게 답하더군요.

1단계   최소한의 종잣돈을 모은다(500만~1천만 원이라도).

1.5단계 1 단계의 시기에서 주식 공부를 미친 듯이 한다.

2단계   주식을 시작한다. + α

2.5단계 부동산 공부를 시작한다.

3단계   모은 종잣돈과 대출을 이용해 내 집 마련을 한다.

3.5단계 갈아타기를 할 건지 다주택자가 될 건지 정하고 그에 맞는 공부를
        한다.

4단계   부동산을 옮기며 내가 최종적으로 정착할 지역과 아파트를 정한다.

5단계   ○○부자로 살기.

"주식으로 벌었죠. 부동산 경매로 벌었죠. 사업이 대박 났죠."처럼 결과만을 이야기하는 분은 거의 없었습니다. 부동산이든 주식이든 시작은 절약을 통해 종잣돈을 마련하고 투자처를 찾고 실패도 하면서 투자의 원칙을 세우며 부를 이룰 수 있었다고 합니다. 이 중에 뭐 하나 중요하지 않은 부분이 없는 하나의 과정이라고 합니다. 마치 하나씩 하나씩 게임 스테이지를 깨듯이 올라갔다는 거죠.

저는 살짝 돌아가긴 했지만 다시 방향을 잡은 후 이 방법을 이용하고 있습니다. 지금은 3.5단계를 진행하고 있고 한 차례 갈아타기를 한 상태입니다. 그리고 그다음 갈아타기를 할 집의 목록 또한 작성해두

었고요. 이제 각 단계를 설명해보겠습니다.

무엇보다 중요한 '쩜오' 단계

생각보다 뻔해 보이나요? 더 뻔한 건 우리들의 잘못된 투자 습관입니다. 정말 많은 이들이 2단계부터 시작해서 2단계에서 끝내기도 하고, 3단계부터 시작하기도 합니다.

3단계부터 시작하는 방법은 이전에는 꽤 먹혔습니다. 2016년 전세가와 매매가의 차이가 1천만~2천만 원 아니 그보다 적을 때였고 다주택자에 대한 규제가 크지 않았기 때문에 적은 투자금으로 갭투자가 가능했습니다. 매매가가 1억 원이라도 오른다면 1천만 원으로 1억 원을 번 셈이죠. 꼭 갭투자가 아니더라도 꾸준한 저축과 가용할 수 있는 대출로 집을 사신 분들도 있고요.

그러나 이젠 고소득자가 아닌 이상 내 집 마련을 위한 종잣돈을 월급만으로 모으기 어려워졌습니다. 이미 집 가격이 많이 오르기도 했고 대출한도도 막혔기 때문입니다. 또 열심히 모아서 1억 원을 만들었는데 이미 부동산 상승장이 시작되었다면, 집을 살 수는 있겠지만 원하는 곳은 힘들 수 있습니다. 그래서 3단계로 가기 위해서는 돈도 필요하고 옥석을 가려내는 눈을 기르는 연습도 더욱 중요해졌습니다.

'쩜오' 단계를 붙인 이유는 이 단계를 대부분 간과하기 때문입니다.

쩜오 단계의 공통점은 공부입니다. 많은 사회초년생 또는 투자자는 공부 없이 재테크에 뛰어듭니다. "실전도 공부지." 하면서요. 반은 맞는 말입니다. 우리는 실패에서 더 많이 배우거든요.

하지만 그 실패에는 여러분의 시간과 돈이 걸려 있습니다. 저 또한 큰 금액은 아니지만 실패하기도 했어요. 책도 읽고 강의도 들을 만큼 들었다고 생각했는데 여전히 지금도 후회합니다. '좀 더 공부하고 투자할걸, 이걸 알고 투자했으면 결과가 달랐을 텐데…' 하고요.

그래서 이 책은 쩜오 단계에 집중할 겁니다. 여러분이 투자할 때 어떤 부분을 꼭 알아야 하는지, 어떻게 활용해야 하는지 제가 공부하면서 정말 약이 되었던 부분만 쏙 빼서 나누려고 합니다. 그러니 맛있게 가끔은 쓰더라도 힘내서 소화해주면 좋겠습니다.

그리고 '2단계+α(알파)'를 적어놓았는데요. 주식으로 목돈을 모으는 것만큼 중요한 것이 알파입니다. 알파는 돈을 모을 수 있는 또 다른 파이프라인을 뜻합니다. 저는 주식과 알파 모두를 적극적으로 이용했고요. 5년이 걸릴 종잣돈 모으기를 3년으로 단축해준 고마운 단계입니다. 그리고 이 알파는 여전히 지금도 함께 가져가고 있고 저를 성장시켜주고 있습니다.

제가 여기까지 오는 데 2018년부터 5년 정도 걸렸습니다. 여러분도 지금부터 딱 5년만 이 단계를 차분하게 밟아나갔으면 좋겠습니다. 저도 계속해서 걸어갈 거고요. 결국은 종착지인 5단계 '○○ 부자로 살기'에서 함께 만나는 날을 기대하고 있겠습니다.

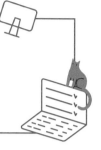

꿈을 매일 메모하면 기적이 일어난다

그들이 성공한 비결

지금의 일론 머스크보다도 재산이 많았던 20세기 석유왕 존 록펠러, 기차역에서 심부름할 정도로 가난했지만 미국의 제일 큰 철도 CEO가 된 앤드루 카네기, 전기를 발명한 토머스 에디슨, 최초로 대량 자동차 양산을 성공한 헨리 포드.

이들의 공통점은 무엇일까요? 부자! 정답입니다. 성공했다! 역시 정답입니다. 하지만 공통점이 하나 더 있는데요. 바로 그들이 성공할 수 있었던 비결입니다. 어떤 비결인지 다음의 이야기를 통해 알려드리겠습니다.

한 무명 영화배우가 있었습니다. 캐나다 출신으로 너무 가난해서 집도 없이 길거리를 전전하며 오디션을 보면서 단역을 맡았습니다. 가난에 지친 배우는 그토록 서고 싶었던 할리우드의 언덕에 올라갔습니다. 그리고 아무것도 적히지 않은 하얀 수표책에 '출연료'라고 적은 후 1천만 달러를 적었습니다. 그리고 그 아무 효력도 없는 수표책을 5년 동안 지갑에 넣고 다녔습니다. 무명 배우는 정확히 5년 뒤 자신이 썼던 1천만 달러보다 더 많은 1,700만 달러를 출연료로 받습니다. 영화 〈덤 앤 더머〉와 〈배트맨 포에버〉의 출연료로 1,700만 달러를 받게 된 이 배우는 여러분도 잘 아는 짐 캐리입니다.

그들이 성공한 비결은 바로 꿈을 꾸준하게 기록했다는 것입니다. '그들만의 네트워크가 있어서 이런 방법을 공유한 걸까?' 하고 의심한 적도 있었습니다. 태어난 곳도 직업도 나이도 다른데, 어떻게 이런 공통점을 갖고 있나 하고요. 그렇게 그들의 이야기를 보고 있자니 그들이 꿈을 기록하게 된 이유는 하나더군요. 바로 '절박함'이었습니다.

놀랍게도 기록은 무의식에 영향을 끼친다고 합니다. 실제로도 필기를 하며 공부를 하면 장기 암기율이 올라가는 것처럼 우리의 꿈을 메모하는 건 효력이 있습니다. 자신의 목표를 분명히 한다는 것 자체가 목표에 집중하는 겁니다. 그러다 보면 주변 상황을 해석하거나 경험을 빗대어 어떻게 하면 목표를 이룰 수 있을까에 대해 진지하게 고민하게 되고 또 해결방안을 찾아내기도 하고요.

뜬금없는 영감으로 대박이 나는 사람들도 있다고요? 내가 다른 일을 하고 있어도 무의식은 계속해서 나의 목표를 위해 일은 합니다. '이걸 이루려면 어떻게 해야 하는 거지?' 그리고 영감이라는 이름으로 우리에게 힌트를 주는 겁니다. 이렇게 해야 너의 꿈에 가까워질 수 있다고요. 매일 같이 운동하는 사람이 몸이 좋아지듯이 매일 꿈을 기록하는 사람이 꿈에 가까워지는 건 당연하다고 생각합니다.

여기서 핵심은 '적는 행동'이라기보다는 '적으면서 느끼는 감정'에 있습니다. 좋은 사람 곁에 좋은 사람들이 있고 돈이 돈을 부르듯이 내가 지니는 감정, 에너지는 내가 무엇을 끌어당길 것인지를 결정합니다. 꿈을 적을 때 희열감을 느끼고 설렘을 느낀다면 그 순간만큼은 꿈을 이룬 사람의 에너지를 지니는 거죠. 그러니 억지로 매일매일 쓰기보다는 기분이 좋을 만큼 틈틈이 쓰셨으면 합니다.

꿈을 위해 꾸준히 기록하는 법

스트레스를 최대한 안 받으면서 잊어버리지도 않고 매일 쓰는 방법을 소개해드리겠습니다. 바로 '이메일 비밀번호 바꾸기'입니다.

정말 별것 아닌 것 같지만 이 사소한 이메일 비밀번호는 한 사업가의 운명을 바꿔놓았습니다. 『돈의 속성』의 저자이자 세계에서 제일 잘 팔리는 도시락 브랜드 스노우폭스의 CEO인 김승호 회장님의 운명을요.

스노우폭스 매장이 딱 하나일 때 김승호 회장님은 이메일 비밀번호를 '매장 300개'로 저장했다고 합니다. 이메일 비밀번호니까 매일같이 눌렀을 거예요. 그러다 시간이 지나 매장이 300개가 되었을 때는 이메일 비밀번호를 '매장 3000개'로 변경했습니다. 그리고 현재 매장 수는 3,800여 개, 김승호 회장님은 5천억 원대 자산가가 되었습니다.

저도 2017년쯤부터 제가 원하는 바를 기록하고 있는데요. 세 줄 정도 제가 원하는 바를 휴대폰 메모장이든 노트든 적고 있습니다.

첫 번째 메모처럼 책은 이렇게 쓰고 있고, 유튜브 구독자 1만 명이 넘었고, 저의 집도 생겼습니다. 책 광고를 하게 되어 구독자분들께 책을 선물할 수도 있게 되었고요.

두 번째 메모에서는 '소설 작가'의 꿈도 적었습니다. 공모전에도 소설을 내보고, 적다가 그만두기 일쑤였는데요. 얼마 전 정말 믿기지 않는 기회가 생겼습니다. 제가 쓴 소설에 대한 판권 계약을 하게 되었거든요. 날짜를 보니 이뤄지기까지 3년 정도 걸린 것 같네요. 저렇게 메모를 썼다는 것도 까맣게 잊고 있었는데 말이에요.

'메모가 이뤄줬겠어?'라고 생각하겠지만 저는 자기암시의 힘을 믿습니다. 안 되면 어떻습니까. 내가 긍정적으로 내 미래를 그리겠다는데 누가 뭐라 하겠어요. 좀 더 시간이 있다면 시나리오처럼 적어도 좋습니다. 오래 할 필요는 없습니다. 오래 할수록 '이게 될까?' 하는 의심이 찾아오거든요. 강렬한 기분 좋음을 느꼈다면 단 1분이라도 충분하다고 생각합니다.

여러분도 3년 뒤 여러분의 메모를 봤을 때 '어? 뭐지. 나 다 이뤘네? 거참 신기하네.' 하고 웃어넘기는 시간이 오길 바랍니다. 미루지 말고 지금 여러분이 진짜 원하는 세 가지만 적어보세요. 이미 이루어진 것처럼 적으면 더 좋고요.

필자가 써온 메모들

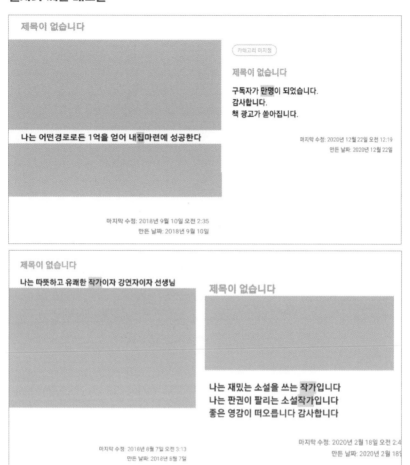

제목이 없습니다

나는 어떤경로로든 1억을 얻어 내집마련에 성공한다

마지막 수정: 2018년 9월 10일 오전 2:35
만든 날짜: 2018년 9월 10일

(카테고리 미지정)

제목이 없습니다

구독자가 만명이 되었습니다.
감사합니다.
책 광고가 쏟아집니다.

마지막 수정: 2020년 12월 22일 오전 12:19
만든 날짜: 2020년 12월 22일

제목이 없습니다

나는 따뜻하고 유쾌한 작가이자 강연자이자 선생님

마지막 수정: 2016년 8월 7일 오전 3:13
만든 날짜: 2018년 8월 7일

제목이 없습니다

나는 재밌는 소설을 쓰는 작가입니다
나는 판권이 팔리는 소설작가입니다
좋은 영감이 떠오릅니다 감사합니다

마지막 수정: 2020년 2월 18일 오전 2:4
만든 날짜: 2020년 2월 18일

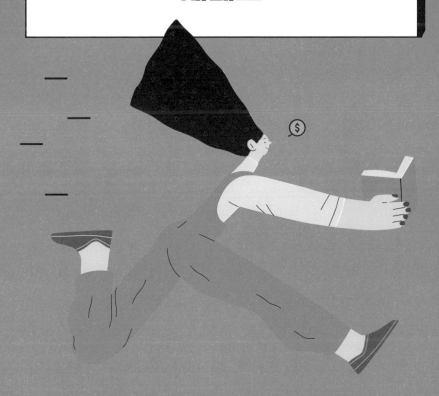

2장

0원에서 시작하는
재테크

일찍 투자한 새는 돈만 잃는다

2020년 주식계좌 개설 수가 1천만 개를 돌파했다고 합니다. 전 국민의 1/5 수준입니다. 이 정도라면 사회초년생들도 월급을 받는 순간 바로 주식계좌부터 만들었다는 이야기입니다. 그렇다면 일찍 시작한 그들의 상황은 어떻게 좀 달라졌을까요? 일찍 일어나는 새가 벌레를 먹는다는 말이 있듯이 일찍 시작한 그들은 돈을 더 빨리 많이 모으게 되었을까요?

다음 페이지 도표를 보면 신규 투자자가 늘어나면서 소액 투자자의 비율도 함께 늘어났다는 것을 볼 수 있는데요. 즉 신규 투자자가 적은 금액으로 시작했거나 애초에 자본이 적은 사회초년생이 투자를 시작했다는 거겠죠.

문제는 수익률입니다. 2020년 코스피가 2배 이상 올랐지만 신규

주식 투자자 분석(단위: %)

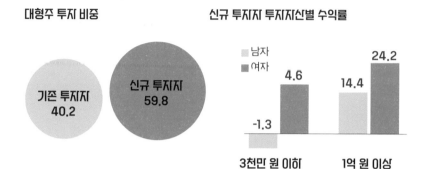

대형주 투자 비중

기존 투자자 40.2

신규 투자자 59.8

신규 투자자 투자자산별 수익률

- ■ 남자
- ■ 여자

3천만 원 이하: -1.3 / 4.6

1억 원 이상: 14.4 / 24.2

* 거래비용을 제외한 순수익율 기준. 2020년 3~10월 기준

주식 신규 계좌 분석(단위: %)

■ 기존 계좌 ■ 신규 계좌

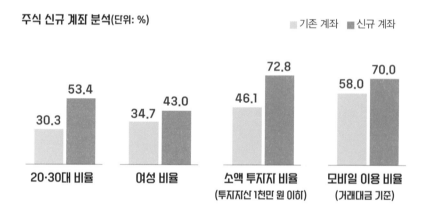

20·30대 비율: 30.3 / 53.4

여성 비율: 34.7 / 43.0

소액 투자자 비율 (투자자산 1천만 원 이하): 46.1 / 72.8

모바일 이용 비율 (거래대금 기준): 58.0 / 70.0

* 신규 계좌는 2020년 3~10월 개설 기준

자료: 자본시장연구원

투자자의 수익률은 겨우 4.6%에 그쳤습니다. 남성의 경우 심지어 마이너스를 기록했고요. 그냥 삼성전자 주식 하나만 샀어도 30%의 수익률을 달성할 수 있었는데 말이죠. 시장도 받쳐주었고 일찍 투자를

시작했는데도 결과는 썩 좋지 않았습니다. 그런데 투자자산이 1억 원 이상의 경우는 사뭇 다릅니다. 모두 10% 이상의 수익률을 달성했습니다.

그렇다면 그들이 돈이 많아서 더 높은 수익률을 기록했을까요? 둘 다 신규 투자자인데요. 수익금은 다르더라도 수익률은 비슷하거나 같아야 하는 것 아닐까요? 바로 여기서 종잣돈의 중요성을 알 수가 있습니다. 돈의 크기에 맞는 행동을 한 사람과 아닌 사람의 차이를요. 500만 원으로 시작해 수십억 원의 자산가가 된 김종봉 대표가 저술한 『돈 공부는 처음이라』에는 이런 내용이 나옵니다.

> 돈의 크기에 따라 해야 할 행동은 다르다. 100만 원이 있을 때와 1억 원이 있을 때 해야 할 행동은 다르다. 100만 원을 모으기까지의 행동을 하지 않고서는 1억을 모을 수 없고 1억을 모은 후에 적절한 행동을 하지 않으면 그 이상을 모을 수 없다.

모든 신규 투자자와 사회초년생이 간과하고 있던 것이죠. 100만 원이 있다면 그에 맞는 행동을 하고 이를 지속하면서 돈을 불려야 합니다. 그런데 마치 전업 투자자라도 된 것처럼 소액으로 샀다 팔았다 하면서 자신의 얼마 없는 월급을 써버린 것이죠.

소액 투자자의 문제는 적은 돈으로는 적은 수익밖에 나지 않기에 마음이 급해진다는 겁니다. 그래서 기다림이 짧아 수익을 극대화할 수도 없고, 시장이 하락하고 있음에도 '10만 원쯤이야 괜찮아.' 하면서 오히려 너그러워집니다. 그러다 팔 기회도 놓쳐서 더 큰 하락을 직격타로 맞죠. 그리고는 '돈이 너무 적어서 그래.'라고 합리화하면서 매달 힘들게 번 돈을 조금씩 주식계좌로 밀어 넣게 됩니다. 그렇게 몇십만 원이었던 계좌가 몇백만 원이 되고, 하락폭이 커지면 손실도 더 커지고, 나중에는 손쓸 여지도 없게 되는 겁니다. 사회초년생에게 몇십만 원의 손절은 결코 쉬운 일이 아니니까요.

다행히 돈을 벌었다면 다행일 텐데 그렇지 않았다면 수중에 모인 돈은 없고 그마저 주식계좌에 묶여 있을 겁니다. 그게 소액 신규 투자자가 흔히 빠지게 되는 루틴입니다. 그러다가 진짜 기회, 예를 들어 시장이 크게 하락했거나 좋은 기업을 찾았을 때는 돈이 없어서 투자를 못 하게 될 수도 있을 겁니다. 그 기회를 알아보지도 못하고 떠나보낼 수도 있고요.

저축만이 능사는 아니지만 잘 모를 때는 능사입니다. 돈을 모을 줄 아는 사람은 절제를 알고 대비할 줄 아는 능력이 있는 겁니다. 특히 돈에 대해서 모를 때는 더욱이요. 그리고 도리어 투자할 때는 과감해질 수 있습니다. 또 모을 수 있다는 걸 알기 때문입니다. "일찍 일어나는 새가 벌레를 잡는다."라는 속담은 투자에서는 통하지 않습니다. 일찍 시작하면 뭐든 좋을 것 같지만 '일찍'이 아니라 '제대로' 시작해야 결과도 좋은 법이죠.

실전 투자 시작 시점은 그렇게 중요하지 않습니다. 워런 버핏조차 "주식시장이 언제 바닥을 치고 반등할지는 모르겠다."라고 할 정도로 매매 타이밍을 맞추는 건 신의 영역입니다(다만 좋은 시기가 물론 있긴 합니다만 그건 이후에 다루도록 하겠습니다). 사실상 투자 시기를 1~2년 늦춘다고 한들 20~30년을 돌아봤을 때 크게 달라지는 건 없습니다.

우리에겐 적어도 시간이 20~30년이 남아 있는데 6개월 뒤에 한다고 20년 뒤에 수익률이 아주 달라질까요? 한 달 뒤에 하나 6개월 뒤에 하나 1년 뒤에 하나 사실 소수점 몇 자리도 채 차이가 안 날 겁니다. 실제로 더 중요한 것이 있습니다. 타이밍이 아니라 진짜 미래의 내 자산을 결정짓는 건 다름 아닌 종잣돈입니다.

주식 투자는 1천만 원부터

내가 다룰 수 있는 돈은 얼마일까?

적당한 종잣돈이 얼마냐고 물으면 저는 1천만 원이라고 생각합니다. 스스로 1천만 원을 모아낸 사람은 그 돈의 가치를 압니다. 어떤 걸 아끼고 참아내서 그 돈을 모았는지 처절하게 기억하고 있습니다. 이런 사람들은 절대로 그 돈을 함부로 하지 못합니다. 코인에 투자해서 큰돈을 벌었던 사람들이 다시 코인으로 더 큰 돈을 잃었다는 기사는 수도 없이 봤을 겁니다. 돈의 가치를 알지 못하는 사람은 큰돈이 들어온다 한들 유지할 수 없습니다.

나보다 지금 더 많은 월급을 받는다고, 얼결에 큰돈을 벌었다 하더라도, 그렇다고 그 돈이 끝까지 지켜지는 보장할 수 없습니다. 『부자의 그릇』이라는 책에서는 이런 이야기가 나옵니다.

> 사람들에게는 각자 자신이 다룰 수 있는 돈의 크기가 있다. 다시 말해 그 돈
> 의 크기를 초과해서 들어오면 마치 한 푼도 없을 때처럼 여유가 없어지고 정
> 상적인 판단을 내리지 못하게 된다.

종잣돈을 만들기 위해 노력했던 시간은 여러분이 다룰 수 있는 돈의 크기를 키울 겁니다. 앞서 기사에서 1억 원 이상 투자한 사람들의 결과가 기억나나요? 그 사람들이 모두 투자의 귀재는 아니었을 겁니다. 1억 원의 돈으로 주식 투자하는 사람들이라면 그만한 종잣돈을 모으기 위해 엄청난 시간과 노력을 쏟았을 겁니다. 즉 다룰 수 있는 돈의 크기가 커졌을 것이고, 그렇기에 자연스럽게 1억 원으로 자신이 할 수 있는 최선의 행동을 하게 된 것이고요.

큰돈을 벌기 위해서는 큰돈이 필요하다는 말이 있습니다. 주식을 할 때 10%의 수익이 났다고 가정해봐도 100만 원을 투자했다면 10만 원 수익, 1천만 원일 경우는 100만 원을 벌게 되는 거니까요.

제 경험상 그리고 책이든 강의로든 만나서 들었던 주식으로 돈을 크게 번 분들에게 공통점이 있습니다. 적어도 한 종목에 1천만 원 이상 투자했다는 것입니다. 3년이 지나서 4배가 되어 3억 원 가까이 수익을 얻은 분도 있었고, 한 종목만 3년 내내 사서 3배 가까이 수익을 얻은 분도 있었습니다.

'에이, 그분들은 특출나니까 이런 수익을 얻은 거지.'라고 생각할

수도 있는데요. 그분들이 샀던 종목이 기가 막힌 종목이었던 건 아니었습니다. 철 지난 시멘트 업종이거나 정수기 기업이었습니다. 오히려 성장성이 확실한 기업이 아니었기 때문에 3년이라는 시간이 걸렸던 것이죠.

그럼에도 그들이 버틴 이유는 하나였습니다. 주식에 대한 믿음? 나에 대한 믿음? 아니요. 손절하는 것에 대한 두려움이었습니다. 이미 큰 종잣돈이 들어가 있기에 어찌할 수도 없고 기다리거나 매달 물을 타면서 단가를 낮추는 등의 행동이었습니다. 여러분이 생각하는 부자들의 행동과는 다소 다르죠?

세계 3위 부자인 워런 버핏의 주식 비법도 이와 비슷합니다. 시장이 매우 하락했을 때 기업의 주식을 한가득 사들인 후 그저 기다리는 것이었습니다. 2008년 전 세계 자산 시장이 크게 하락했을 때 워런 버핏은 순자산 중 아주 큰 비중으로 주식을 쓸어모았습니다. 그리고 주식시장이, 나스닥이 어떻게 됐는지는 말하지 않아도 알고 있겠죠.

2022년 버핏의 회사인 버크셔해서웨이 주주총회에서 그는 매매기법을 묻는 말에 "그래도 싸면 계속 사려고 했다."라고 답했습니다. "이건 4학년짜리도 아는 거다. 학교에서 알려주지 않았을 뿐, 우릴 높이 평가할 필요 없다." 그리고 한 마디를 덧붙입니다. "그냥 나는 한 번의 결정만 할 뿐이다."

모두가 알고 있고 4학년도 할 수 있지만 버핏처럼 되지 못하는 이유가 있습니다. 우리는 너무 조급하고 너무 적은 금액으로 애쓰기 때문입니다. 수조 원을 굴리는 버핏이 한 번의 결정만 한다는 것은, 즉 사고파는 투자 회전율이 매우 적다는 말과 같습니다. 그렇기에 적은 돈으로 너무 들어가고 싶더라도 꾹 참고 종잣돈 1천만 원을 모을 때까지 저축 또 저축했으면 좋겠습니다. 그리고 시장이 기회를 주었을 때, 좋은 기업이 많이 하락했을 때, 바로 그때 여러분이 힘들게 모은 종잣돈을 과감히 투자했으면 좋겠습니다.

100만 원만 있는 사회초년생이라면?

여유자금이 100만 원이니까 100만 원에 맞는 행동을 해야 합니다. 즉 다음 단계인 1천만 원으로 만들어야 하는 행동을 해야 합니다. 그렇다면 문제를 내보겠습니다. 다음 세 가지 행동 중에서 100만 원으로 1천만 원을 만들기 위해 해야 할 행동은 무엇일까요?

1. 주식에 100만 원을 넣고 10배가 될 때까지 기다린다.
2. 남는 건 시간뿐! 쿠팡 라이더, 하객 알바 등 부업을 닥치는 대로 해서 1천만 원을 모은다.
3. 매달 100만 원씩 저축해서 10달을 기다린다.

정답은 3번입니다. 여기서 핵심은 그냥 10달을 보내는 게 아닙니다. 그때 공부를 하는 겁니다. 닥치는 대로 경제 책을 읽고 여유가 된다면 오프라인 강의를 들으러 가서도 됩니다.

그 시간이 헛되지 않은 이유는 단 하루도 공부하지 않고 투자시장에 참여하는 사람은 90%가 넘기 때문입니다. 유럽의 워런 버핏으로 불리는 앙드레 코스톨라니 역시 주식시장에는 90% 바보들이 존재한다고 했습니다. 90% 바보들은 자신의 돈을 투자하는 데 있어 거리낌이 없습니다. 결정은 빠르게 해야 하는 투자이지만 종목 선택은 정말 신중하게 해야 합니다. 그리고 신중함을 높이기 위해서는 내 안의 기준이 명확해야 합니다. 적어도 내가 세운 기준의 몇 가지 이상은 부합해야 하는지 결정하고 투자자산을 집어넣어 보면서 가치판단을 하는 거죠.

하지만 공부가 뒷받침되지 않는다면 유튜버의 말 몇 마디에 뉴스 기사 몇 개에 수십, 수백만 원을 투자합니다. 그리고 올라가면 다행이지만 정작 이걸 언제 팔아야 하는지 계획도 세울 수가 없고, 하락한다면 얼마까지 버텨야 하는 건지 들고 있는 게 맞는 건지 대처도 할 수 없습니다. 적어도 우리가 사고 싶은 거 먹고 싶은 거 하고 싶은 거 아껴가면서 하는 투자라면 적어도 내 피땀 흘려 번 돈을 넣어도 아깝지 않은 곳에 투자했으면 합니다.

종잣돈을 빨리 만들려면 반드시 줄여야 할 비용

유동지출보다 고정지출에 주목하자

우리는 보통 저축을 늘리기 위해서는 식비부터 줄이려고 합니다. 스타벅스 대신 메가커피를 마신다든지 배달 음식을 줄인다든지요. 물론 이 방법도 효과적이지만 실제로 한 달 동안 아낀 금액은 10만 원도 채 안 될 겁니다. 커피값이야 2천~3천 원 정도 아낀 것이고, 일주일 내내 배달을 시켜 먹진 않으니까요. 애초에 식비는 유동지출입니다. 갑작스러운 약속이 잡히거나 가족 행사가 생기는 날도 있고요. 차라리 식비 30만~40만 원을 잡아두고 그 안에서 자유로이 지출하는 게 낫습니다.

우리가 건드려야 할 건 바로 고정지출입니다. 고정지출을 줄이는 순간 아낄 수 있는 비용이 확 늘어나게 되거든요. 그럼 고정지출에 있는 항목 중 우리가 없애거나 확 줄일 수 있는 항목을 고르자면 바로 '주거'입니다.

입사 후 정신이 없기도 하고 전세를 구하려니 전셋값도 만만치 않아 월세로 들어가는 분들이 많습니다. 다니다 보니 직장도 가깝고 편하기 때문에 계속 유지하게 되는데요. 수도권 기준 관리비 포함 50만 원이 넘는 주거비용이 매월 발생합니다. 그 돈이 1년이면 600만 원입니다. 적은 월급에 월세 나가고 식비 나가고 애초에 모이는 돈이 많지 않으니 저축을 더 미루는 경우도 많이 보았습니다.

편안함에 안주하기 전에 사회초년생이라는 카드를 효과적으로 써서 주거비용을 아꼈으면 좋겠습니다. 사회초년생 카드를 이용해 주거비용을 아끼는 방법은 두 가지입니다. 전세 살기와 임대주택 이용하기입니다.

사회초년생의 주거비용 줄이기

정부정책 전세대출

전셋값이 수도권 기준 빌라는 5천만 원에서 시작하는 경우가 많습니다. 수요가 적은 지역일 경우 2천만 원까지도 봤었고요. 아파트도 2019년까지는 5천만 원 전세가 보였었는데 대부분 1억 원을 넘어가는 추세입니다. 이걸 다 모아서 전세로 들어간다는 건 아닙니다. 전세

정부정책 대출상품

구분	중소기업취업청년 전월세보증금대출	청년전용 버팀목 전세자금대출
조건	중소·중견기업 재직자, 만 34세 이하, 소득 3,500만 원 이하 자산 3억 5천만 원 이하	만 34세 이하, 소득 5천만 원 이하, 자산 3억 6,100만 원 이하
대출금리	연 1.2%	연 1.5~2.1% (연 소득에 따라 다름)
대출한도	최대 1억 원 이내	최대 2억 원 이내 (임차보증금의 80% 이내)

※ 자세한 내용은 주택도시기금 홈페이지를 참조 바람

대출을 활용해야 합니다. 1억 원의 전세자금이라도 월 이자 10만 원으로 이용할 수 있는 대출상품도 있습니다. 카드론, 제2금융권이 아니라 정부정책 상품이라 오히려 더 안전하고요.

중소기업취업청년 전월세보증금대출은 최대 1억 원까지 100% 나온다는 장점이 있습니다. 단점은 최소 입사 한 달의 월급이 필요하기에 입사 후 한두 달은 고시원 등에서 생활해야 할 수도 있습니다.

청년전용 버팀목 전세자금대출의 조건이 안 된다면 청년전용 일반 전세대출도 있습니다. 시중은행에서 할 수 있고 최대 2억 원 한도로 임차보증금의 90%까지 대출 가능합니다(각 은행 홈페이지 참고). 다만 전세대출을 하려고 하더라도 대출 제외금은 갖고 있어야 합니다. 버팀목 대출은 20%, 중소기업 대출은 5%, 청년전세대출은 10%입니다.

전세금 1억 원이라고 잡으면 3천만 원, 500만 원, 1천만 원 정도이니 꼭 확인 바랍니다.

중소기업 대출이 제일 매력적이긴 하나 조건이 안 된다면 버팀목이나 일반 대출을 이용해야 합니다. 90%를 빌려주는 청년전세를 하게 된다면 처음에 드는 비용은 덜 하겠지만 시중은행에서 빌려주는 것이기에 일반 금리와 비슷하게 적용됩니다. 현재는 거의 4%에 육박하고요. 버팀목은 정부정책이기 때문에 2%이고요.

금리가 낮을 때는 청년전세대출을 이용하는 게 당연히 유리하나 현재 상황은 조금 다릅니다. 버팀목 전세대출을 이용하시되 전세보증금의 30%는 모으고 이용하는 게 좋죠. 회사 근처 지역의 전세가 너무 비싸다면 눈을 조금 멀리 두는 것도 방법입니다. 지하철, 버스로 30분 내외로 갈 수 있으면서 조금은 중심권에서 떨어진 역세권 구축 빌라는 훨씬 저렴하니까요.

시작은 월세로 하되 전세대출 제외자금을 모은 다음 전세로 이동하면 좋겠습니다.

청년매입임대주택, 행복주택

만약 사는 지역의 전세가 감당하기 힘들 정도로 비싸다면 다른 방법인 청년매입임대주택이나 행복주택을 이용해봅시다. 사회초년생이라면 활용할 수 있는 정부정책이기도 하고요. 저는 이 방법을 이용했습니다.

제가 일하고 있던 동탄은 신도시라 모든 건물이 신축이었고 직장

근처의 빌라 역시 전세금이 1억 5천만 원이었습니다. 월세는 말할 것도 없고요. 그래서 공공주택 중 하나인 행복주택을 알아보았습니다.

보증금 2,300만 원, 임대료 6만 4천 원

말도 안 되는 금액이죠. 당시 제가 살던 오피스텔의 월세가 60만 원이었거든요. 당연히 여러 부분에서 차이가 있었지만 그래도 한 달 6만 4천 원에 아파트에 살 수 있다는 것은 돈 없는 사회초년생들에겐 정말 고마운 제도였습니다.

저는 4월에 지원했고 6월에 추가 합격 통보(?)를 받았습니다. 마치 대학교 합격 문자만큼 기쁘더군요. 행복주택은 생각보다 회전율이 빠릅니다. 제 앞에 23명 정도가 있었지만 두 달도 채 안 된 7월 중순에 입주할 수 있었습니다.

보증금 2천만 원이 부담된다면 보증금 대출을 받을 수 있습니다. 행복주택의 보증금은 2천만~3천만 원 내외이기 때문에 이자가 적고 대출 제외금액도 적은 편입니다. 물론 모든 지역에 행복주택이 많이 지어진 건 아닙니다. 내가 원하는 지역에 없으면 말짱 도루묵입니다.

마이홈포털 홈페이지(myhome.go.kr)를 이용하면 내가 사는 지역에 언제 어디서 행복주택을 모집하는지 알 수 있습니다. 행복주택의 경우 수시 모집도 자주 하기 때문에 원하는 곳이 공고가 지났다고 하더라도 계속해서 살펴볼 필요가 있습니다.

행복주택 모집공고

공급유형	지역	공고명	모집공고일자	공급기관	관심공고
행복주택	서울특별시	[정정공고]수서역세권 A1BL 행복주택 추가입주자 모집공고	2022-09-08	LH	☆
행복주택	서울특별시	수서역세권 A1BL 행복주택 추가입주자 모집공고	2022-09-08	LH	☆
행복주택	서울특별시	서울금천 행복주택(산업단지형) 추가입주자 모집 공고	2022-08-26	LH	☆
행복주택	서울특별시	서울양원 S1BL 행복주택 예비입주자 모집공고	2022-08-23	LH	☆
행복주택	서울특별시	서울양원 S2BL 행복주택 예비입주자 모집공고	2022-08-18	LH	☆

총 **97** 건의 검색결과

다만 경쟁률이 치열한 서울 등은 차라리 직주 근접보다는 교통을 이용할 수 있는 청년매입임대주택을 선택하거나 인기가 없는 평형을 선택하는 게 좋습니다.

청년매입임대주택은 빌라나 오피스텔을 평균 시세보다 40~50% 저렴한 임대료와 낮은 보증금으로 이용할 수 있는 제도입니다. 행복주택보다야 월 임대료가 많이 나간다는 단점은 있지만 청년매입임대주택의 장점은 보증금이 적다는 점입니다. 평균 100만~200만 원 정도인데요. 행복주택의 보증금이 부담스럽거나 경쟁률이 치열하다면 청년매입임대주택을 대안으로 생각해도 좋겠습니다.

둘 중에 어디를 가는 게 나을까요? 만약 내가 4~5년은 있겠다 싶으면 당연히 행복주택이 낫습니다. 월 임대료가 20만 원가량 차이가 나기 때문에 4년이면 960만 원을 더 아낄 수 있으니까요. 하지만 2년 정도 머물 예정이라면 청년매입임대주택이 나을 수 있습니다. 기본으로 제공하는 가전제품도 있고 대중교통을 이용하기에 더 유리한 위치에 있는 경우가 많기 때문입니다. 행복주택을 살다 보면 지하철 역과는 다소 먼 곳에 위치해 결국 차를 사는 사람들도 있는데, 차 유지비까지 생각한다면 교통이 편한 청년매입임대주택이 나을 수도 있겠네요.

그리고 중요한 점, 입사 후 5년이 지났다면 아쉽게도 신청할 수 없습니다. 이 제도는 정말 사회초년생을 위한 제도니까요. 그럼 만약 사회초년생으로 들어와서 5년 지나면 쫓겨날까요? 그렇진 않습니다. 2년마다 재계약을 할 수 있고 총 10년간 연장되거든요. 그래도 10년을 꽉 채워서 살려고 하기보다는 정말 5년 동안 주거비를 아껴서 5년 뒤에는 LH 명의가 아닌 여러분 명의의 행복주택으로 이사갔으면 좋겠습니다.

월세가 유리한 경우도 있다

매달 감당하기 힘든 월세 때문에 임대주택과 전세를 이용하라고 했지만 사실 월세를 사는 자산가도 많습니다. 대표적인 부동산 공부 채널이자 네이버 카페 '월급쟁이 부자들'의 핵심 멘토인 너나위 님은 잠실에서 월세를 살고 있습니다. 잠실 생활권을 누리고는 싶은데 잠실의 집값은 아시다시피 20억 원 내외입니다. 20억 원을 깔고 있는 것보다 잠실 생활권을 누리되 다른 여러 채의 부동산을 투자하는 것을 선택하셨다고 합니다.

지난 부동산 상승기에 잠실이 10억 원에서 20억 원이 되었다 치면 10억 원의 자산상승을 얻었을 겁니다. 그와 달리 전세를 안고 1억 원씩 투자해 소형평수의 수도권 아파트 14채를 샀고 그 집들이 1억 원씩만 상승했다면 14억 원의 상승분을 얻은 셈이죠. 그리고 대부분 아파트는 1억 원만 오른 게 아니었습니다. 입지가 좋은 소형평수의 역세권 아파트들은 2배 이상 오른 곳도 많았습니다.

당연히 이 방법은 많은 리스크를 감당해야 합니다. 내가 투자한 아파트의 전세가 공실 없이 무조건 나가야 한다는 점. 그리고 다주택자이기에 세금을 감당해야 한다는 점. 만약 부동산 하락기여서 전셋값이 하락한다면 그만큼 내어줄 수도 있어야 한다는 리스크도 있습니다.

임대인으로서 꾸준하게 집을 관리해주어야 하는 부지런함도 갖추어야 하고요. 너나위 님은 이를 알기에 다니던 회사를 그만두고 임대업자로, 또 다른 현금흐름을 창출할 수 있는 부동산 투자 멘토로 삶을 전향한 것이죠.

꼭 다주택자일 때만 월세로 살 필요는 없습니다. 내가 가고 싶던 아파트가 전세를 끼고 매물로 나오는 순간이 있을 수 있습니다. 근데 끼고 있는 전세가가 높아 매매가와 전세가를 뺐을 때의 금액을 내가 충분히 감당할 수 있다면 저는 이 방법도 좋을 것 같습니다.

그런데 왜 전세와 임대주택을 유지하면 안 될까요? 전세대출을 받고 있다면 1주택자가 되는 순간 대출을 갚아야 합니다. 임대주택도 매한가지입니다. 주거 조건이 무주택자여야 하기 때문입니다.

제가 만약 과거로 돌아간다면 이 방법을 선택할 것 같습니다. 저는 임대주택에 살다가 바로 이사해 실거주하는 1주택자가 되었습니다. 첫 집이다 보니 대출 원리금이 제 기준에 적은 편은 아니었습니다. 그리고 정말 제가 원하는 집을 선택하기보다는 부족한 자금 내에서 선택해야 하기에 최선이 아닌 차선책을 선택했습니다. 그 점이 항상 아쉬웠습니다.

온전히 집을 샀을 때 내는 대출 원리금보다 월세가 적다면, 월세로 지내면서 집을 한 채 가진 게 더 이득이라고 생각합니다. 그리고 전세 만기가 도래할 때까지 충분한 현금을 모은다면, 제가 그 집에 들어갈 때쯤은 더 적은 대출을 일으켜 들어가면 됩니다. 만약 모으지 못했다면 다른 세입자를 받은 후 돈을 찬찬히 더 모아가면 되고요.

이 방법 또한 완벽한 건 아닙니다. 부동산 하락장일 경우 전셋값이 내려간다면 내려간 금액만큼 임차인에게 주어야 할 수 있습니다. 적게는 몇천만 원, 많게는 억 단위일 수도 있습니다.

바로 내 집으로 이사 갔을 때의 장점은 여기서 있죠. 하락장에서는 오히려 상관없습니다. 그냥 눌러앉고 버티면 되니까요. 어차피 내가 살 집이기에 기분만 안 좋을 뿐 주거 안정을 누리면서 다음 상승장까지 기다리면 됩니다.

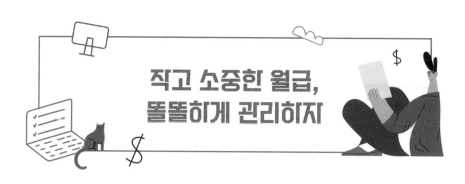

가계부, 안 써도 된다고?

"돈을 모으고 싶다면 가계부 쓰지 마세요." 욕을 들을 수도 있는 말이겠지만 저는 이제 시작하는 사회초년생이라면 더욱이 가계부는 필요 없다고 생각합니다.

가계부의 목적은 자신의 지출을 확인하고 관리하기 위함입니다. 물론 가계부를 쓰면서 자신의 지출을 경계할 수 있습니다만 사회초년생에게는 더 중요한 점이 있습니다. 1년에 얼마를 저축할 수 있을까 그리고 5년에 얼마의 종잣돈을 마련할 수 있을까입니다. 큰 목표를 잡고 이를 위해 돈을 어떻게 분배하는지 고민하고 어떻게 수익률을 올릴지 공부하는 게 먼저입니다.

기업들의 재무제표에도 얼마를 썼는지만 나오지 무엇을 몇 개 샀는지 세세하게 나오지 않습니다. 실제 투자를 할 때 기업의 재정 안정성을 보기 위해 제일 처음 봐야 할 부분은 현금흐름표인데요. 현금흐름표의 3대장이 바로 얼마나 벌었고, 얼마의 빚을 갚았으며, 얼마를 투자했느냐 이 세 가지입니다. 많이 벌었고, 적당히 빚내서 적당히 갚고, 자신의 상황에 맞게 투자하고 있다면 안정적으로 운영하는 기업이겠죠.

우리도 마찬가지입니다. 심지어 우리는 큰돈을 만지는 것도 아니고 투명하게 밝힐 필요도 없습니다. 가끔은 더치페이로 인해 지출이 혼란스럽게 잡힐 때도 있는데, 일일이 관리하는 게 더 가계부를 나에게서 멀어지게 합니다.

따라서 저는 월급 포트폴리오를 추천합니다. 커피, 옷, 영화 관람 등 이런 세세한 지출 항목을 다 지우고 오직 저축비용, 고정비용, 생활비용, 투자비용만 남기는 겁니다. 비용마다 통장을 다르게 두는 거

Q. 1천만 원의 종잣돈을 모아서 주식 투자를 해보려고 하는데, 이 비용은 무엇으로 분류하나요?

제가 앞으로 이야기할 주식 투자 방법은 거의 예·적금에 가깝게 운영할 예정이라 저축액에 함께 포함시키면 됩니다. 그렇다고 모든 돈을 다 주식으로 넣기보다는 소득의 10~20%는 반드시 은행 적금을 들었으면 좋겠습니다. 현금이 반드시 필요한 구간이 있기 때문입니다.

죠. 저축은 당연히 적금통장, 고정비용은 월급통장에서 바로 빠져나갈 수 있게 계좌이체를 설정합니다. 생활비용은 파킹통장을 이용해도 좋고 CMA를 이용해도 좋습니다. 하루만 두어도 이자가 쌓이는 통장이기에 아주 적은 이자라도 매일 받으면 커피 한 잔 값은 모을 수 있으니까요. 투자비용은 또 다른 파킹통장에 따로 빼두셨으면 좋겠습니다.

월급 분배, 이렇게 하자

월급 분배 방법을 알아보겠습니다. 이때 제일 중요한 점은 연 목표저축액을 먼저 정하는 겁니다. 연 목표저축액을 정했으면 12로 나눠 매달 얼마를 저축해야 하는지 계산합니다. 그다음 고정비용을 계산하고 남은 돈은 생활비용과 투자비용으로 나누어 씁니다.

고정비용은 고정적으로 매달 나가는 돈인데 보통 주거비, 교통비, 통신비, 보험비가 있습니다. 저는 여기서 경조사비와 주택청약통장 비용을 추가했습니다. 갑작스레 나가는 지출 때문에 관리가 번거로우니 매달 분배해놓는다면 매달 달라지는 지출을 걱정하지 않아도 됩니다. 보통 결혼식이 많은 봄과 가을에 비용이 많이 생기고 지인의 부고가 있다면 예상치 못한 지출이 생길 수 있습니다. 이때 미리 빼놓고 관리하던 경조사비에서 해결합니다. 그리고 연말에 경조사비가 남는다면 또 저축하거나 나를 위한 작은 소비를 해도 되겠죠.

생활비용은 말 그대로 생활에 필요한 물건 및 식비를 뜻합니다. 마지막 투자비용은 주식, 펀드와 같은 금융자산을 투자하는 비용이 아닙니다. 바로 나 자신에게 투자하는 금액인데요. '이거 쓸 바에야 저축하는 게 낫지 않아?'라고 생각할 수도 있지만, 저는 5만 원 더 저축하는 것보다는 책 2권을 더 사는 게 장기적으로 나에게 돌아오는 가치가 크다고 생각합니다.

모든 소비를 다 사치와 지출이라고 생각하지는 않으셨으면 좋겠습니다. 나에게 동기와 지식을 전해줄 수 있는 소비라면 기꺼이 해도 됩니다. 그 동기와 지식은 나의 행동과 만나 나에게 더 큰 소득을 불러줄 거니까요. 그래서 책, 세미나 비용, 인터넷 강의에 쓰이는 돈이 아깝지 않도록 미리 돈을 분배해놓으셨으면 좋겠습니다. 정말 듣고 싶은 강연이 있는데 돈이 아까워서 듣지 못한다면 그로 인한 기회비용이 더 클 테니까요. 하다못해 책 1권 값이 곱창 1인분보다 저렴한 시대입니다. 뭐가 더 자신에게 남을까요. 그렇다고 너무 무리해서 돈을 쓸 필요는 없고 월 소득의 5% 내외로 설정해두는 게 좋습니다.

이렇게 월별로 고정된 예산대로 움직인다면 내가 편의점에서 얼마를 썼고 저번 달에 결혼식을 갔는지 세세하게 기록할 이유가 없습니다. 생활비용 안에서는 자유로이 쓰면 됩니다. 이미 나는 반드시 해야 할 저축과 고정비용을 해결했으니까요. 그러니 가계부의 경고 알람을 받으며 같이 스트레스받기보다는 먼저 여러분이 모을 수 있는지 먼저 계획하시고 그 뒤에 생활비용을 자율적으로 조절하셨으면 좋겠습니다.

월급 분배 포트폴리오 예시

월급 220만 원을 받는 직장인을 기준으로 하겠습니다. 여러분은 각자 월급을 적어주세요. 달마다 다르다면 제일 적게 받는 달 기준으로 해주시면 됩니다.

월급: 220만 원   나의 월급: _____

저축비용

연 목표금액 1,200만~1,500만 원을 저축한다고 했을 때 한 달 저축비용이 계산됩니다.

월 저축비용: 100만 원   나의 월 저축비용: _____

고정비용

저축비용을 뺀 남은 120만 원으로 돈을 분배해보죠. 만약 전세나 임대주택을 이용할 경우 주거비용은 20만 원 내외입니다. 다음은 교통비입니다. 1,250원(교통비)×60번(출퇴근 횟수)=7만 5천 원 정도입니다.

만약 서울에서 지하철을 타고 이동한다면 정기권을 이용해보세요. 20km 내외 이동 시 한 달에 5만 5천 원으로 이용 가능합니다. 광역버스를 타게 되는 일도 있으니 넉넉하게 9만 원으로 잡겠습니다.

통신비를 보죠. 현재 통신비는 보통 휴대폰과 인터넷 요금입니다. 휴대폰 요금제에 따라 다르겠지만 일반적으로 8만~10만 원 내외입니다.

보험비는 최대한 합리적으로 선택해야 합니다. 단체 실비가 있는데 개인 실비까지 있다면 하나는 해지하는 것이 좋습니다. 실비는 중복 보장이 안 되기 때문입니다. 실손보험이라면 1만~2만 원 내외로 가입하는 게 좋습니다. 건강보험을 하나 더 들고 있는 사람도 많은데, 20~30대 중반까지라면 최대 10만 원은 넘지 않는 게 좋습니다. 10만 원 안에서도 충분히 보장받을 수 있는 만큼 받으니까요.

민영주택 청약을 노릴 경우 지역별, 평형별 예치금이 다릅니다(서

Q. 지급제폰이 나을까요? 대리점 추가 할인 지원금 폰이 나을까요?

만약 휴대폰 가격 정가가 85만 원이라고 했을 때, 2년 동안 드는 돈을 비교해보겠습니다. 지급제폰은 85만 원(휴대폰 비용)+[4만 원(알뜰요금제)× 24개월] = 179만 원으로 한 달에 7만 4,500원입니다.

대리점 구입이라면 대리점마다 또 통신사마다 지원금 범위가 다릅니다. 세티즌(www.cetizen.com)을 이용해 원하는 기종, 통신사, 요금제를 확인하고 월 청구액을 살펴보는 게 제일 정확한데요. 제 휴대폰인 갤럭시 S21+를 기준으로 했을 때 평균 8만 3천 원 정도 나오더라고요.

그렇다면 전자가 더 나은 선택이겠네요. 새 상품이 아닌 중고를 산다면 월 비용은 줄어들겠고요. 인터넷 결합이 보통 1만 5천 원 정도이기에 통신비는 9만 원으로 잡겠습니다.

울주택도시공사 홈페이지 참고). 일반적으로 85m²를 기준으로 300만 원 정도만 채워도 추첨제를 지원할 수 있기에 5만 원을 기준으로 잡겠습니다.

만약 광역시 및 서울시라면 분양 일정을 확인하고 한두 달 전에 여유자금을 활용해서 예치금을 맞춰놓는 게 낫습니다. 청약통장은 돈을 출금하는 순간 납입횟수가 무효가 되기 때문에 무리하게 10만 원씩 할 필요는 없다고 생각합니다. 10만 원에 5년이면 자그마치 650만 원이니까요. 차라리 5만 원씩 모아 예금을 넣는 게 이자로도 더 이득입니다. 청약통장의 이율을 1~2% 사이거든요.

그래서 고정비용을 계산해보면 58만 원입니다.

주거비: 20만 원   교통비: 9만 원

통신비: 9만 원   보험비: 10만 원

경조사비: 5만 원

주택청약: 5만 원(지역별 예치금 만족 시 2만 원으로 내리기)

생활비용과 투자비용

앞서 저축비용과 고정비용을 뺀 62만 원으로 생활비용과 투자비용을 나누면 됩니다.

제가 쓰고 있는 방법 중 제일 효과적으로 생활비용을 사용하는 방법은 바로 매주 쓰는 비용을 정하는 것입니다. 생필품 구매 제외 후 딱 50만 원이 식비라고 가정한다면 저는 매주 12만 5천 원씩 식비로 쓸 수 있습니다. 주중은 하루에 1만 원 안으로 계산한다면 저는 주말에 7만 5천 원의 여유가 생기는 겁니다. 이를 가지고 친구들과의 약속을 보낼 수 있겠죠. 주말에 거한 약속이 잡히면 어쩌겠습니까. 삼각김밥과 컵라면으로 저녁을 보내면 되죠.

생활비용: 57만 원   투자비용: 5만 원

Q. 절약해야 하는데 커피… 커피를 못끊겠어요!

왜 끊어야 하죠? 우리가 가진 식비 안에서만 마시면 됩니다. 대신 내가 커피를 즐기는 만큼 다른 식사비용은 줄여야겠지요. 저 역시도 카페인 수혈 없는 아침에 반절 이상 눈을 뜨지 못하는 관계로 매일 아침 저기 브랜드의 커피를 사 마시는데요. 한 달에 3만 원이 들 뿐입니다. 배달 한 번만 안 시키면 되는 가격이죠.

우리가 재테크를 하겠다는 마음을 먹은 순간부터 놓아야 하는 것은 생각보다 많습니다. 그러나 카페에서 여유롭게 책을 읽거나 좋아하는 사람과 이야기를 나누는 시간마저 재테크라는 이유로 뺏고 싶지는 않습니다. 저 또한 식비를 거의 40만 원으로 두고 살 때도 일주일에 3번은 꼭 카페에 가서 일했으니까요. 덕분에 아늑한 공간에서 좋아하는 커피를 마시며 원 없이 책을 읽었고, 많은 아이디어를 생각해냈고 수십 편의 유튜브 영상을 편집할 수 있었습니다.

더 의미 있게 생각하는 쪽에 소비를 하되 덜 신경 쓰는 쪽에 소비를 줄이면서 내가 가진 생활비용 안에서 조율해보세요.

통장 100배 활용하기

시중은행과 저축은행

시중은행은 농협, 국민은행, 우리은행 등 「은행법」으로 운영 관리됩니다. 예금이자 및 적금이자가 시중 금리와 비슷하기에 적금보다는 5천만 원 이상의 목돈을 예치할 때 좋습니다.

저축은행은 제2금융권 은행으로 「상호저축은행법」으로 운영됩니다. 시중은행과 같이 5천만 원까지는 예금자 보호가 가능하지만 전국적으로 지점이 다르기에 만일 큰돈을 인출해야만 하는 상황에서는 불리할 수 있습니다. 시중은행보다 금리가 1% 이상 더 주기 때문에 5천만 원 이내의 목돈 및 적금 운영에 유리합니다.

파킹통장

계좌에 돈을 하루라도 거치해도 이자가 붙는, 고금리 수시 입출금통장입니다. 일반 자유입출금통장과 다르게 매일 이자가 붙기에 적지만 복리 효과를 누릴 수 있습니다. 5천만 원까지 예금자 보호가 되는 토스, 카카오 세이프박스 등 다양한 상품이 있습니다.

파킹통장은 월급통장으로 추천합니다. 월급이 다 빠져나가기 전에 하루라도 월급이 거치되어 있다면 내일 그 돈을 다 빼더라도 전날에 대한 이자를 받을 수 있습니다. 틈틈이 생기는 돈들도 모아두는 자투리 통장으로 이용해보세요. 토스에서는 매일 받는 이자를 확인하고 월별로 얼마의 이자를 받았는지 확인할 수 있어 좋습니다.

CMA(Cash Management Account, 자산관리계좌)

모바일 주식 앱을 이용한다면 가입하게 되는 계좌입니다. 파킹통장과 같이 매일 이자가 쌓이는 구조입니다만 완벽한 원금보장은 아닙니다. CMA에 돈을 입금하면 증권사에서 그 돈을 이용해 비교적 안전한 금융상품을 매수해 생기는 수익 일부를 이자로 제공합니다.

이 통장은 주식을 하기 위한 투자금을 잠시 두거나 주식 투자로 생긴 수익을 보관해두는 용도로 이용하면 좋습니다. 배당금을 따로 모아두어도 좋습니다. 배당금은 보통 종합투자계좌, 즉 주식 투자용 계좌로 바로 입금되기에 관리하기 쉽지 않습니다. 따로 CMA로 빼두는 연습을 해야 합니다.

CMA는 증권사에서 자금을 어떤 형태로 운영하는가에 따라 RP, MMF, MMW로 나누어집니다. 시장 상황에 따라 선택하면 좋습니다.

금리 인상기에는 CMA-RP를 선택합니다. RP라는 단기채권 상품에 투자하기에 RP형입니다. 이자는 일반 시중은행 금리와 같이 연동되어 움직입니다. 금리가 인상되는 시기에 좋습니다. 한국은행 기준금리보다 0.5% 정도 높게 주는 편으로 금리가 고정된 상태로 유지됩니다.

금리 하락기에는 CMA-MMW 또는 MMF를 선택합니다. 자금을 자산운용사에게 빌려주는 MMF, 한국증권금융에 빌려주는 MMW입니다. 금리 하락기에는 한국은행 기준금리보다 주식 수익률이 더욱 높은 경우가 많습니다. 따라서 금리가 확정된 것이 아닌 수익률에 따라 금리를 유동적으로 제공하는 MMF와 MMW가 낫습니다. 다만 MMW

의 경우 오후 5시에서 아침 8시까지 돈을 출금한다면 그날에 대한 이자를 제공하지 않으니 MMF형을 추천합니다.

Q. 귀찮아요! 금리 인상, 하락 언제 다 신경을 쓰나요!

그럴 때는 CMA-발행어음형을 추천합니다. 한국은행 기준금리보다 1% 가까이 높은 금리를 제공하는데요. 자금을 증권사가 직접 운용하기 때문입니다. 그래서 증권사에게 돈을 빌려주는 대신 이자를 받는 거죠.

이름도 어렵고 이자도 많이 주는 거니 조금 불안할 것도 같은데요. 발행어음형은 자기 자본, 즉 증권사 자체가 들고 있는 돈이 순수하게 4조 원 이상인 초대형 증권사만 발행 가능합니다. 그렇기에 증권사가 망하더라도 내 돈을 돌려받지 못할 가능성은 매우 희박하다는 거죠.

현재 발행어음형이 가능한 곳은 NH, KB, 미래에셋증권, 한국투자증권입니다. 이미 해당 증권사에 다른 CMA가 있다고 하더라도 앱 안에서 발행어음형으로 바꿀 수 있습니다.

그뿐만 아니라 외화 발행어음 CMA도 있습니다. 미국 주식을 하려면 달러가 필요한데요. 요새는 원화로도 현재 환율로 바로 바꾸어서 미국 주식을 매수할 수 있습니다. 그러나 달러도 환차익, 환차손이 5%에서 10% 이상까지 생길 수 있습니다. 환율이 떨어지는 날에 외화를 매수해서 CMA에 넣어두신다면 이자와 환차익까지 챙길 수 있을 것입니다.

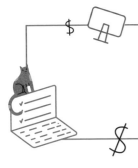

월세 대신 애플을
사 모았더니

4년 후 8천만 원 모으기 가능?

행복주택에 보증금까지 탈탈 털어 입주하고 나니 제 수중에는 500만 원 정도가 남아 있었습니다. 행복주택은 깨끗하고 직장과도 가까워서 마음에 들었습니다. 다만 한 가지, 크기가 4.5평(14.88m²)으로 협소했습니다. 부엌과 침실과 옷장과 책상이 모두 한 방에 있는 구조다 보니 다리를 다 뻗으면 머리에는 책장이 발끝에는 책상을 맞붙인 채로 자야 했습니다.

이곳에 들어오고 저는 다이어리에 "2022년 여기서 탈출한다."라고 적었습니다. 이 가격에 수도권에 지낼 수 있다는 건 너무나도 감사했지만 그렇다고 오래 있는 게 좋은 일도 아니라고 생각했습니다. 얼른

자금을 모아 이사 가는 게 저보다 더 보금자리가 필요한 청년들에게 자리를 내어주는 일이니까요.

2022년에 탈출하려면 남은 기간은 4년, 행복주택 보증금을 제외하고 제가 모아야 하는 금액은 약 8천만 원 정도였습니다. 당시 월급으로 220만 원을 받던 제가 아무리 아끼고 모아도 4년 만에 8천만 원은 무리였습니다. 그래서 수익률 높은 상품에 적금을 들기 시작한 것이죠.

어차피 직장인이 1년에 모을 수 있는 돈은 한정되어 있습니다. 그럼 어떤 방법을 선택해야 할까요. 바로 수익률을 높이는 전략을 써야 합니다. 한 달에 100만 원씩 저축한다고 가정하에 수익률을 연 20% 잡으면 5년 안에 1억 원 조금 안 되는 9,800만 원을 모을 수 있습니다.

'아니, 워런 버핏이 연평균 수익률이 20%라는데 내가 어떻게 해.'라고 지레 겁부터 날 수 있습니다. 하지만 놀랍게도 지난 5년간 평균 20% 수익률을 기록하고 있는 상품이 있습니다. 고금리 저축은행, 펀드도 아닌 바로 세계 시가총액 1위 기업인 애플(AAPL)입니다.

애플 주식을 모아서 목표 달성

저는 '애플 저축은행'에 가입해서 3년 만에 제가 원하는 종잣돈을 얻었습니다. 20% 수익률을 자랑하는 건 애플뿐만은 아닙니다. 제가 애플을 선택한 이유는 세계 시총 1위 기업인 동시에 꾸준한 연 수익

애플 연평균 수익률

비교기준년도	연평균 수익률	총수익률
3년 전 대비	34.28%	142.14%
5년 전 대비	29.67%	266.64%
7년 전 대비	26.29%	412.51%
10년 전 대비	20.32%	535.80%
20년 전 대비	37.12%	55,085.70%
30년 전 대비	21.72%	36,297.47%

연도별 애플 최대 낙폭

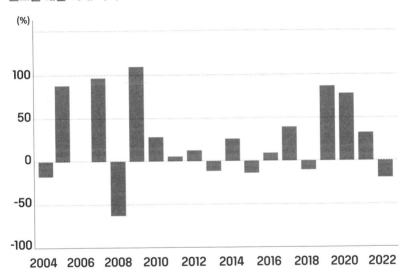

※ 매년 1월 1일 시작가와 12월 31일 종가를 기준으로 계산한 연도별 수익률 추이

률을 자랑하고 있다는 점이었습니다.

애플의 연평균 수익률과 주식 최대 낙폭을 살펴보죠. 2008년 -65%를 기록하긴 했지만 적어도 3년 이상을 유지할 경우 20% 수익률을 기록했습니다. 2007년 샀던 사람들도 1년을 더 버텼다면 2009년 고점을 탈환하고도 남았고요. 그래서 제가 3년 이상을 유지할 경우 어떻게든 예·적금 수익률보다는 높게 받을 수 있겠다는 판단이 섰습니다. 당시 적금 금리는 2%대였거든요.

그래서 적금 대신에 매달 애플 주식을 사기 시작했습니다. 갖고 있던 500만 원으로 먼저 산 후 매달 적립식으로 2주씩 모아갔습니다. 2019년 한 해만 거의 70%에 달하는 수익률을 보여주었습니다.

"뭐야 운이 좋았네." 싶지만 바로 다음 해 2020년 3월 저는 그 수익률을 모두 내어주고 마이너스가 되었습니다. 코로나19 사태로 인해 주식시장이 반 토막이 되어버렸거든요. 빚을 지고 사지도 않았고 어차피 3년간 모을 거로 생각한 주식이라 그냥 버티기로 했습니다. 물론 기분은 3주간 안 좋았던 것 같습니다.

그런데 23일 후 전 세계 증시는 반등을 시작하더군요. 『나의 첫 금리 공부』라는 책에서는 "질병으로 인한 주식하락은 전혀 걱정할 것이 아니다."라는 구절이 있습니다. 질병은 일시적이며 시간이 지나면 다시금 원상태를 찾아가기 때문이라고요. 물론 코로나19는 호흡기 질환이고 전염성이 높아 모든 곳이 셧다운이 된 사례이기 때문에 더 큰 충격을 주긴 했습니다.

그 후 애플은 380달러까지 치솟더니 액면분할을 실시했습니다. 즉 내가 가진 주식 수가 4배가 된다는 뜻인 거죠. 물론 단가가 2019년 정도의 가격으로 내려왔긴 했지만 갖고 있던 주식 수가 4배가 된 효과는 엄청나게 무시무시했습니다. 94달러 정도로 분할되었던 가격은 2021년 180달러, 즉 2배가 되었고 저는 원금의 8배 수익을 얻을 수 있었습니다.

결론적으로 앞서 다이어리에 적었던 2022년 행복주택 탈출한다는 이루지 못했습니다. 그럼에도 저는 여전히 꿈을 적는 메모를 믿습니다. 전 세계 증시의 폭등, 애플의 액면분할 그리고 꾸준히 모아왔던 부수입 등을 통해 저는 2021년에 행복주택을 탈출했거든요. 메모보다 1년 빨리요. 그리고 진짜 제 명의의 집으로 이사 갔습니다.

주변에서 투자의 힌트를 찾자

그럼 지금부터 애플을 사 모으면 될까요? 저는 액면분할의 효과를 톡톡히 봤지만 애플은 이미 5차례를 액면분할한 상태입니다. 전 세계 자금이 채권과 예금, 금과 같은 안전자산으로 옮겨간 상태라 당분간 하기 쉽지는 않을 것 같습니다.

그러나 애플의 남은 신사업인 애플카와 XR기기의 사업이 가시화되고 어느 정도 성과가 보장된다면 저는 충분히 액면분할 가능성이 있다고 생각합니다. 액면분할 자체는 시가총액에는 영향을 끼치지 않으면서 새로운 투자자들이 들어오게 하는 계기가 되거든요. 이미 마이크로소프트는 9차례를 실시했기에 애플도 9차례까지는 모르겠지만 앞으로 1~2차례는 더할 가능성이 있다고 봅니다(다만 워런 버핏은 주가가 저렴해지면 단타를 하는 투자자들이 늘어나 주가에 오히려 저해된다는 입장을 보이기도 했습니다).

그렇기에 금리 인상이 마무리되는 시점부터, 즉 연준에서 더 이상 금리를 올리지 않겠다 또는 당분간 관망하겠다는 입장을 보이면 주식 투자를 시작해도 된다고 생각합니다. 금리 인상으로 안전하게 고금리를 취하던 자금들이 다시금 주식시장에 들어올 수 있으니까요. 꼭 애플이 아니어도 됩니다. 20% 성장률을 자랑하는 유나이티드헬스그룹, 마이크로소프트 또한 좋은 기업들입니다. 이보다 더 큰 성장을 할 기업들도 물론 나올 수 있습니다.

항상 시장과 신문에서는 힌트를 주고 있습니다. 앞으로 어떤 업종이 주목을 받을지 그리고 여러분 주변에서 계속해서 보이는 물건이나 서비스가 무엇인지 살펴보길 바랍니다. 미국 최대 수익률을 자랑했던 전설의 펀드 매니저 피터 린치 또한 마트에서 힌트를 얻었다고 합니다. 자신의 아내와 자녀들이 가장 먼저 찾아가는 물건들을 눈여겨보았다고 하죠.

요즘 제 눈에는 전기차와 서빙로봇이 자주 보이더라고요. 그리고 신문에서는 지속해서 메타버스, 도심항공교통과 자율주행을 강조하고 있습니다. 그리고 그 안에는 당연히 XR, 인공지능, 빅데이터, 5G, 소프트웨어가 자리 잡고 있고요. 여러분은 지금 근처에 무엇이 보이나요? 아니면 무엇이 많이 보이게 될 것 같나요?

소액으로도 시작할 수 있는 소수점 매매

"아낀 월세 46만 원으로 매수하려고 하는데 주가가 너무 비싸요!"

매수하고 싶은 주식이 두 가지인데 둘이 합하면 46만 원이 넘게 되는 경우도 많이 있습니다. 저도 80만 원으로 마이크로소프트와 애플을 동시에 매수하면서 가격이 하나가 오르면 더 못 사게 되는 경우가 많았습니다.

저와 같은 애잔한 개미들이 많았는지 2021년부터는 소수점 거래를 이용할 수 있게 되었습니다. 이 거래를 이용한다면 주식 수를 소수점으로 쪼개어서 살 수 있는데요. 예를 들어 1주에 200달러라면 0.5주를 100달러에 사는 것이죠. 그리고 다음 달에 0.5주를 또 산다면 합해서 온전한 1주로 바꾸는 기능도 있습니다. 소수점 단위로 주식을 갖고 있어도 비율에 맞게 배당도 받을 수 있고요.

다만 실시간 매매가 안 되고 장 시작 전 예약 매매로만 매수할 수 있습니다. 그리고 3일 후 매도가 가능하고요. 적립식으로 모아갈 것이라면 빠른 매수 및 매도는 그렇게 필요하지 않으니까요. 만약 정기적으로 또 자동 매수를 원한다면 KB증권의 마블 미니를 추천합니다.

종목별로 금액을 설정해 정기적으로 구매를 할 수 있기에 매달 구매해야 하는 불편을 덜 수 있습니다. 다만 좀 더 효율적으로 매매를 하고 싶으면 달 중에서 많이 하락한 날을 선택해 매매하는 게 수익률 면에서 더 나을 수도 있습니다. 만약 이 방법을 사용할 경우 수수료가 제일 적은 키움증권을 이용하면 좋고요.

증권사별 해외 주식 소수점 매매

거래 매체		특징
신한 금융투자	신한알파	· 제휴업체의 마일리지나 캐시백 등으로 매수 가능 · 원하는 주식, 금액만큼 정기매수 가능
한국 투자증권	미니스탁	· 여러 종목이 묶인 투자 테마를 한 번에 투자 가능 · 원하는 종목, 금액, 주기, 투자기간 설정해 자동투자
KB증권	마블(M-able) 미니	· 소수점 매매로 1주 완성하기 기능 제공 · 10종목 선택, 각 종목별 금액을 조정해 정기구매 기능
삼성증권	오늘의투자 (오투, O2)	· 달러로 거래 · 우량주식 테마별 추천
NH 투자증권	QV, 나무 (NAMUH)	· 24시간 환전 없이 주문 · 미국 주식 309종목 투자 (유일하게 버크셔해서웨이 클래스A 거래 가능)

자료: 각 사

적립식 투자의 핵심

적립식 주식 투자는 시장 타이밍, 종목, 꾸준함 이 세 가지가 핵심입니다. 어떤 주식도 3년 내내 하락하는 주식은 없습니다. 5년 이상 하락한 증시도 없었고요. 지금 시장은 2012년 이래로 처음 5주 이상 하락한 연례 없는 시장이기도 합니다. 그러나 종목이 안 좋아서, 기업이 안 좋아서 빠진 것이 아닌 금융시장을 움직이는 세 가지 말이 모두 멈춰 섰기 때문입니다. 이 말들이 자산 투자를 효과적으로 할 수 있는 타이밍을 알려주고 있는데요. 이에 대해서는 다음 장에 깊이 다루겠습니다.

그렇다면 이 말들이 다시 달려가고 있는데 내가 선택한 마차가 튼튼하고 누가 봐도 타고 싶은 마차일 경우 제일 먼저 달려가게 되겠죠. 지금 시기는 말들이 시동을 걸 때까지 기다리면서 연료인 종잣돈을 모으고 나의 마차를 신중하게 고르는 시기입니다. 대세 상승장에는 마차를 고를 시간을 전혀 주지 않습니다. 모든 마차가 빨리 달리고 빨리 타지 않으면 안 될 것처럼 분위기를 조장하거든요. 그래서 신중하게 고른 마차가 아닌 아무 마차나 탈 가능성이 커지는 거죠.

2020년 경영진의 배임 혐의로 거래가 정지되었던 신라젠 또한 2년이 지난 2022년 거래가 재개되었습니다. 이 주식이 좋다 안 좋다를 떠나서 큰 위기가 있던 기업도 이겨내면 다시 거래되듯이 주식가격은 상승과 하락을 반복합니다. 시장 상황과 기업을 대변하고 있는 주식이기에 시장 상황이 완만해진다면 주식가격은 결국 기업의 가치에 수렴하게 되어 있습니다.

시장 상황이 좋아지면 당연히 시장 참여자들이 증가하게 될 것이고 그렇다면 그 기업의 진가를 알아보는 사람들은 달려들 수밖에 없으니까요. 그러니 시간이 지나도 빛이 사라지지 않을 기업을 고르고 꾸준히 묵묵하게 투자해나가셨으면 좋겠습니다. 좋은 기업을 고르는 방법은 제 책을 포함해 정말 많은 서적에서 알려주고 있고 생각보다 어렵지 않습니다. 어려운 건 흔들리고 바뀌는 시장 상황 속에서 자신의 마음을 꿋꿋하게 지켜내는 거죠.

그럼에도 금리가 지나치게 올라간다, 미국에서 경제위기가 터졌다는 이야기 외에 주가가 너무 내려가는 거 아닌가 하는 주가 하락 이야기만 들려서 적금으로 갈아타야겠다는 생각이 든다면 딱 한 가지 질문을 던져보세요.

5년 뒤에도 내가 더 돈을 잘 벌까? 이 기업이 더 잘 벌까?

이 책만큼은 읽고 시작하세요

제가 재테크를 하면서 정말 돈을 크게 벌 기회가 있었습니다. 괜찮은 기업인데 상당히 저평가된 것 같다고 생각하면서도 저를 믿지 못했습니다. 믿지 못한 만큼 소소한 액수를 투자했고 그 결과 저는 4배가 넘는 수익을 놓쳤습니다. 대신에 지인이 추천해준, 잘 알지도 못하는 기업에 훨씬 많은 돈을 투자했고 결과는 상장폐지였죠.

우리는 재테크에서 자신을 너무 과소평가하는 경향이 있습니다. 자만하고 과신해서도 안 되지만 확실할 때는 지를 줄도 알아야 합니다. 그래서 지식을 쌓는 게 중요합니다. 잘 알아서가 아니라 내가 이만큼 공부를 했다는 자신감과 믿음을 쌓기 위해서죠.

이 정도만 알아도 주식시장에서 재테크에서 충분하다는 지식을 여러분들에게 나눌 겁니다. 그리고 지식만 나눌 것이 아닌 그 지식을 쌓을 수 있는 과정, 즉 낚시하는 법까지요.

전문지식을 쌓는 방법은 무엇일까요? 생각보다 단순합니다. 서점 매대에서 끌리는 제목의 재테크 책을 읽는 것, 주말에 시간을 내서 세미나를 듣는 것, 온라인 강의를 듣는 것 등 모두 지식을 쌓는 과정입니다. 유튜브를 보는 것도 좋지만 저는 경제 공부만큼은 투박하게 하길 권합니다. 처음에는 투박하겠지만 계속 생각하고 공부하면서 나만의 지식으로 구조화될 것이니까요. 그렇기에 처음일수록 유튜브보다 책을 추천합니다.

책에는 여백이 있습니다. 말은 답이 될 경우가 많지만 책 속 글은 질문이 됩니다. '다른 투자자들이 쓴 글에 나온 이런 기업은 어떨까?' '내 주변에 잘될 것 같은 상품은 없을까?' 이런 질문에 대한 답을 찾아가는 과정이 곧 재테크를 제대로 공부하는 방법이라고 생각합니다.

교보문고만 봐도 수백 권의 재테크 책이 있는데요. 처음 시작하는 사람이라면 어떤 책부터 봐야 할지 감도 안 오죠. 저는 강남 교보문고에서 정말 한 권 한 권 끌리는 제목부터 펼쳐 들었습니다. 차트 기법을 보기도 하고 전혀 알아듣지 못하는 재무제표 책도 고르기도 했습니다. 가끔은 그 자리에 앉아 반 이상을 읽다가 안 되겠다 싶어 바로 결제한 책도 있었고, 이제는 목차만 봐도 설레서 아껴서 봐야지 하는 책도 생겼습니다. 영화를 많이 본 사람이 영화를 잘 평가하듯 저 또한 많은 재테크 책을 읽다 보니 나에게 필요한 책인지 아닌지 판단이 서더라고요.

그러다 보니 저에게만큼은 정말 도움이 많이 되었고 제가 투자할 때 적극적으로 활용하고 있는 책들을 소개하려고 합니다. 무엇부터 봐야 할지 모르겠다면 다음 책부터 보는 것을 추천합니다.

1. 『워렌 버핏의 8가지 투자전략과 대한민국 스노우볼 30』(류종현 지음, 한국 주식가치평가원, 2018년)
2. 『나의 첫 금리 공부』(염상훈 지음, 원앤원북스, 2019년)
3. 『4차산업혁명 시대, 투자의 미래』(김장섭 지음, 트러스트북스, 2017년)
4. 『모닝스타 성공투자 5원칙』(팻 도시 지음, 이콘, 2006년)
5. 『퇴사는 무섭지만 돈은 벌고 싶은 월급쟁이들에게』

사실 이 책만 읽고 투자를 시작해도 정말 제대로 된 투자 원칙을 세우고 방향을 세울 수 있다고 생각합니다. 1번 책을 보고 저만의 저평가주 찾기 공식을 얻었고, 2번 책을 통해 금리와 환율이 시장에 어떤 영향을 끼치는지 전체적인 시장을 보는 눈을 키웠고, 3번 책 덕분에 미리 애플과 마이크로소프트 주식을 샀으며, 4번 책 덕분에 투자할 때 기본적으로 어떤 기업을 선택해야 하는지 가이드라인을 세웠습니다. 그리고 5번, 직접 집필한 책에서는 1~4번 책을 여러 번 읽으면서 책 속 지식들을 어떻게 활용하면 좋을지 그 노하우를 담았습니다.

꼭 우리 책이 아니어도 좋습니다. 재테크 공부를 하고 싶다면 주변에 휘둘리지 않고 나만의 방법으로 묵묵히 투자해나가고 싶다면 저는 책을 먼저 읽기를 권합니다. 스스로 생각하고 깨달은 실천 방법은 그 어떤 펀드 매니저나 경제 유튜버보다 확실히 도움이 될 거니까요.

3장

주식 투자를 위한
돈 공부

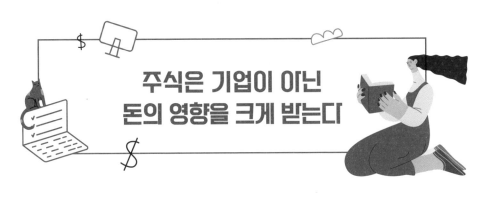

주식은 기업이 아닌
돈의 영향을 크게 받는다

경제와 시장을 예측할 수 있을까?

"나는 경제와 주식시장을 예측하는 데 1년에 15분만 쓴다."

한평생을 주식시장에 몸을 담았던 워런 버핏이 한 말입니다. 주식은 사업을 사는 것이지, 시장 예측을 통해 오를까, 내릴까에 베팅하는 것이 아니라고요. 저도 버핏의 말에 동의합니다. 지수 수치를 맞춘다는 건 예언에 가깝습니다. 일부 전문가라고 칭하는 사람들은 지수가 1,800포인트까지 떨어질 것이다, 또는 4천 포인트까지 오를 것이다 등의 말을 너무도 쉽게 하는데요. 그건 아무도 알 수 없는 일입니다.

2020년 4월 코로나19로 코스피 지수가 1,300포인트까지 떨어졌을 때 많은 전문가가 지수가 더 떨어진다, 900포인트까지 간다, 최

악의 경제 상황이 올 거라고 예측했습니다. 그리고 지수가 반등하고 3,300포인트까지 치솟자 3,600포인트 간다, 4천 포인트까지 간다며 시장 상승을 예고했습니다. 결과는 어떤가요. 2022년 10월 기준 2,200포인트까지 내려왔지만 2023년 6월 2,400~2,600포인트 사이에서 박스권을 유지하고 있습니다. 그러자 다시 슬금슬금 하락론을 이야기하는 분들이 나와 제2의 금융위기가 올 거라고 외칩니다. 3년 뒤 그들의 말은 과연 맞을까요? 아니 맞은 적은 있었을까요? 지수의 저점과 고점은 아무도 맞출 수가 없습니다.

그렇다면 아무런 예측 없이 그냥 실적 좋은 기업에만 투자하면 되는 것일까요? 처음 투자 공부를 하다 보면 이와 같은 편견에 빠지기 쉽습니다. '버핏이 무조건 실적이 좋은 기업에 투자하라고 했으니까 그 기업을 사면 되겠지?' 하고 생각하듯이요.

그런데 왜 실적이 좋은 애플은 전고점을 탈환하지 못하고 있을까요. 그리고 실적이 분명 잘 나왔는데 버핏은 오히려 이번에 애플을 일정량 매도한 것일까요?

기업의 실적보다 시장 참여자의 돈을 보자

기업의 주식은 기업들의 실적에만 영향을 받는 것이 아닌 시장 참여자들과 시장에 들어가는 돈에 더 큰 영향을 받습니다. 실적을 좋게 평가하고 사람들이 그 기업을 너도나도 산다면 물론 주가가 올라갑니다. 그런데 기업의 실적이 잘 나왔다는 것을 알아도, 시장 참여자들이 넣을 돈이 없다면 주가는 크게 오르지 않습니다. 2차 전지 기업들의 실적은 2022년에도 크게 상승했습니다. 그럼에도 2021년의 고점을 탈환하지 못하는 이유도 이와 같습니다.

그리고 기업들은 지수에만 속한 것이 아닙니다. 테마로 묶인 여러 펀드 상품에도 함께 속해 있습니다. 그 펀드를 사는 것은 기업의 주식을 일정 비율 사는 것과도 같습니다. 그런데 시장이 좀 안 좋아서 펀드를 매도할 경우 그 기업의 실적과는 상관없이 함께 매도되는 것입니다. 그리고 대기업, 우리가 알 만한 기업일수록 이런 상품에 속해 있는 경우가 많습니다.

대표적인 지수 투자 상품 중 하나인 KODEX 200을 예로 들어보겠습니다. KODEX 200은 코스피에 속한 1등부터 200등까지의 기업을 시가총액의 비율에 맞게 구성한 펀드입니다. 이번에 SK하이닉스와 네이버의 실적이 좋게 나왔다고 칩시다. 그런데 시장 참여자들이 KODEX 200을 들고 있다가 금리가 올라가고 주식시장이 안 좋다고 하자 팔아버립니다. 그럼 KODEX 200에 네이버와 SK하이닉스도 들어 있기에 동시에 매도되는 거죠.

그러니 지수와 기업은 절대로 떨어뜨릴 수가 없습니다. 그렇기에 시장 예측은 의미가 없다고 한 버핏조차 사실은 일정한 예측을 하고 있습니다.

버핏은 실제로도 지수에 대한 예언은 한 적이 없습니다. 하지만 나스닥 기술주가 주목받던 2016년부터 애플에 대해 지분 투자를 점점 늘렸으며 긴축을 시작한 2021년에는 애플을 일부 매도했습니다. 또한 물가와 원자재 가격이 심상치 않자 에너지 기업인 옥시덴탈 페트롤리움에 대한 지분을 늘렸습니다. 중국 경제성장률이 떨어지고 미국이 중국에 대한 제재를 강화하자 14년 동안 팔지 않았던 중국 자동차 기업인 비야디(BYD)의 지분도 일부 매각했고요.

버핏은 지수를 예측하지는 않지만 경제 흐름은 예측하며 투자를 진행하고 있습니다. 그럼에도 버핏은 일반 투자자보다는 훨씬 더 오랜 기간을 투자합니다. 일반 투자자들의 경우 2016년에 애플을 샀으면 100% 가까이 올랐던 2019년에 팔아버렸을 테니까요. 이번에 일부 매도한 비야디 역시도 14년의 투자로 38배의 수익을 얻었고요.

버핏은 지수는 아니더라도 투자하기 좋은 타이밍을 늘 고려하고 있었습니다. 그리고 그 이상 이익이 나오지 않을 것 같은 상황이 오면 매도를 하기도 했고요. 그렇기에 우리도 지수 수치를 예측할 필요는 없지만 언제가 투자하기 좋은 시기인지는 반드시 알고 있어야 합니다.

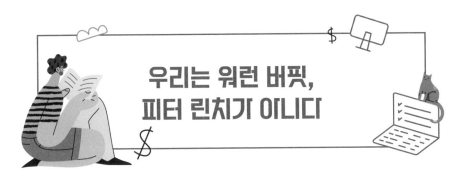

우리는 워런 버핏,
피터 린치가 아니다

워런 버핏과 피터 린치의 투자법

아무런 시장과 경제를 예측하지 않던 전설의 투자자도 있습니다. 바로 전설로 떠난 월가의 영웅 피터 린치입니다. 1천 개의 종목을 투자하며 4천%의 수익률을 기록했던 그는 정말 지수가 오르든 내리든 수익을 냈기에 굉장히 주목받았는데요.

앞서는 지수와 기업이 영향을 받을 수밖에 없다고 해놓고 말을 바꾸냐고요? 그건 아니고 피터 린치는 이를 역이용했습니다. 지수 하락에 영향에 받지 않을 만한 소형주를 공략했습니다. 시가총액이 적고 덜 알려진 기업은 지수가 내리든 말든 큰 영향을 받지 않습니다. 속해 있는 펀드도 거의 없으며 가격도 낮기 때문에 돈이 부족한 시장 참여자들도 쉬이 접근할 수 있거든요. 주식 수도 많지 않아 조금만 매수자가 몰려도 쉬이 올라가고요.

삼성전자는 440만 주고 소형주가 20만 주라고 해봅시다. 삼성전자가 오르기 위해서는 적어도 440만 주 안에서 절반인 220만 주보다 더 많은 수요자가 들어와야 오를 수 있는 것이고, 소형주는 20만 주의 절반인 10만 주보다 더 많은 수요만 있어도 오를 수 있는 겁니다. 그렇다면 시장이 오히려 안 좋을 때는 소형주가 더 쉽게 오를 수 있겠죠.

그렇다고 소형주를 추천하는 게 아닙니다. 소형주는 대신 주가 하락에 취약하며 안정적이지 않습니다. 삼성전자와 반대로 하락하기는 더 쉬운 구조라는 거죠. 그리고 우리가 삼성전자에 물린다 한들 매년 3%가 넘는 배당을 받을 수 있습니다. 하지만 소형주에는 배당이 거의 없죠. 그렇기에 피터 린치는 앞으로 더 성장할 가능성이 큰 소형주나 거의 망하기 직전의 기업을 선택하며 폭발적인 수익률을 얻었습니다.

펀드 매니저였던 피터 린치는 항상 기업에 대해 공부할 수 있는 여건이 있고 자기 돈이 아닌 고객들의 돈으로 운영했습니다. 하다못해 수익이 마이너스가 나도 이미 고객들이 동의한 셈이니 그냥 죄송하다는 말과 함께 물러나면 그만입니다.

하지만 우리는 워런 버핏과 같이 뒤에 든든한 회사가 있는 기업 총수도 아니고 피터 린치와 금융업계 종사자도 아닙니다. 작고 소중한 내 돈을 온전히 책임져야만 하는 일반 직장인 투자자일 뿐입니다. 조건이 다르기에 우리는 그들과 똑같이 할 수는 없습니다. 단, 그들의 방법은 충분히 차용할 만한 가치가 있다고 생각합니다. 워런 버핏이 말하는 '좋은 기업이 많이 내려왔을 때 오랫동안 들고 있기'와 피터 린치가 말하는 '앞으로 성장 가능성이 높은 성장주 찾기'입니다.

투자하기 좋은 시기 + 우량 기업

여기서 오래는 20년, 10년이 아닙니다. 우리에게는 그 정도의 시간을 기다릴 여유가 없습니다. 그사이에 결혼도 해야 하고 아기 분윳값도 벌어야 하고 학원비도 벌어야 합니다. 집도 한 채 필요하고요. 버핏이야 배당금만 수백억 원입니다. 기업이 하락해도 버틸 수 있는 이유는 그럼에도 먹고살 수 있기 때문입니다. 만약 빚을 냈다면 이야기가 달라졌겠죠. 주식을 팔아서라도 빚을 갚아야 했을 테니까요. 버핏은 이를 알기에 절대로 빚을 내서 투자하지 말라고 늘 강조합니다. 투자가 빛을 발할 때까지 정말 오랜 기간이 걸릴 수도 있으니까요.

그래서 저는 직장인의 상황에 맞게 둘의 방법을 합치기로 했습니다. 우리에게 주어진 시간이 많지 않기에 수익률을 높이는 시기를 찾아야 하며, 수익률이 폭발적인 소형주를 찾을 능력이 없기에 우리가 알고 있는 우량한 기업 중에서 최대한 성장성 높은 기업을 찾는 것이죠.

제가 찾은 방법을 정리하면 다음과 같습니다. 지수를 예단할 수는 없지만 분명히 투자하기 좋은 시기는 있습니다. 그 시기에 집중적으로 우량한 성장주를 매수하는 겁니다. 저는 전문 투자자도 아니고 겁도 많습니다. 피터 린치처럼 폐업 직전의 기업이나 정말 시가총액이 적은 기업을 투자할 용기도 없습니다.

그렇기에 앞으로의 시대를 변화하려고 노력하는 우량한 기업 또한 저는 성장주라고 생각합니다. 삼성전자는 1980년대에도 큰 기업이었습니다. 그러나 중간에 반도체 사업에 뛰어들지 않았다면 아마 IMF 이후로 보지 못했을 수도 있습니다.

LG화학 또한 대기업이지만 지난 시대의 주력산업이었던 화학 업종이기에 크게 기대받지는 못하던 기업이었습니다. 그러나 전기차 배터리 산업에 뛰어들고 1조 원에 가까운 투자비용을 들여서 배터리를 개발했습니다. 10년간 적자를 안고서라도 말이죠. 만약 일반 회사였다면 진작에 망했을 테지만 기본 체력이 있는 회사이기에 버틸 수 있었던 것입니다. 그리고 현재는 세계 배터리 시장을 선점하고 있죠. 자회사인 LG에너지솔루션이 상장할 때는 자그마치 청약자금만 114조 원이 들어올 정도로 기대를 한 몸에 받는 기업이 되었습니다.

반드시 기억해야 할 세 가지 원칙

미국 기업 중에서도 우량 성장주는 많습니다. 애플이 단순히 핸드폰만 파는 기업이었다면 이렇게까지 성장할 수가 없었을 겁니다. iOS

와 같은 자체 운영체제를 만들어 경쟁력을 확보했습니다. 그렇기에 애플, 아이패드, 맥북이 서로서로 연동할 수 있게 애플 생태계를 구축한 것이죠. 그리고 더 나아가 새로운 생태계 가족이 될 XR기기 양산도 앞두고 있고요.

구글도 단순한 검색엔진 기업이었다면 여기까지 올 수도 없었을 겁니다. 우주, 로봇, 인공지능, 생명 연장 등 미래 과학 기술에 대해 끊임없이 연구하고 있기에 지속적으로 관심을 받을 수밖에 없습니다.

우량한 기업들은 자본과 기술이 있습니다. 이를 적극적으로 이용하면서 4차 산업혁명, 5차 혁명을 위해 노력하는 기업은 앞으로도 살아남을 확률이 높다고 생각합니다. 만약 경기가 안 좋거나 상황이 틀어지더라도 기존에 하던 사업이 탄탄하기에 리스크가 적다는 강점이 있습니다. 하다못해 시장이 좋지 않아 주식 수익률은 하락하더라도 일정한 배당금이라도 받을 수 있으니까요.

투자 방법은 어렵게 둘 필요가 없습니다. 원칙 세 가지만 가지고도 투자를 하는 게 주식이니까요. 저는 그 세 가지가 투자법, 투자 시기, 종목분석이라고 생각합니다. 다음 장에서 투자 시기와 우량한 기업 분석 방법에 대해서 더 자세하게 알아보겠습니다.

투지 시기를 알려주는 첫 번째 말, 금리

돈은 낮은 곳에서 높은 곳으로 흐른다

　돈은 낮은 곳에서 높은 곳으로 흐릅니다. 금리가 1%대였던 2020년과 2021년의 돈들이 다 어디로 흘러갔는지 기억하나요. 시중의 자금은 모조리 주식시장, 비트코인 등 위험 자산으로 밀려 들어갔습니다. 부동산 시장에도 마찬가지고요.

　여기서 중요한 점은 금리가 1%대라는 점입니다. 우리나라야 미국보다는 조금 더 높게 유지해야 해서 1~2%라도 주지, 미국은 당시 제로금리였습니다. 물가가 4% 이상씩 오르는 와중에 0%인 수익률을 주는 예금과 채권이 매력적인 투자처는 아니었죠. 그 당시 나스닥만 하더라도 연평균 수익률이 10%대였으니까요.

돈은 절대로 고여 있지 않습니다. 조금이라도 더 높은 수익률을 주는 쪽으로 옮겨가게 되어 있습니다. 2022년 주식이 내려가고 부동산 시장이 얼어붙자 적금과 예금에만 120조 원이 밀려 들어왔습니다. 금리*가 오르면서 4~5%의 이자를 무조건 챙겨주는 예·적금이 더 매력적이니까요.

우리도 알게 모르게 1% 수익이라도 더 얻고자 우리의 돈들을 이리저리 옮기고 있습니다. 적은 돈을 굴리는 우리도 1% 더 높은 적금에 들겠다고 난리인데 하다못해 수백억, 수천억 원 이상의 자산가들은 어떨까요? 그들의 1%는 우리의 1%와는 차원이 다를 겁니다. 1%의 차이로 연이자만 수십억, 수백억 원이 들어올 테니까요.

그런데 여기서 우리가 주목해야 할 점은 주식시장이 내려갔기에 은행으로 돈이 몰린 게 아니라는 것입니다. 그렇게 치면 2020년 코로나19로 주식시장이 폭락했을 때 돈들이 모조리 다 은행으로 들어갔어야죠. 그런데 왜 돈이 흩어지지 않고 다시 증시로 밀려 들어왔을까요.

---

* 여기서 금리란 기준금리를 말합니다. 기준금리란 한국은행에서 정한 표준이 되는 금리입니다. 한국은행이 금융기관과 환매조건부증권(RP) 매매, 자금조정 예금 및 대출 등의 거래를 할 때 기준이 되는 정책금리입니다.
시중금리는 은행 등 금융기관이 대출, 예금, 적금 등 상품을 이용할 때 쓰는 금리입니다. 은행이 운영하는 방식과 상품에 따라 시중금리는 변화할 수 있습니다. 기준금리는 3%라도 시중은행에서는 4%의 예금상품을 만드는 것처럼요. 하지만 전체적인 방향은 함께 움직이기에 기준금리가 올라가면 시중금리도 오르고 기준금리가 내린다면 시중금리도 내려갑니다.

바로 미국 연준(연방준비제도, Fed)에서 금리 인하를 발표했기 때문입니다. 그리고 금리가 낮으니 적금, 예금보다는 차라리 위험자산 시장에 투자하는 게 나은 선택이었을 겁니다. 금리를 내렸다는 건 대출이자도 굉장히 낮아졌다는 이야기도 포함됩니다. 당장 내가 가진 현금이 적더라도 1~2%대의 대출을 일으킨 자금으로 투자할 수 있다는 것이죠. 대출이자보다 투자수익률이 높기만 한다면 내 돈 한 푼 들이지 않고 수익을 얻는 셈이니까요.

물론 워런 버핏 할아버지의 화가 솟구칠 방법입니다만, 주식이 아니라 부동산에서는 꽤 효과적인 방법입니다. 고정금리*의 상품을 이용한다면 낮은 금리의 대출이자를 내며 집을 마련할 수 있으니까요.

금리로 투자의 적기를 파악하자

2008년 서브프라임 모기지 사태가 터지고 난 후 미국에서는 금리 인하를 발표했습니다. 파격적인 금리 인하로 인해 2009년, 2010년 한국을 포함한 전 세계 자산 시장은 리먼 사태 그 이전 아니 그 이상으로 모두 제자리를 찾았습니다. 경기가 제자리로 돌아오는 듯 보이자 2011년부터는 금리 인상에 대한 두려움을 내비쳤습니다. 그래서

---

* 금리가 향후 변동이 생긴다고 하더라도 처음 빌릴 때의 금리를 고정해 이용하는 상품

2012년, 2013년 시장은 썩 좋지 않았죠. 하지만 미국에서는 금리 인상을 계속 보류했습니다. 그러다 쐐기를 박았죠. 저금리 상태를 더 유지하겠다고요.

그러자 2014년부터 미국 주식시장은 다시 활력을 찾았으며 8년간 지속적으로 상승했습니다. 한국 주식시장은 오르고 내리고를 반복하긴 했지만 부동산시장에는 본격적인 상승장이 시작되었고요.

코로나19로 저금리를 유지하다 2021년 하반기부터 파격적으로 금리 인상이 일어났습니다. 이전 금리 인상기(2016~2019)에는 한 번 올릴 때 0.25%p씩만 올리는 등 속도가 빠르지 않았습니다. 3년 동안 오른 금리는 2%p정도였으니까요.

하지만 지금은 한 번에 0.5%p를 올려버렸습니다. 속도가 지나치게 빨라졌죠. 제로금리였던 게 엊그제 같은데 현재 기준금리만 해도 3.5%가 돼버렸거든요. 1년밖에 지나지 않았는데요.

제로금리일 때야 선택권이 없으니 주식에 들어갔어도 기준금리가 3%라면 말이 달라집니다. 은행에만 맡겨도 4%, 저축은행이나 이벤트 가입 시 5% 그 이상의 이자가 붙습니다. 주식 수익률이 높다 하더라도 주식은 어디까지나 위험자산이고 언제고 하락할 수 있는 리스크가 있습니다. 하지만 예·적금, 국채 등 안전자산은 어떻게든 원금을 보장합니다. 그런데 금리 인상으로 5% 이자까지 받을 수 있다고 합니다.

특히나 세계 자산가들은 너도나도 할 것 없이 주식시장에서 발을 빼버리겠죠. 큰돈이 빠져나가고 나니 당연히 주식시장은 흔들리게 됩니다. 경기가 안 좋다고 할 때 과연 경제가 안 좋아져서 주식시장이 흔들린 건지, 더 높은 곳으로 돈이 옮겨간 것인지 한번 생각해봐야 합니다. 과연 경기가 좋다고 말한 뉴스가 지난 20년간 있긴 했었는지도요.

여러분도 투자의 적기를 파악하셨죠? 바로 금리로 기대되는 수익률보다 주식으로 기대되는 수익률이 더 클 때입니다. 헷갈린다면 평균 코스피 배당수익률과 비교해보세요. 금리가 배당수익률보다 낮으면 굳이 예·적금에 넣을 필요가 없을 테니까요. 평균 코스피 배당수익률은 2% 정도입니다.

금리 인상에도 자산이 오른다?

과도하게 오른 물가로 인해 금리를 올렸다고 하지만 금리를 하염없이 올릴 수도 없습니다. 멈춰서는 구간이 있을 것이고 물가가 잡힌다면 인하할 수도 있습니다. 기업들도 투자하고 연구해야 하는 시기에 갑작스레 갚아야 할 대출이자가 너무 많아진다면 운영 자체가 힘들어질 테니까요. 그럼 그 피해를 고스란히 노동자들이 받게 될 텐데 이를 원하는 정부는 아무도 없습니다. 따라서 금리가 지금은 오르고 있지만 멈춰서는 구간부터 적극적인 투자 시기를 잡고, 금리가 내려갔다가 다시 올라간다면 그때는 잠시 시장을 관망하는 것도 방법이 될 겁니다.

그런데요. 2016년부터는 금리 인상을 시작했는데 왜 주식시장, 부동산 시장이 올랐던 거죠? 정말 금리를 천천히 올렸기도 했고 나스닥 기술주들이 폭발적으로 성장하던 시기였습니다. 우리나라 역시 IT 플랫폼 기업들이 많이 주목받았고요. 그러나 더 중요한 점은 시장을 이끄는 또 다른 말이 움직이고 있었다는 것입니다. 이 말에 대해서는 다음 장에서 이어 설명하겠습니다.

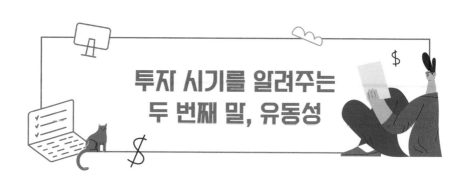

투자 시기를 알려주는 두 번째 말, 유동성

자산의 크기가 힘을 결정한다

시냇물의 흐르는 물과 저수지 댐에서 흐르는 물을 떠올려봅시다. 어느 곳에 있는 물의 힘이 더 셀까요? 당연히 댐에서 나오는 물이 더 셀 겁니다. 시냇물과 댐의 물을 물이라는 공통점이 있지만 하나의 차이점이 있습니다. 바로 물의 양입니다. 같은 속성의 물이라도 그 양에 따라 힘의 크기가 달라지는 것이죠. 돈도 이와 같습니다. 시중에 있는 돈의 양에 따라 자산 가격에 미치는 힘의 크기가 달라집니다.

앞서 2016년에도 금리를 인상했는데 왜 자산 시장에 큰 변동이 없었냐는 질문에 대한 답을 해보겠습니다. 2008년 세계경제를 충격에 빠뜨린 리먼 사태 이후 미국은 경제 침체에 벗어나기 위해 고민했고

금리 인하를 결정했습니다. 그럼에도 자산 시장은 많이 얼어붙은 상 태였습니다. 혹시나 불황으로 이어질 수 있으니 아무리 예금이자가 적더라도 현금이 있다면 투자가 아닌 모으는 편을 택했죠.

그러나 소비를 더 줄일수록 소비로 먹고사는 기업과 가계들은 직 격타를 맞게 됩니다. 그 기업이 망한다면 그에 속한 직원들은 말할 것 도 없겠죠. 금리 인하 카드가 먹히지 않자 미국 중앙은행은 새로운 말 을 하나 꺼내 듭니다. 바로 유동성 공급이라고도 불리는 '양적완화'입 니다.

양적완화란 돈을 푼다는 말입니다. 그렇다고 하늘에서 돈을 뿌리 지는 않고요. 미국 중앙은행이 각 금융기관이 가진 미 국채와 여러 채 권을 사들이는 형태입니다. 무슨 돈으로요? 중앙은행은 돈을 발행할 권리가 있습니다. 그렇기에 공장에서 달러를 찍어낸 후 새로 생긴 현 금으로 금융기관의 채권들을 사들이는 거죠. 현금이 생긴 금융기관들 은 낮은 금리로 대출을 해주거나 투자를 시작합니다. 이 돈들이 결국 시장에 풀어지는 것이죠.

돈 풀기와 돈 거두기

2008년부터 시작된 돈 풀기는 2016년까지 지속되었습니다. 이러 한 양적완화로 인해 미국 중앙은행의 자산은 9천억 달러에서 4조 달 러로 증가했죠. 정확히 말하면 그만큼의 채권을 들고 있는 셈이고 현금은 모조리 시장으로 흘러 들어갔습니다.

그러나 갑작스럽게 들고 있던 채권을 팔게 되거나, 국채 매입을 크게 줄이게 된다면 시장에서는 충격으로 받아들일 수 있기에 미국 중앙은행에서는 아주 천천히 매입 규모를 축소했습니다. 유동성을 회수하기는 하지만 시장에 큰 무리가 갈 정도가 아니었던 셈이죠. 그리고 축소마저도 2019년 9월에 멈추었습니다. 시중은행에서 중앙은행에 맡겨야 하는 돈이 갑자기 줄어들면서 대출 금리가 급등했기 때문입니다. 시장에는 4조 달러가 풀렸으나 회수는 고작 6천억 달러에 불과했습니다.

거기다 2020년 코로나19가 터지면서 미국 중앙은행은 다시금 돈을 풀기 시작합니다. 3조 8천억 달러 규모였던 연준은 단 1년 반 만에 6조 달러에 가까운 돈을 풀게 됩니다. 그 현금들이 다 어디로 갔을까요?

일반인들은 낮은 금리의 대출을 일으켜 자산을 사고, 기업들은 대출을 통해 사업을 확장하거나 투자를 진행했습니다. 그러자 자산 가격에는 거품이 생기기 시작했습니다. 사람들이 기존에 가진 돈과 대출(레버리지)을 합친 가격이 실제 가격이 되어버렸기 때문에 그렇게 2020~2021년은 비트코인, 주식, 부동산 등 모든 자산 시장의 가격이 폭등했습니다. 유동성을 풀었던 2008~2016년에 자산 가격이 올랐던 속도와는 비교도 안 되게 올랐고요. 돈이 더 빨리, 더 많이 풀렸으니까요.

그리고 2021년 금리 인상과 유동성 회수를 결정하면서 미국 중앙은행은 이전과 같이 천천히 축소하는 전략이 아닌 한 번에 950억 달러 규모를 축소했습니다. 2017년에 유동성을 회수할 때는 100억 달러 규모였으니 2021년에는 9배나 더 센 축소인 셈이죠. 그 결과 주식 시장은 고점 대비 20~30%가 하락했으며 12년 만에 부동산 지수가 최저일 정도로 자산 시장이 얼어붙었습니다.

이처럼 유동성은 자산 시장의 가격을 미친 듯이 들어 올릴 힘도 있지만 반대로 생각하면 고꾸라뜨릴 힘도 있습니다. 그렇기에 중앙은행에서 유동성을 회수한다, 긴축한다는 메시지가 나온다면 우리의 투자 역시 긴축해야 합니다. 그 속도와 매입 규모가 이전과는 다르다면 더욱 경계해야 하고요. 뉴스만 보더라도 알 수 있는 사실이지만 대부분 주가의 상승과 하락에만 초점을 맞추고 있습니다. 주가가 하락하기 이전에는 이러한 시그널이 반드시 있다는 것을 잊지 않아야 합니다.

유동성이 확대되는 시기를 주목하자

투자 시기의 힌트 또한 얻을 수 있습니다. 유동성이 확대되는 시기를 포착하면 됩니다. 자산 시장이 지나치게 하락하면 불황을 벗어나기 어려워집니다. 사람들은 더 이상 투자를 할 의욕을 잃게 되는 것이죠. 물도 고여 있으면 썩듯이 돈도 고여 있으면 가치가 하락합니다. 돈은 움직이고 상품을 거래하는 데 이용되어야만 그 가치를 인정받게 되는 거죠.

그걸 알기에 중앙은행에서는 안 되겠다 싶으면 긴급조치로 유동성을 확대합니다. 약간의 조치이지만 금융기관이 숨통이 트이고 사람들도 숨이 트이면서 다시금 자산 시장에 참여하게 되는 것이죠. 그 돈들은 필요한 기업에 들어갈 것이고 그 기업들은 모인 투자금을 바탕으로 새로운 연구개발을 진행할 수도 있고요. 2020년 정말 많은 기업이 R&D(연구개발)를 실천했고, 다른 기업을 인수하는 등 사업확장을 했듯이요.

만약 좋은 결과와 수익으로 이어진다면 기업의 배당금은 다시금 시장 참여자들에게로 돌아가고 이는 소비로 이어집니다. 소비 촉진은 기업과 소상공인의 실적을 높여주고, 경기는 활성화됩니다. 그러다 경기가 과열되면 다시금 유동성을 회수하겠죠. 이 과정을 중앙은행은 역사적으로 반복합니다. 돈을 풀었다 회수했다 하면서요. 그리고 늘 언론에 대서특필되기에 알아채기는 그리 어렵지 않습니다.

국채 매입, MBS(주택저당증권) 매입, 채권 바이백(조기상환)과 같은 단어를 기억했다가 뉴스에서 보게 된다면 조금 더 적극적으로 투자에 참여해도 된다고 생각합니다.

물론 지나친 유동성 공급은 안 좋습니다. 실물 자산의 가격을 지나치게 높이고 이 돈들이 원자재까지 향하면 물가까지 폭등시키니까요. 그리고 한 번 오른 소비자가격은 쉬이 내려오지 않습니다. 경기가 안 좋다고 새우깡 가격이 내려오진 않듯이요. 그런데 사람들이 사고파는 주식, 부동산 가격은 많이 하락하니 소비 심리는 더 움츠러들겠죠. 물가는 오르는데 내 주식, 내 부동산이 하락하면 입맛도 없고 소비 욕구는 더 없어질 겁니다.

그렇기에 지나친 유동성 공급은 늘 경계해야 하고 그로 인해 자산 가격이 너무 높아졌다면 물러서야 할 줄도 알아야 합니다. 물론 경제 성장률이 받쳐준다면 다른 이야기입니다. 그건 진짜 잘 살아서 오른 거니까요. 그런 게 아니라면 언제고 회수될 수 있는 가격임을 알고 늘 시장 앞에서는 겸손해야 합니다. 가끔은 내가 잘해서 오른 게 아니라 오를 만한 시장이어서 오른 것일 테니까요.

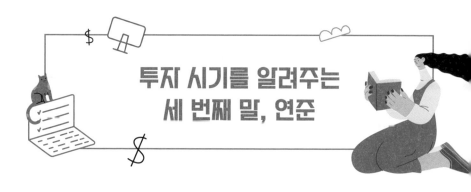

투자 시기를 알려주는 세 번째 말, 연준

돈의 속도를 결정하는 연준

금리가 돈이 흐르는 방향을 알려주고 유동성이 돈의 양을 알려준다면 돈이 움직이는 속도를 결정짓는 말이 있습니다. 바로 연준의 말입니다. 연준은 연방준비제도의 줄임말이기도 하고 다른 말로는 중앙은행이라고도 합니다.

코로나19 시대, 대통령보다 더 이름이 많이 불렸을 사람이 바로 연준 의장인 제롬 파월일 겁니다. 다들 파월 의장의 입만 바라보고 있었던 이유는 그의 한 마디에 자산 시장에 큰 영향을 미치는 금리와 유동성이 결정되기 때문입니다. 연준에서는 금리 인하, 국채 매입 규모 등 시장에 영향을 미치는 정책을 발표합니다. 물론 금리나 유동성 공급이 매주 바뀌는 것은 아닙니다. 그럼에도 그의 발언이 향후 금리 정책에 대한 힌트가 될 수 있기 때문에 주목해야 합니다.

연준에서는 연 8회의 FOMC(연방공개시장위원회) 회의를 엽니다. 상황에 따라 수시로 하는 편이고 코로나19와 같은 상황에서는 더 자주 회의를 개최하기도 했습니다. 그 회의에서 발언에 따라 앞으로의 금리 향방을 예측해볼 수 있죠. 정말 많은 이해관계가 얽힌 자산 시장과 세계경제에 중심에 있는 미국 연준이니만큼 그의 말 한마디의 파급력은 엄청납니다.

"우리는 고통을 감수해야 한다."

2022년 9월 FOMC 회의에서 파월 의장이 한 발언입니다. 실제로 금리를 올린 것도 아니고 올리겠다고 말한 것도 아닌 우회적으로 금리 인상에 대한 고통을 암시하는 발언이었습니다. 하지만 그 여파는 곧바로 주식시장 급락으로 이어졌죠. 그리고 몇 차례 더 금리 인상을 할 것이라고 예고하는 발언이기도 했으니까요.

그런데 단순히 이런 한 문장으로는 우리의 투자를 대비할 수 없습니다. '금리가 더 오르니 주식시장이 더 안 좋아지겠네.'로 마무리할 것이 아니라, 그래서 어디까지 금리를 올리려는 것인지를 파악해야 합니다. 반대 상황도 마찬가지입니다. 금리 인하를 이야기한다면 어디까지 또 언제까지 유지하려는 것인지, FOMC 위원들이 중요하게 여기는 기준이 무엇인지를 알아야 합니다.

FOMC 회의록을 읽어보자

뉴스에서는 파월이 했던 가장 긍정적인 단어 또는 가장 부정적인 단어만 이야기할 뿐입니다. "우리가 독심술사도 아니고 어떻게 알아?"하는 말이 절로 나올 텐데, 맞습니다. 솔직히 한국 시장은 불리합니다. 전날 시장 분위기 좋았어도 미국에서 무슨 일이 나오면 바로 영향을 받으니까요. 심지어 장이 열리는 시간도 다르니 대처할 방법도 없습니다. 그런 애달픈 마음을 조금이라도 달래고자 한국은행 홈페이지에서는 굉장히 빠른 속도로 FOMC 회의 결과를 한국어로 번역하고 분석해 올려줍니다. 그리고 아래는 9월 회의록 중 일부를 발췌한 것입니다.

> ■ **(Wells Fargo) 결정문과 SEP는 hawkish**하였음. 시장금리에 내재된 최종금리는 한 두달내에 4.75%정도까지 상승할 것으로 예상하나 2023년말 점도표가 4.6%임을 감안할 때 그 이상으로 올라갈 것으로 생각되지는 않음. 내년말 점도표가 중립수준에서 200bp 이상 높은 것은 연준이 실업률을 낮게 유지하는 것보다 인플레이션을 낮추는 것을 우선시할 것이라는 것을 분명하게 보여줌. Powell 의장은 지난번과 달리 75bp 인상은 비정상적으로 큰 것(unusually large)는 표현을 사용하지 않았으며 다음 회의에서 또 75bp 인상할 지에 대한 판단도 내리지 않았음

굉장히 자세하죠? 파월 의장의 단어 한 마디 한 마디는 물론이고 회의 자체에서 중요하게 여기는 물가지수나 실업률 등을 토대로 금리의 향방을 분석해줍니다. 예를 든 부분을 보자면 연준의 목적이 물가안정이기에 실업률이 높게 나온다 한들 물가지수가 잡히지 않으면 지금의 금리 정책을 이어가겠다는 이야기입니다. 즉 현재 연준에게 제

일 중요한 지수는 소비자, 생산자 물가지수라는 거죠. 그리고 금리를 올려도 4.6% 선에서 마무리하겠다는 점도 의미가 있죠. 4% 선이 된다면 슬슬 금리 동결이나 금리 인하에 관한 이야기가 나오겠다고 미리 생각해볼 수도 있고요.

이렇게 중요한 단서를 알려주고 있는 한국은행 국외사무소자료의 조회 수는 1천 회 정도입니다. 주식계좌가 1천만 개가 넘는데도 말이에요. 물론 뉴스에서도 빠르게 정보를 전달하긴 하지만 상세한 내용을 담지는 않습니다. 뉴스별로 전하려는 견해가 다를 수도 있고요. 개인적으로 스스로 분석한 후 뉴스를 보는 것도 좋다고 생각합니다. FOMC 회의는 한두 달의 한 번꼴이고 2장의 분량입니다. 경제 공부를 한다 생각하고, 지금 투자하지 않더라도 꼭 읽어보길 바랍니다.

지금까지 돈의 방향과 양과 속도를 결정짓는 세 가지 말을 알아보았습니다. 공부하면서 이 말을 여러분의 금융 내비게이션으로 이용해보세요. 물론 내비게이션을 이용하지 않고도 목적지까지 갈 수 있습니다. 그러나 제일 효율적인 길은 아닐 겁니다. 그렇기에 금융 내비게이션을 이용해 여러분이 원하는 목적지로 효율적으로 가길 바랍니다.

한국 투자자에게도 중요한 미국

미 연준을 이야기하면 이런 질문을 하기도 합니다. "저는 한국에서만 투자할 건데 왜 계속 미국 이야기만 하나요?" 지금부터 답을 찾아보죠.

한국 투자자이기에 미국이 중요합니다. 코스피 시총 1위 삼성전자 주식의 절반 이상을 외국인이 보유하고 있습니다. 우리나라 은행인 하나은행의 주식은 자그마치 70%를 외국인이 보유하고 있고요. 우리가 아는 내로라하는 기업들 역시 50%가 넘는 지분을 외국인이 소유하는 경우가 많습니다.

여기서 말하는 외국인이 모두 미국인인 것은 아니지만 외국 투자자들은 미국 경제 상황과 정책, 환율에 제일 민감하게 반응합니다. 외국인 투자자 입장에서 한국은 선진국이 아닙니다. 베트남, 인도, 중국과 같은 신흥국으로 평가합니다. MSCI 신흥국 지수에 한국이 편입되어 있거든요. 즉 그들에게 한국 시장은 성장성은 있지만 안전성은 부족한 시장이라는 겁니다.

외국인 투자자들은 위험이 감지되면 언제든 한국 시장에서 나가버립니다. 위험한 시장에 있기보다는 안전한 달러를 들고 있을 테니까요. 하다못해 자국 기업에 투자하겠죠. 이번 기준금리 인상과 긴축 정책으로 외국인들은 1년 만에 200조 원 가까이 매도했습니다. 단 1년 만에요. 그 결과 코스피는 다시 2019년과 비슷한 수준이 되었고요. 신기한 점은 보유액도 2019년도와 거의 똑같은 593조 원이라는 겁니다.

또 다른 말로 하자면 미국에서 증시에 우호적인 정책을 제시한다면 다시금 보유액이 올라갈 겁니다. 보유액을 올라간다는 건 한국 투자금액이 늘어나기에 시장이 상승할 가능성이 크다는 거죠. 그러니 한국 주식만 투자하더라도 우리는 미국 시장을 결코 무시할 수가 없습니다.

두 번째로 중요한 이유는 바로 환율 때문입니다. 외국인 투자자들은 투자금 자체가 크기에 환율 1%만 오르더라도 손실이 매우 큽니다. 1,200만 달러를 1,200원 대에 환전해서 한국 시장에 100억 원을 투자했다고 칩시다. 2022년 환율은 1,400원대가 되었습니다. 주가가 동일하다고 가정하고, 외국인 투자자들은 이 돈을 들고 나가야 할 때 1,400원의 환율이라면 얼마를 들고 나가게 될까요? 초기 투자했던 1,200만 달러가 아닌 1천만 달러밖에 바꾸지 못합니다. 그렇기에 환율 손실이 생기기 전, 즉 환차손이 생기기 전 매도할 수밖에 없죠.

우리가 미국 주식에 투자할 때도 마찬가지입니다. 예전에는 100만 원에 1천 달러를 환전할 수 있었는데, 환율 1,400원대에서는 700달러 정도입니다. 애플의 가격이 100달러로 동일하더라도 환율이 1천 원일 때는 10만 원, 1,400원일 때는 14만 원이 필요하다는 이야기입니다. 더 많은 돈을 환전해야 1주를 살 수 있죠. 역으로 생각하면 원달러 환율이 1천 원일 때 애플을 샀다면 주가가 동일하더라도 환율 덕분에 40%의 환차익을 얻을 수 있었겠죠.

그리고 미국 경제 상황을 제일 많이 봐야 하는 건 사실 일반 투자자도, 기업도 아닌 바로 한국 중앙은행입니다. 금리가 높아서 대출도 안 되고 큰일이라고 하는데도 한국은행에서 금리를 내리지 않습니다. 왜냐하면 미국보다 더 높은 금리차를 유지해야 하기 때문입니다. 외국인들이 한국 국채를 사려면 적어도 미국 국채보다는 높은 수익률을 보장해야 합니다. 성격이 급하기로 유명한 한국이지만 금리 결정에 있어서만큼은 천천히 했던 이유는 미국이 발표한 다음 결정해야 했기 때문입니다. 한국 안에서 외국인 투자자들이 얼마나 큰 영향을 미치고 있는지 알기에 한국 중앙은행은 미국을 더욱 신경 쓸 수밖에 없습니다.

미국 시장을 이용한 투자 노하우

미국 시장에 영향을 받기에 오히려 투자에 이용할 수도 있습니다. 제일 쉬운 방법은 자기 전 증권 앱을 켠 후 해외 시장 탭을 눌러보는 겁니다. 나스닥, 다우, S&P500 지수가 크게 하락하고 있다면 다음 날 국내 주식시장 초반 분위기는 안 좋을 겁니다.

그런데 오전에는 하락했다가 오후에는 언제 하락했냐는 듯이 오르는 경우도 많은데요. 이럴 때는 오전에 크게 하락했을 때가 매수 시점이 될 수 있겠죠. 하지만 다음 날 더 내려가기도 하니 미국 시장이 왜 하락했는지 이유를 살펴보는 게 좋습니다. 정답은 아닙니다만 주로 미국 지수가 크게 내리는 경우는 다음과 같습니다.

    1. 연준에서 시장을 조이는 발언을 했을 때

    2. 소비자물가지수가 높게 나왔을 때

3. 정부정책으로 기업에게 타격을 줄 때(법인세 강화, 탄소세 강화 등)

4. 특정 시가총액이 높은 기업의 매출이 낮게 나왔을 때

5. 금리 인상을 결정했을 때

6. 전날 많이 올랐을 때

7. 옵션만기일일 때

여러분이 생각하기에 한국 시장도 조심해야 하는 경우는 뭘까요? 바로 1, 2, 3번입니다. 의외로 5번 기준금리 인상을 결정했을 때는 시장이 크게 요동치지 않는데요. 몇 달 전부터 금리 인상을 주야장천 예고하기 때문입니다. 이미 금리 인상에 대한 주가 하락이 시장에 반영된 것이죠.

1, 2, 3번을 조심해야 하는 이유는 확정된 결과가 아니기 때문입니다. 높은 소비자물가지수 자체는 기업에 크게 영향을 끼치지 않습니다. 소비자가격을 올렸기에 기업들은 이익을 봤을 테니까요. 다만 물가 안정이 목표인 연준이 물가지수 상승을 좋게 볼 리 없습니다. 그럼 물가 안정을 위해 기준금리 인상이나 유동성 억제에 대한 발언을 자주 할 것이고 그 여파는 고스란히 위험자산 시장으로 옵니다. 어떤 부정적 시나리오가 계속해서 나올지 모르기 때문에 하락이 꽤 오래 지속될 수 있는 거죠.

정부정책으로 기업들이 세금을 많이 내야 한다면 당장의 문제는 아닐 수도 있겠지만 결국 기업의 이익 감소로 이어집니다. 그리고 미국에서 정한 세금 정책이기에 미국에 공장을 두고 있거나 미국 기업

과 거래하는 한국 기업 입장에서는 악재인 거죠.

번외로 4번은 지수에 많은 영향을 끼치는 기업의 주가가 크게 하락했기 때문에 지수가 내린 것입니다. 미국 시장 자체에 문제가 있는 게 아니기에 크게 걱정할 것은 아니지만 그 기업에 납품하거나 협력하는 한국 기업은 큰 충격을 받을 수 있습니다.

옵션만기일은 제가 미국 주식을 매매할 때 제일 많이 사용하는 타이밍입니다. 이날은 변동성이 굉장히 심한데요. 크게 하락할 수도 있고, 크게 상승할 수도 있고 아니면 상승과 하락을 왔다 갔다 할 수도 있습니다. 개별 주식의 문제가 아닌 지수 투자를 하는 사람들의 기싸움이라고 생각하면 됩니다. 경제 상황의 문제도 아니고, 기업의 가치가 하락한 것도 아니고 금융시장에 속하는 파생상품으로 인해 일어나는 하락인 거죠.

이때 눈여겨보고 있던 주식을 낮은 가격에 매매할 수 있기에 자주 이용하고 있습니다. 미국의 옵션만기일은 매월 세 번째 금요일입니다. 선물 옵션은 직장인 투자자로서 건드리기 까다로운 영역이고 개인적으로는 추천하지 않습니다. 하지만 주식 투자와 연관이 깊고, 지수에 영향을 많이 미치기에 결코 무시할 수는 없습니다. 우리가 투자할 때 어떻게만 알고 이용하면 좋을지 다음 장에서 이야기하겠습니다.

우리는 미국 시장을 이길 수 없습니다. 아니, 어떤 시장도 이기려 들어서도 안 됩니다. 그러나 어떻게 흘러가는지는 알아야 한다고 생각합니다. 나에게 맞는 파도가 왔을 때 서핑을 탈 수 있듯이, 내가 언제 투자해야 하는지 어떤 마음으로 투자에 임해야 하는지 결정할 수 있으니까요. 대책 없이 무작정 시장에 뛰어드는 건 준비운동을 하지 않고 바다에 뛰어드는 꼴입니다. 운이 좋아 부드러운 물결에 타며 즐길 수도 있겠지만 그 반대일 경우 집채만 한 파도에 되레 잡아먹힐 수도 있으니 조심해야 합니다.

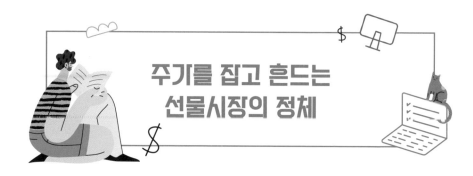

주기를 잡고 흔드는 선물시장의 정체

　순조롭게 출발했던 코스피 지수, 오후 2시 반이 되어도 수익률이 플러스였습니다. 마음이 평온해져 커피를 홀짝이던 가운데 증권 앱 화면 색이 이상합니다. 시퍼런 색이 하나둘 속출하더니 지수가 떨어지기 시작합니다. 이유를 알 수 없어 네이버에 검색해보니 '나스닥 선물 급락' 같은 헤드라인이 보입니다. 나스닥은 미국 지수인데, 아직 미국 시장은 개장할 시간이 아닙니다. 시차로 밤 10시 30분은 되어야 개장합니다.

　선물지수란 대체 무엇이길래 한국의 지수를 뒤흔들어 버린 걸까요?

대체 선물시장이 뭐길래

금융 투자시장에는 크게 증권시장과 파생시장이 있습니다. 증권시장에는 우리가 알고 있는 주식시장부터 채권을 사고파는 채권시장이 속해 있고요. 그 외에 잘 알려지지 않은 시장이 파생시장입니다. 한국 주식시장 규모는 2021년 기준 2,700조 원입니다. 잘 알려지지 않아서 적을 것 같지만 한국 파생시장의 규모는 1경 8천억 원입니다. 우리의 GDP보다도 큰 금액이 파생상품 시장에서 거래되고 있는 것이죠.

파생시장 안에는 크게 통화(외환) 거래시장, 선물시장, 옵션이 있습니다. 여기서 주식시장과 직간접적으로 연계된 시장이 선물과 옵션입니다. 선물이란 지수와 같은 상품의 가격을 예측해 계약하고 만기일이 되었을 때 가격에 따라 수익이 될 수도, 손실이 될 수도 있는 상품입니다.

예를 들어 제가 상품 A를 한 달 뒤 100만 원에 사겠다고 계약했습니다. 이때 계약금은 100만 원이 아닌 그보다 훨씬 적은 1만 원을 걸었습니다. 한 달이 지나 계약 만기일이 되었는데, A가 그사이 급등해 150만 원이 되어버렸습니다. 그렇지만 저는 계약서상 100만 원에 사겠다고 했기에 오른 150만 원이 아닌 100만 원으로 살 수 있습니다. 이렇게 얻은 A를 현금으로 교환하면 저에게는 차익 50만 원이 생깁니다. 투자금은 계약금이었던 단돈 1만 원이었는데요. 즉 50배를 번 셈이죠. 선물시장은 50배, 100배, 1천 배와 같은 수익률이 터질 수도 있는 시장입니다. 단, 반대의 경우도 생길 수 있습니다.

50만 원을 벌어 신이 난 저는 상품 B를 5천만 원에 사겠다고 했습니다. 계약금은 50만 원을 그대로 넣었고요. 여기서 10%만 올라도 500만 원을 버는 셈이니 저는 매우 설렜습니다. 그런데 갑자기 시장 상황이 좋지 않아 B가 4천만 원으로 하락했습니다. 계약 만기일이 되었을 때 저는 원래 계약한 대로 5천만 원에 B를 사야 했고 결국 1천만 원의 손실을 보게 되었습니다.

주식은 하락하면 버티면 됩니다. 빚을 지고 매수하지 않았고 탄탄한 기업이라면 언젠가는 다시 오르겠죠. 그러나 선물은 만기가 도래하기에 하락을 하나, 상승을 하나 무조건 청산해야 합니다. 물론 만기를 연장하는 롤오버라는 정책이 있지만 많은 이자를 내야 합니다.

선물시장에 투자하는 대부분 개인투자자는 만기일 전에 자신이 가진 계약 자체를 다른 매수자에게 매도하며 청산하는 편입니다. 만기일에는 정말 어떤 일이 일어날지 모르니까요.

지수에 영향을 주는 선물시장

이러한 선물 투자의 상품은 대부분 '지수'와 연관된 상품입니다. 코스피 지수가 오를 것 같으면 선물을 많이 계약합니다. 내릴 것 같으면 선물을 미리 매도하는데요. 현재 상품 가격이 200만 원인데 지수가 내려 150만 원이 되었다면 만기일에 150만 원에 살 수 있으며 150만 원에 산 상품은 200만 원에 매도할 수 있습니다. 미리 매도계약을 했기 때문입니다. 그럼 많이 내린 지수와 현재 지수 가격의 차이만큼을 벌게 되는 겁니다.

선물시장 내의 거래는 실제 증권시장의 지수, 코스피나 나스닥 지수에 직접적인 영향이 없습니다. 말 그대로 미리 건 계약일 뿐이니까요. 그런데 문제는 주식 투자를 전문적으로 하는 프로그램들이 선물지수와 연동되어 있는 경우가 많다는 점입니다. 앞서 말했듯 선물시장의 수익률은 주식시장과 비교할 수가 없습니다. 주식시장의 상한가는 30%일 뿐이니까요. 기관들이 이용하는 주식 투자 프로그램들은 선물시장에서 수익을 얻기 위해 주식시장의 주식들을 일부러 더 사거나, 팔면서 지수에 영향을 줍니다.

누군가가 선물시장에서 선물을 엄청나게 사들였습니다. 그렇다면 선물들의 평균인 선물지수가 상승합니다. 이걸 포착한 프로그램은 '지수가 앞으로 상승할 가능성이 높겠구나'를 알아채고 바스켓*이라고 하는 고정되어 있는 자신들의 매수 종목들을 집중적으로 사들입니다. 보통 이런 바스켓에 들어가 있는 종목들은 시가총액이 큰 종목들이 많습니다. 시총이 100억 원인 기업이 3천% 오르더라도 지수에서는 별다른 영향을 끼치지 못합니다. 하지만 시총이 44조 원인 삼성전

• 바스켓 거래(Basket Trade)는 자신이 투자하고자 하는 동종 또는 이종의 매매 대상 또는 상품(주식 등)을 하나의 바구니에 담아 바구니 단위로 거래하는 것이다.

자가 1%가 오른다면 바로 코스피 지수에 영향을 미칩니다. 그렇기에 지수에 직접적인 영향을 줄 수밖에 없는 대형주들을 사는 것이죠. 이후 진짜 지수가 상승한다면 주식에 대한 차익도 얻게 됩니다. 대부분 기관은 선물시장 투자를 하고 있습니다. 사실상 일부러 주식을 사면서 지수를 끌어올려 선물시장에서 더 큰 차익을 얻으려고 하는 목적도 있을 겁니다.

상승까지는 좋습니다. 문제는 시장이 하락하는 것을 베팅할 때입니다. 시장 상황이 좋지 않은 것 같으면 선물 투자자들은 황급히 지수가 하락하는 데 계약을 겁니다. 선물 매도도 많을 거고요. 그럼 선물지수가 내려가겠죠. 이때도 선물지수와 연동된 프로그램이 발동합니다. '아. 지수가 내려갈 것 같다. 선물시장 이득이라도 챙겨야겠다.' 바스켓에 담긴 주식을 매도하기 시작합니다. 손해를 보고서라도 매도합니다. 그러다 보니 다른 투자자들 사이에도 영향을 끼쳐 지수가 큰 폭으로 하락하게 됩니다. 그러나 기관은 오히려 이익을 보겠죠. 지수가 하락하는 상품에 투자했으니까요.

선물시장을 이용한 투자 노하우

좀 화나지 않나요? 내 작고 소중한 주식들이 돈 많은 기관, 외국인 투자자들의 선물 투자에 이용된다는 생각을 지울 수가 없었습니다. 자기들끼리 돈 넣고 돈 먹는 시스템이잖아요. 그렇다고 무조건 회의적으로 볼 필요는 없습니다. 어차피 자본주의 사회에서 공정함을 찾기란 쉽지 않으니까요. 개인투자자들은 정말 불리하지만 우리만의 전략으로 대응해나갈 수밖에 없습니다. 오히려 선물시장을 투자하는 데 힌트로 써보자고요.

만약 단기 투자를 할 것이라면 선물시장을 적극적으로 봐야 합니다. 봐야 할 것은 한국 선물시장과 미국 선물시장입니다. 미국 선물시장은 매일 오전 6시에서 다음 날 오후 5시에 끝납니다. 23시간 돌아가는 시장이죠(토요일 제외). 그래서 한국 장 시작 전에 미국 선물시장을 살펴보는 게 좋습니다. 인베스팅닷컴(Investing.com)을 이용하면 무료로 해외 각국 지수와 선물지수 등을 볼 수 있습니다.

만약 나스닥 선물지수가 하락하고 있다면 한국 시장도 딱히 좋지는 않을 가능성이 큽니다. 앞서 말한 프로그램 중에서는 한국 선물시장 말고 오히려 미국 선물시장과 연동되어 있는 프로그램도 있거든요. 그럼 개장과 동시에 자동으로 주식이 매도될 수가 있습니다. 그렇다면 그날은 시장을 관망하는 게 좋죠. 다른 주식들에도 분위기가 미칠 테니까요. 중간에 선물지수가 올라간다면 한국 시장 역시 분위기가 완화될 가능성이 큽니다.

한국 선물시장은 네이버 증권(finance.naver.com)에서 매시간 선물 수급을 볼 수 있는데요. 특히 시간이 지날수록 매도 수급이 쌓여간다면 주식시장도 조심하는 것이 좋습니다. 지수가 하락할 것에 대해 큰 돈이 걸리고 있다는 거니까요.

그리고 며칠간 선물 매수 수급이 많고 점점 증가 추세라면 주식은 매수 기회가 될 수 있습니다. 당분간 지수가 상승할 가능성이 높다는 쪽에 투자금이 몰리고 있다는 거니까요.

개인이 돈 많은 기관, 외국인 투자자보다 더 유리한 점도 있습니다. 바로 '시간'입니다. 선물계약은 무조건 만기일 안에 청산해야 합니다. 원하는 결과가 아니고 손실을 감수하더라도요. 우리는 시간이 있으니 만약 그들이 하락에 베팅했다면 기다렸다가 다음에 그들이 상승을 베팅했을 때 매도하면 됩니다. 단기간의 급등락을 신경 쓸 필요가 없습니다.

선물시장에서 매도량이 늘어나고 지수 또한 지속적으로 좋지 않다면 주식 투자를 잠시 쉬어가도 됩니다. 선물시장을 의도적으로 조작하게 되는 만기일에는 초단기 투자는 조심해야 합니다. 변동성이 극심할 테니까요. 만약 중장기 투자자로 매달 꾸준하게 사는 투자자라면 내가 매수하고 싶은 주식이 만기일로 인해 크게 하락했을 경우 매수하는 시점이 되겠죠. 비이성적 시장으로 인한 하락일 테니까요.

선물시장을 잡고 흔드는 건?

선물시장은 주가를 뒤흔듭니다. 그러나 그런 선물시장을 뒤흔드는 건 결국 환율, 유동성, 금리입니다. 2020년 코로나19 사태로 금리 인하와 유동성이 풀려 돈이 들어왔을 때, 한국 주식시장에는 여전히 선물 매도량이 엄청 많았습니다. 코스피가 전고점을 탈환하기 직전까지

도요.

개인투자자들의 돈이 주식시장으로 밀려 들어왔고 지수는 미친 듯이 상승했습니다. 선물 매도와 연동된 프로그램도 먹히지 않았습니다. 그만큼 시장에는 유동성이 풍부했으니까요. 외국인, 기관투자자들은 걸어놓은 선물 매도 계약들을 결국 롤오버시켰습니다. 즉 청산하지 않고 이자를 내며 뒤로 미뤘다는 거죠. 결국 그들은 전략을 바꾸었습니다. 주식을 사들이고, 지수가 상승하는 데 투자하는 선물을 사들이기 시작합니다. 지수는 2배 이상 올랐습니다. 지수 상승으로 벌어들인 수익으로 선물 매도로 인한 손실을 메꾼 것이죠.

그러니 우리가 투자할 때 제일 기본적으로 봐야 할 건 금리, 유동성, 환율입니다. 이 점을 잊어서는 안 됩니다.

환율을 알아야
수익률을 높인다

환율과 기축통화

앞서 파생시장이 1경 원이 넘는다고 했던 이야기 기억하나요? 이 파생상품 시장의 70% 이상이 사실상 외환시장입니다. 즉 환율에 따라 손익이 결정되는 시장이라는 것이죠. 증권시장 위에 채권시장이 있고 그 위에는 바로 환율이 있습니다. 그렇기에 경제 상황에 위기가 감지된다면 사실상 코스피보다 더 빨리 환율이 움직일 겁니다.

환율이란 자국 통화가치의 교환 비율을 의미합니다. 원달러 환율이 올라간다는 것은 자국 통화가치가 내려가서 1달러를 사는 데 더 많은 원화가 필요하다는 의미입니다.

영화 〈국가부도의 날〉을 아나요? IMF 사태를 다뤘는데요. 영화를 보면 기업이 부도가 나고 국가 외환보유고도 바닥이 나던 판국에 돈을 벌어들인 사람들이 나옵니다. 바로 가지고 있던 현금을 모두 달러로 바꾼 이들이었죠. 물론 이때는 외환위기 사태여서 실제로 달러가 귀했습니다. 근데 외환위기 사태에만 환율이 올랐나요? 러시아-우크라이나 전쟁에도, 코로나19 사태에도 전 세계적으로 충격을 줄 만한 사건이 일어날 때마다 환율은 올랐습니다.

이 사건들이 미국에만 영향을 안 준 것도 아닌데 왜 미국 통화가치는 되레 올라가고 우리나라의 통화가치는 내려간 것일까요? 바로 달러를 지닌 미국이 기축통화국이기 때문입니다. 달러가 전 세계에서 유통되고 결제할 수 있는 통화라는 뜻입니다.

석유, 철, 알루미늄과 같은 원자재부터 밀, 소맥, 옥수수와 같은 농산물까지 국제 기준가격은 모두 달러입니다. A국가가 사라진다면 A국가의 통화는 휴지 조각이 됩니다. 다른 나라에서 결제할 수 없기 때문입니다. 만약 A국가 국민이 달러를 갖고 있다고 칩시다. 그렇다면 A국민은 다른 어떤 나라를 가더라도 달러를 통화로 인정받고 사용할 수 있습니다. 그게 기축통화의 힘입니다. 이 힘을 바탕으로 미국은 지속적으로 국채를 발행하며 돈을 찍어내고 있는 것이죠. 달러가 있어야 하는 나라는 아주 많으니까요. 미국과 관계가 안 좋다는 중국마저도 미 국채를 제일 많이 들고 있을 정도입니다.

1천 원대였던 달러가 2022년 기준 1,400원, 즉 40% 가까이 올랐습니다. 그 대신 주식, 비트코인은 큰 폭으로 하락했습니다.

달러가 싸고, 미국의 금리가 낮을 때, 해외 금융기관들은 저렴한 달러를 빌려 신흥국에 투자하며 이득을 취했습니다. 신흥국은 안정성이 부족한 단점이 있지만 높은 성장률과 금리를 제공했으니까요. 이자 1% 내고 신흥국에서 1천만 원을 투자해 2% 이상만 수익을 얻어도 금융기관에는 이득입니다. 그런데 갑자기 환율이 오르고 금리가 오르니 금융기관은 무리해가면서 신흥국에 투자할 이유가 없습니다. 주식과 비트코인과 같은 위험자산에도 매한가지죠.

달러 가치가 상승하면 미국 입장에는 나쁜 것이 없습니다. 미국 기업 주가가 내려간 것이 아쉽긴 하나 다른 나라에서도 달러를 더 필요로 할 것이고 그럼 달러의 지위를 계속 유지할 수 있으니까요. 그리고 돈을 찍어내기 위해 사들였던 국채를 다른 나라에 쉽게 되팔 수 있습니다. 그 과정을 미국은 계속해서 반복하고 있는 것이죠.

투자에 어떻게 이용할까

환율이 오를 때는 수입을 주로 하는 기업(원자재를 수입해야만 하는 업종: 철강·조선)과 달러 부채가 많은 기업의 주식은 피하는 게 좋습니다. 환율이 오르면서 수입 부담 금액이 늘어나기 때문입니다. 내수 중심(식품), 수출 중심 업종(자동차·반도체)으로 눈을 돌리되, 환율이 많이 오를 때는 금리 인상 등 긴축시장으로 인해 실적 자체가 좋지 않을 수도 있으니 확인해야 합니다.

환율이 내려갈 때, 즉 원화가 강세라면 수출 기업에 불리합니다.

가격 경쟁력도 떨어질뿐더러 원화로 환전한다면 이익에서는 손해니까요.

다만 풍부한 유동성과 낮은 금리로 인한 환율 하락이라면 시장에서는 자금이 넘쳐납니다. 우리나라를 대표하는 기업들은 대부분 수출 중심 기업이고 그들이 환율로 인해 이익이 줄어들든 말든 대표기업들로 돈이 밀려 들어올 겁니다. 그리고 기업들도 낮은 대출금리를 이용해 투자할 기회가 많아집니다. 사업 다양화를 통해 환율 하락으로 인한 리스크를 줄일 수도 있겠죠. 주식시장에서 특히 한국 주식시장에서는 환율 하락일 때가 더욱 투자하기 쉬운 장입니다.

그럼 환율이 하락할 때라는 건 언제일까요? 환율과 달러인덱스를 동시에 보길 바랍니다. 환율은 우리나라의 관점에서 본 것이라면 달러인덱스는 전체 통화 중에서 달러의 강세를 확인할 수 있는 지표입니다. 기준을 100으로 두고 100 이상이면 달러 강세, 100 이하면 달러 약세로 볼 수 있습니다.

지속적인 투자 관점에서 본다면 달러인덱스 100, 90이라고 딱 정해놓는 것이 아닌 안정적이며 하향하는 모습을 보일 때를 주목해야 합니다. 수치는 누구도 예측할 수 없으니까요.

위험자산에 투자할 때는 달러가 약세일 때가 좋습니다. 달러 대신 더 높은 수익률을 주는 위험자산으로 돈이 몰릴 테니까요. 달러인덱스도 하나의 지수이기에 변동성이 크지는 않습니다. 환율도 마찬가지고요. 그러나 변동성이 극심해지거나 이전과는 다른 상승세를 보인다면 투자를 잠시 멈추는 것이 좋습니다.

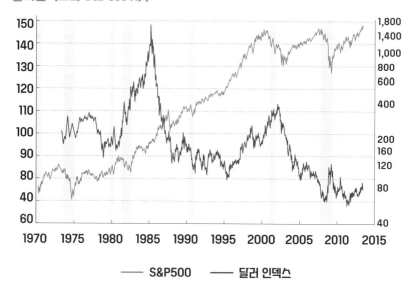

달러인덱스와 S&P500 지수

—— S&P500　　—— 달러 인덱스

　90 언저리였던 달러인덱스는 어느새 110을 돌파했습니다. 10년간 10포인트 안에서 왔다 갔다 했는데 1년 새 20포인트를 돌파한 셈이죠. 그러니 자산시장이 얼어붙는 건 당연한 일일지도 모르겠습니다.

　달러인덱스가 100 부근까지 내려온다면 그리고 안정적으로 지수가 움직인다면 투자에 우호적인 환경이라고 볼 수 있습니다. 지난 달러인덱스의 역사를 보더라도 달러인덱스가 하향세일 때 S&P500 지수는 상향세를 보여주고 있습니다. 그리고 지나치게 주식시장이 올라갈 때쯤이면 달러지수도 같이 올라갔고 그 이후 주식시장은 조정을 맞이했고요.

　이를 활용해 투자하더라도 아니 투자 연습을 하더라도 인덱스가 하향 안정세라는 판단이 들 때 시작하세요.

Q. 달러 가치가 높아지는 게 미국 입장에는 좋은 것 아닌가요? 인덱스가 내려갈까요?

달러의 가치가 높으면 당연히 국채를 팔기는 쉬워집니다. 단, 자국민이 힘들어집니다. 수입할 때야 좋지만, 수출할 때는 달러 가치가 올라감으로써 같은 가격에 팔아도 물건을 사는 국가 입장에는 비싸지기 때문이죠. 즉 가격 경쟁력이 떨어지는 겁니다.

국민도 마찬가지입니다. 미국은 국민 자산의 60% 이상이 주식입니다. 미국의 퇴직연금 401K의 경우 개별 주식매수로도 납입이 가능합니다. 이미 퇴직연금 자산의 70%가 주식에 투자되어 있고요. 강달러를 유지하려다가 자국민의 연금과 소득원을 다 하락시켜버린다면 미국 내에서 먼저 경기침체가 올 겁니다.

미국은 최대 소비국가이고 다른 나라의 물건을 사들이면서 기축통화국의 지위를 유지하고 있습니다. 거대 자본과 튼튼한 금융시장이 뒤받쳐줘야 하고요. 그런 미국에서 국민이 지갑을 닫아버린다면 더 이상 기축통화를 유지하기 힘들어지겠죠.

미국 중앙은행은 국민의 생활과 달러 가치 사이를 줄다리기하면서 기준금리를 조정하고 있는 것입니다.

달러 예금과 달러선물 ETF

이런 질문을 받았습니다. "달러 예금이 대세라는데 꼭 해야 할까요?" 먼저 달러 예금을 드는 목적을 생각해야 합니다. 만약 수익률 관점이라면 추천하지 않습니다. 예금자 보호라는 장점이 있긴 하지만 1~2%에 달하는 환전수수료를 무시하기 어렵죠. 예금이자가 2% 내외이니 은행 상품에 가입해서 얻는 수익은 거의 없다는 뜻입니다.

물론 환율이 오르면 이득을 볼 수 있겠죠. 수익을 얻으려면 달러가 최저점 수준은 되어야 일반 고금리에서 얻을 수 있는 이자를 얻을 수 있을 겁니다. 그러나 주식시장과 환율은 역의 관계로 환율이 그렇게까지 내려갔다면 차라리 주식시장에 투자하는 게 더 큰 수익률을 얻을 수 있을 겁니다. 저금리, 저환율을 유지했던 2009~2017년 시장에서 나스닥은 평균 수익률 20%를 기록했으니까요.

자산 분배를 위한 목적이라면 괜찮습니다. 다만 자산 분배 효과를 위해서는 최소 자산이 1억 원 이상이며 10% 이상이 투자되어야 합니다. 그런데 나의 자산이 1천만 원인데 100만 원을 달러 예금에 넣어둔다고 자산 분배 효과가 있을까요? 오히려 고금리 적금이 더 나은 선택일 수 있습니다. 환율이 높아질 수도 있지만 낮아질 수도 있으니까요.

차라리 달러선물 ETF를 추천합니다. 앞서 선물은 미리 가격의 상승과 하락을 예측해 투자하는 파생상품이라고 했습니다. 파생상품은 추천하지 않지만 달러선물 ETF는 파생상품을 ETF 형식으로 투자하는 상품입니다. ETF는 뒤에서 더 다룰 테니 간단히 이야기하자면, 선물 ETF는 파생상품을 일반 주식시장에서 주식처럼 사고팔 수 있도록 만든 상품입니다. 즉 달러 주식이라고 생각하면 편할 것 같습니다. 선물은 투자 원금보다 더 마이너스가 생길 수 있지만 ETF는 주식이기에 투자한 원금보다 더 잃을 수는 없습니다.

달러선물 ETF는 달러의 가격에 대해 투자하는 상품입니다. 즉 환율이 오른다면 달러선물 ETF 가격도 오르겠죠. 달러지수와 흡사하게 연동되어 있다고 보면 됩니다. 달러 예금과 달리 환전수수료도 나가지 않고 원화로 살 수 있습니다. 다만 매도할 시 벌어들인 수익에 대한 15.4%의 배당세가 나갑니다. 그럼에도 불구하고 달러 예금보다 수익률이 높습니다. 살 때와 팔 때 2%씩 총투자금액에서 차감되는 것이 아닌 벌어들인 수익에 대해서만 세금을 매기니까요.

물론 지금 같은 고금리 시장에서는 달러 예금 금리도 높기에 방법이 될 수 있습니다. 하지만 여기서 달러가 1,600~1,700원 정도로 올라가기엔 무리가 있습니다. 2008년 서브프라임 모기지 사태에 환율이 1,600원이었으니까요. 정부는 통화 스와프 등을 통해 환율의 변동성을 줄이도록 노력하고 있습니다. 그러니 차라리 환율이 많이 내려갔을 때 달러선물 ETF를 하는 것을 추천합니다. 주식시장이 정점일 때 환율은 늘 저점이었습니다. 2022년은 그 반대가 되었고요.

KODEX 달러선물 ETF, KOSEF 달러선물 ETF로 투자할 수 있으며 모든 증권사에서 매수, 매도할 수 있습니다. 단, 증권상품이기에 예금자 보호는 되지 않습니다.

주식시장이 정점일 때 일반 주식 비중을 줄이고 달러선물 ETF를 투자한다면 자산 가격 하락에 방어를 할 수 있습니다. 일반 개별 주식과 달리 변동성이 적은 편이며 30% 내외로 움직입니다. 수년간 10% 내외로 움직인 적도 많습니다. 이처럼 극적인 수익률은 얻을 수 없다는 점을 꼭 기억했으면 좋겠습니다. 급진적인 통화정책이나 금리 인상에 대한 여파로 주식시장이 흔들릴 것 같다면, 주식시장이 지나치게 올라

KOSEF 미국달러선물 차트

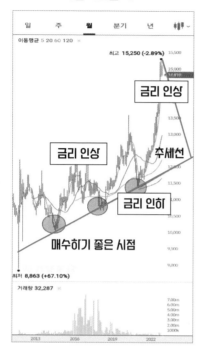

달러선물 ETF 가격이 거의 전저점까지 왔다면 그때가 투자할 시기라고 생각합니다.

여기까지 오느라 고생했습니다. 화폐경제시대에 살면서 경제의 큰 흐름을 이끄는 세 가지, 아니 환율까지 더해 네 가지 키워드를 안다는 건 자신의 자산을 지키고 불리는 데 매우 유리합니다. 적어도 내가 언제 행동해야 하는지를 알고 있는 것이니까요.

귀에 딱지가 앉았겠지만, 마지막으로 강조하겠습니다. 금리 인하 시그널을 보내고, 국채 매입과 같은 통화정책을 펼치며 달러인덱스가 안정세를 보일 때 그리고 연준에서도 더 이상 금리를 인상하겠다는 메시지를 보내지 않을 때, 이때가 우리가 적극적으로 행동해야 할 때입니다.

주식 세금에 대한 모든 것

국내 주식에 대한 세금

투자했던 주식이 계속 하락하다 겨우 평균단가에 도달했을 때가 있을 겁니다. 그때 "앗싸! 탈출이다!" 하고 매도를 쳤는데 이상하게 계좌에는 손실로 찍혀 있습니다. 이상하죠. 분명 매수한 가격과 동일하게 매도를 했는데 왜 손실이었을까요. 그것은 바로 세금을 고려하지 않았기 때문입니다.

물론 급하면야 어쩔 수 없었겠지만 한두 호가만 올랐어도 잃지 않아도 되는 돈이었습니다. 그러니 세금을 고려해 매도하는 습관을 들이면 좋겠죠. 다행히도 현재까지는 주식을 거래할 때 드는 세금은 적은 편입니다. 주식을 매도할 때 0.23%의 세금이 나가는데요. 이것을 증권거래세라고 합니다.

100만 원을 투자해서 50만 원을 벌어 바로 150만 원으로 매도했을 경우 총 매도금액에 대한 0.23%가 세금으로 빠지고 주식계좌로 들어옵니다. 손실이 났을 때도 세금이 나간다는 점을 유의해야 합니다. 100만 원을 투자했는데 50만 원이 되어, 50만 원으로 매도했다면 50만 원에 대한 세금만 내는 거죠. 손실, 손익을 떠나 거래를 할 때마다 나가는 세금이기에 투자회전율을 줄이는 편이 좋습니다.

그다음 주식할 때 드는 세금은 바로 배당소득세입니다. 배당을 받았을 때 내야 하는 세금인데요. 세율이 15.4%입니다. 배당주를 100만 원 정도 샀는데 그럼 15만 4천 원을 내야 하나요? 그렇지는 않습니다.

여기서 15.4%는 받은 배당금에 대한 세율입니다. 배당금으로 1만 원을 받았다면 15.4%인 1,540원을 떼어가는 셈이죠. 배당소득세는 원천징수이기 때문에 애초에 세금을 뗀 채로 주식계좌로 들어옵니다. 따라서 따로 소득신고를 하거나 세금을 내야 할 필요는 없습니다.

해외 주식에 대한 세금

다음은 해외 주식에 대한 세금입니다. 배당소득세가 15.4%, 원천징수인 것은 동일하지만 국내 주식과 달리 벌어들인 수익에 대해서

해외 주식 양도세 비교

구분		양도세
A기업	수익 500만 원	250만 원×0.22=55만 원
B기업	손실 400만 원	-250만 원만 손절하고 다시 재매수, 양도세는 0

구분		양도세
C기업	수익 300만 원	50만 원×0.22=11만 원
D기업	손실 70만 원	-50만 원 손절하고 다시 재매수, 양도세는 0

세금이 발생합니다. 이것을 양도소득세라고 하는데요. 자그마치 세율이 22%이기 때문에 매우 높은 편이라고 할 수 있습니다.

그렇다고 10달러 벌면 2.2달러를 떼어가는 형식은 아닙니다. 250달러까지 공제를 해주는데요. 만약 1,250달러를 벌었다면 250달러를 제외한 1천 달러에 대한 22% 세금을 매기는 것입니다. 그렇다면 세금은 220달러를 내게 되는 거겠죠.

양도소득세의 경우 손실이 났을 때는 매도를 하더라도 당연히 세금을 걷지 않고요. A주식이 500달러 이익, B주식이 300달러 손실상태라면 합산해 200달러 이익이기 때문에, 이 경우는 250달러 이내이므로 세금을 걷지 않습니다.

아니, 그럼 세금을 안 내려면 손절해야 하냐고요? 물론 그 뜻은 아닙니다. 손절하고 끝내는 게 아니라 매도된 금액을 가지고 바로 손실된 주식을 매수하는 겁니다. 어차피 계속 투자하려고 했던 주식이었는데 하락했으니 오히려 매도하고 다시 산다면 평균단가가 훨씬 내려가겠죠. 손실은 쓰리더라도 대신 22%의 양도소득세를 아낄 수 있으니까요.

투자금액이 커서 손절할 엄두가 나지 않는다면, 벌었던 이익을 없는 것으로 한다고 생각하고 이익만큼만 손절해도 됩니다. 굳이 손실 주식 모두 매도할 필요는 없습니다.

만약 차감시킬 주식 종목이 없어 그대로 세금 신고를 하게 되었다면 꼭 매도 후 2개월 이내에 소득신고를 해야 합니다. 제 기간에 안 한다면 누진세가 붙습니다. 소득신고는 집 근처 세무서 또는 온라인으로 할 경우 위택스(WeTax) 홈페이지로도 가능합니다.

22% 양도세? 금투세에 대비하자

이제는 국내 주식에도 양도세를 내야 한다는 법안이 나와 여야가 공방전을 벌이고 있습니다. 2020년부터 발의된 법안인데요. 바로 금융투자소득세(금투세)입니다. 양도세율은 22%인데요. 지금까지 주식할 때 드는 세금은 10억 원 이상 투자하고 있는 대주주를 제외하고 거래세 0.023%뿐이었습니다.

양도세율 22%는 일반 투자자에게는 너무도 큰 비율입니다. 즉 주식으로 1억 원을 벌어 매도할 경우 1억 원에서 5천만 원이 공제되어

5천만 원에 대한 22% 세금인 1,100만 원이 세금으로 나가게 됩니다. 다행이라면 다행인 점은 1년간 매매차익이 5천만 원 이상일 때 매기는 세금이라고 합니다. 주식시장에서 5천만 원 이상~1억 원 이내로 수익을 얻은 사람은 지난 2년간 투자자 중 0.9%라고 합니다. 즉 일반 개인투자자들이 양도소득세를 낼 일은 적다는 거죠.

하지만 시작은 투자금이 적어 수익도 적을 수가 있습니다. 그러나 1년, 3년, 5년 지속적으로 투자를 해나가면 5천만 원을 넘어 1억 원 이상 축적하는 날이 올 수도 있고요. 그날을 위해 우리가 지금 같이 공부를 하는 거니까요.

이 문제에 대해서 여당과 야당은 계속해서 의견이 갈리고 있습니다. 현재 여당에서는 금투세 도입을 2년 정도 유예하자는 입장입니다. 야당에서는 거래세를 없애거나 줄일 테니 금투세를 2023년부터 도입하자는 주장이고요. 반대하는 여당 또한 하지 말자는 것이 아닌 유예에 초점을 맞추고 있기에 좋든 싫든 금투세에 대비해야 합니다.

그렇다면 금투세에 대해서 알아보겠습니다. 금투세도 마찬가지로 손익통산, 손실과 이익을 함께 더해 5천만 원을 책정합니다. 그래서 4,999만 원이 수익으로 찍혔다면 세금을 내지 않아도 됩니다. 또한 손실의 이월이 가능합니다. 2023년 500만 원 손실을 봤는데, 2024년 5천만 원을 벌었다면 2023년의 500만 원 손실을 이월시켜 공제할 수 있습니다. 그러나 2023년 5천만 원 이익, 2024년 500만 원 손실일 경우는 손실이 합산되지 않습니다. 이 둘의 차이를 모르겠습니다. 장이 좋고 안 좋고를 우리가 결정할 수 있는 것도 아닌데요.

또 하나는 원천징수입니다. 이익 5천만 원 이상 매도할 때 바로 차익금 5천만 원의 22%를 떼서 받게 되는데요. 만약 그 전에 손실한 적이 있어도 우선적용되지는 않습니다. 1년 뒤 세무서에서 신고한 후 세금을 다시 돌려받을 수 있습니다. 내 피 같은 돈을 1년 동안 굴리지도 예금에 넣지도 못하고 압수당하고 있는 셈이죠.

그럼 절세를 할 수 있는 방법은 무엇일까요? 이 또한 해외 주식과 마찬가지로 단가 아래로 내려온 다른 주식과 팔아 손익 통산을 5천만 원 아래로 맞추면 가능합니다. 하지만 다른 주식이 없다면 5천만 원 이내로 매도하는 것도 방법입니다. 연간 손익으로 결정하기에 두 해에 걸쳐 5천만 원 이내로 매도한다면 세금을 아낄 수 있습니다. 단, 미래의 주가는 알 수 없기에 이에 대한 리스크도 존재하는 법입니다. 세금을 아끼려다 주가가 내려가 손실이 생길 수 있다는 점을 주의해야 합니다.

또 다른 방법은 ISA 계좌가 있습니다. 이 계좌는 정부에서 인정하고 있는 자산관리계좌인데요. 이 계좌를 통해 주식을 매매한다면 국내 주식에 대한 양도세가 부과되지 않습니다. 즉 5천만 원 이상 차익이 나더라도 세금이 전혀 붙지 않는 거죠. 절세하기에 유리한 계좌임은 틀림이 없습니다. 그렇다면 무조건 이 계좌를 사용하면 되는 것 아닌가 싶지만 ISA를 가입하기 위한 조건과 투자할 때 있어 유의해야 할 점도 있습니다. 이에 대해서는 다음 장에 더 자세히 알아보도록 하겠습니다.

사회초년생이라면
ISA 계좌부터

사회초년생에게 최적화된 ISA

주식 투자와 적금의 차이점은 인출의 자유에 있습니다. 주식은 언제든지 매도해 현금을 뺄 수 있는 반면 적금은 정해진 기간 내에는 돈을 뺄 수 없습니다. 그러나 적금처럼 주식 투자를 관리할 수 있는 계좌가 있는데요. 바로 ISA입니다. 주식계좌로 매수 및 매도할 수 있지만 3년이란 기한 내에서는 수익을 출금할 수 없습니다. 대신 투자한 원금은 인출할 수 있습니다. 강제적인(!) 장기 투자를 가능하게 하는 계좌인 셈이죠. 그렇기에 사회초년생들의 1억 원 모으기에 제일 최적화되어 있는 계좌를 꼽으라면 저는 ISA라고 생각합니다.

ISA는 개인종합자산관리계좌로 정부에서 국민의 장기적인 재산

형성과 관리를 위해 만든 제도입니다. ISA는 해지 이후 연금저축펀드로도 이전할 수 있기 때문에 ISA로 모은 자금을 연금으로 수령할 수 있습니다. 국민의 노령화를 대비해 연금을 축적하게 하는 것이 정부의 목적입니다. 이 제도를 장려하기 위해서 파격적인 세제 혜택을 주고 있기도 하고요.

앞서 배당, 해외 주식의 경우 배당소득세 15.4%가 원천징수된다고 했었죠? ISA 계좌로 주식을 사서 배당을 받는다면 400만 원까지 비과세됩니다(일반형일 경우 200만 원). 해외 주식형 펀드라도 차익에 대해서도 400만 원까지 비과세이고요. ISA는 국내 주식 및 국내 상장된 펀드만 매수할 수 있어 해외 주식은 살 수 없습니다. 단, 국내 상장된 해외 주식형 펀드는 살 수 있기에 이에 대한 매매차익은 원래라면 15.4%를 내야 하나 400만 원까지 비과세 혜택을 누릴 수 있습니다.

이익이 400만 원 초과가 되면 어떻게 되나요? 초과분에 대해서만 9.9% 과세가 됩니다. 즉 500만 원을 벌었을 경우 500만 원에서 400만 원을 뺀 100만 원에 대한 9.9%인 9만 9천 원을 내는 셈입니다. 기존 증권계좌에서 거래했을 경우 77만 원의 세금을 내야 합니다. 계좌 하나만 바뀌었을 뿐인데 60만 원이 넘는 돈을 아낄 수 있는 셈입니다. 배당주 위주의 투자와 해외 주식형 펀드를 주로 하는 분들이라면 절세 효과를 톡톡히 누릴 수가 있겠죠.

또한 2023~2025년 사이에 시행될 금투세에도 자유롭습니다. 5천만 원 이상의 차익에 대해 22% 양도세를 부과하게 되었지만 ISA 계좌 내에서 국내 주식을 사고팔 때 5천만 원 이상 차익이 나더라도 전액 비과세입니다. 물론 뒤에 나올 조건상 5천만 원 차익이 나긴 쉽지는 않습니다. 만에 하나 내가 투자한 주식이 많이 올라서 이러한 차익이 생겼을 때는 비과세 혜택을 누릴 수 있다는 겁니다.

ISA 가입 전 알아보기

급여 조건만 만족한다면 사실상 대부분의 대한민국 국민이 가입할 수 있습니다. 비과세 한도가 서민형, 농어민형일 경우 일반형의 2배이기 때문에 급여가 크지 않을 때 가입하는 것이 좋죠. 그렇기에 연봉이

ISA 가입자격

유형	일반형	서민형	농어민
가입요건	만 19세 이상 또는 직전연도 근로소득이 있는 만 15~19세 미만 대한민국 거주자	직전연도 총급여 5천만 원 또는 종합소득 3,800만 원 이하 거주자	직전연도 종합소득 3,800만 원 이하 농어민 거주지
비과세한도	200만 원	400만 원	400만 원
비과세한도 초과 시	9.9% 저율 분리과세 적용		
의무 가입기간	3년		

그리 높지 않은 시기인 사회초년생들이 가입하면 좋습니다. 차일피일 미루다가 급여가 5천만 원 조금이라도 넘어버리면 일반형으로 가입을 해야 하니까요.

의무가입기간은 3년입니다. 만약 현재 지금 공부를 좀 더 하고 싶은데 내년, 내후년이면 연봉이 오를 것 같다 싶으면 미리 가입만 해두는 것도 방법입니다. 의무가입기간은 3년이지만 만기가 지나기 전 계약연장을 한다면 원하는 만큼 ISA를 이용할 수 있습니다.

단, 납입한도가 있습니다. 연 최대 2천만 원까지 투자 가능한데요. 이 경우 5년간 지속적으로 2천만 원씩 투자한다고 가정하면 5년간 1억 원까지 투자할 수 있습니다. 이후에는 1억 원 안에서 사고팔기를 반복해야겠죠. 원금 납입이 1억 원이기에 주식이 올라 1억 5천만 원이 되더라도 상관은 없습니다.

또한 납입이월도 가능한데요. 이번 연도가 장이 좋지 않아 투자를 안 했을 경우 내년에는 최대 4천만 원까지 투자할 수 있는 거죠. 만약 내년에 1천만 원만 투자했다면 내후년에는 5천만 원까지 투자를 할 수 있고요.

하지만 총 납입원금은 1억 원을 넘어서면 안 됩니다. 1억 원을 모으는 데 최적화된 계좌로 ISA를 꼽은 이유도 이 때문입니다. 1억 원이 될 때까지는 강제적으로 모으게 할 수 있으니까요.

종류로는 신탁형, 일임형, 중개형이 있습니다. 주식 투자를 하는 것처럼 내가 종목을 정하고 매수나 매도할 수 있는 중개형을 대부분 선택하는 편입니다.

ISA 종류

종류	채권, 주식 투자 기능 '중개형'	예금도 필요하다면 '신탁형'	전문기기 대신 운용하는 '일임형'
투자가능 상품	채권, 국내상장주식, 펀드, ETF, 리츠, 상장형수익증권, 파생결합증권/ 사채, ETN, RP	리츠, ETF, 상장형수익증권, ETN, 펀드, 파생결합증권/ 사채, 예금, RP	펀드, ETF 등
투자방법	고객이 직접 투자 상품을 선택		투자전문기의 포트폴리오로 일임운용
보수 및 수수료	투자 상품별 수수료 및 보수	신탁보수: 연 0.20% (연 1회 후취)	일임수수료: 연 0.10% / 연 0.50% (상품 유형별 상이, 분기 후취)
모바일 비대면 계좌개설	일반형 가능	불가	불가

이런 ISA도 단점은 있습니다. 바로 해외 주식을 살 수 없다는 점입니다. 국내 주식 투자를 장려하기 위한 제도이기에 안타깝게도 해외 주식은 살 수 없습니다. 대신 국내에 상장된 해외 주식형 ETF는 살 수 있어 TIGER 나스닥100, KODEX S&P500과 같은 미국 지수에는 투자할 수 있습니다.

투자수익률을 조금이라도 높여야 하는 사회초년생에게는 조금 아쉽습니다. 해외 주식을 매매할 경우 자연스럽게 달러도 함께 투자하게 되는 것이며 시장이 좋을 경우 투자한 기업이 지수 상승분 그 이상으로 상승하기 때문입니다. 지수는 모든 기업의 시총 평균이기 때문에 상승과 하락 폭이 개별 주식보다는 안정적입니다. 그래서 해외 주식을 투자하고 싶은 경우에는 더 공부한 후 해외 주식계좌로 직접 투자하는 것이 더 낫다고 생각합니다. 이후 양도세를 좀 내더라도 말이죠.

ISA를 이용해 투자하기 + 연금저축펀드

국내 주식, 국내 ETF 투자 시 ISA로 투자하고 해외 주식은 일반 증권계좌로 투자하면 됩니다. 이때 같은 증권사를 이용한다면 예수금 이동이나 자산관리가 더 편합니다. 해외 주식을 하다가 얻은 이익을 ISA로 옮겨가 투자할 수도 있으니까요.

여기서 하나 더 연금저축펀드도 함께 개설할 수 있는 증권사로 선택하는 편이 좋습니다. ISA의 경우 계약을 연장한다면 무기한 연장할 수는 있지만 결국은 1억 원 한도입니다. 목돈을 만들기 위한 용도로 활용한 후 역할을 다했다면 연금저축펀드로 이전하는 것이 좋습니다. 이때 같은 증권사를 이용한다면 스마트폰 앱으로 바로 이전할 수 있습니다. 다른 증권사를 이용하면 옮기는 과정이 성가시더라고요.

ISA를 연금저축펀드로 이전하는 법을 알아보겠습니다. 의무납입 기간을 지난 당신, 만약 ISA를 통해 이익을 합해 1억 3천만 원을 벌었다고 칩시다. 1억 원은 내 집 마련에 쓰고 3천만 원이 남았습니다.

ISA에 남기려니 뭔가 아쉬운데요. 결혼을 앞두고 들어갈 돈도 많아지고 적극적인 투자보다는 안정적인 투자와 노후 대비를 해야 할 것 같습니다. 그렇다면 3천만 원은 연금저축펀드 계좌로 이전하는 겁니다.

이 경우 주식 및 ETF로 투자되어 있던 것이 모두 자동 매도되어 현금으로 이전되기 때문에 미리 원하는 시기에 매도해놓는 편이 낫습니다. 단, 해지 이후 60일 안에 이전을 끝내야 합니다. 손실을 보고 있거나 원하는 가격대가 오지 않았다면 ISA 해지를 뒤로 미뤄야겠죠.

또한 연금저축으로 이전 시 ISA에 있던 금액의 10%가 세액공제됩니다(300만 원 한도). 3천만 원이 있었다면 300만 원 세액공제가 되는 셈이죠. 기존에 연금저축펀드는 400만 원까지가 세액공제였습니다. 더 많은 돈을 넣고 있어도 400만 원까지만 세액공제되었는데 이 경우 300만 원을 더해 700만 원의 세액공제가 가능해진 셈입니다.

더욱이 연말정산 환급금은 '기납부세액(미리 냈던 세금)-결정세액(내야 할 세금)'인데, 결정세액에 700만 원을 마이너스시켜주는 것이기에 그만큼 환급금이 커집니다. 연봉 5,500만 원 이하라면 세액공제율이 16.5%이기에 105만 원에 가까운 환급금을 받을 수 있습니다.

연금저축펀드의 경우 매년 납입금액이 1,800만 원 한도이지만 ISA에서 옮겨가는 경우는 1,800만 원 초과가 되어도 상관이 없습니다. 5천만 원이 옮겨갔다면 연금저축펀드계좌로 5천만 원치의 ETF 및 펀드로 바꾸어도 된다는 뜻이죠. 물론 굳이 당장 투자하지 않아도 됩니다. 예수금처럼 놓아두어도 세액공제 효과는 받을 수 있으니까요. 이

급여에 따른 세액공제

급여(종합소득)	세액공제한도 (50세 이상)	세액 공제율	최대 세액공제액 (50세 이상)
5,500만 원 이하 (4천만 원 이하)	400만 원 (600만 원)	16.5%	66만 원 (99만 원)
5,500만 원 초과~1.2억 원 이하 (4천만 원 초과~1억 원 이하)	400만 원 (600만 원)	13.2%	52만 8천 원 (79만 2천 원)
1.2억 원 초과(1억 원 초과)	300만 원	13.2%	39만 6천 원

※ 50세 이상 장년층 세액공제한도 연 200만 원 확대는 3년간(2020~2022) 한시적 적용

자료: 금융감독원 통합연금포털

후 원하는 가격으로 투자하고 싶은 ETF가 생겼을 때 투자를 진행하면 됩니다.

장점이 많은 연금저축펀드 이전이긴 하지만 연금저축펀드는 진짜 연금을 위한 장기 레이스와 같습니다. 55세 이후 수령이 가능하고 가입기간 이전에 해지할 경우 받은 세제혜택을 다 뱉어야 합니다. 그만큼 장기보유에 확신과 의지가 있는 경우에 시작해야 합니다. 가입하는 수가 많은 연금저축펀드이지만 그만큼 해지하는 분들이 많은 이유는 중간에 목돈이 필요하거나 스스로 자금을 굴리는 데 지치기 때문입니다.

장기 레이스를 해나갈 자신이 없다면 연 400만 원만 예수금으로 넣어 세액공제용으로만 이용하는 것이 낫습니다. 이렇게만 하더라도 자그마치 16.5%의 환급금을 받을 수 있으니까요.

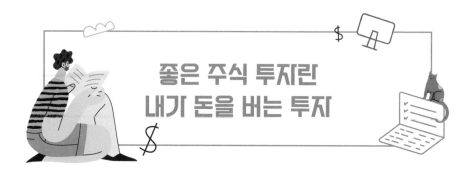

좋은 주식 투자란
내가 돈을 버는 투자

이론을 많이 알고 있다 하더라도 주식 투자에서는 감정적일 수밖에 없습니다. 빨간 양봉에 심장이 두근거리고 파란 음봉에 한숨이 절로 내쉬어지듯이요. 가치투자자이자 유럽의 워런 버핏이라고 불리는 앙드레 코스톨라니조차도 "주식은 심리게임"이라고 말했습니다.

이런 심리게임에 지는 이유는 조급함과 아집 때문입니다. 기회가 없지 않을까 하고 높은 단가에 덜컥 매수해버리는 조급함, 그리고 가치를 상실한 기업이거나 경기가 정점에 달했음에도 '더 갈 거야'라는 믿음을 고수하는 아집을 뜻합니다. 이 두 가지만 이겨내더라도 우리는 이 거대한 심리게임에서 우위를 차지할 수 있을 겁니다.

정말 간단하게 감정적인 나 자신을 제어할 방법이 있습니다. 바로 원칙입니다. 내가 세운 원칙에 따르는 것, 그뿐입니다. 조지 소로스,

워런 버핏, 앙드레 코스톨라니, 피터 린치 등 부자가 된 이들 모두는 자신을 성공으로 이끄는 원칙이 있습니다. 그리고 원칙을 고수하기 위해 노력하고 부를 이루었죠.

여러분도 주식 투자 원칙을 세워야 합니다. 투자의 대가 원칙을 따라 해도 됩니다. 워런 버핏 또한 자신의 투자 멘토인 벤저민 그레이엄의 투자 원칙으로 시작했습니다. 그리고 시간이 지나 자신의 경험을 바탕으로 원칙을 수정하거나 추가해나갔습니다. 여러분도 그렇게 시작하면 됩니다. 처음에는 주식 투자로 성공한 사람들의 원칙을 따르면서 자신에게 잘 맞았던 투자를 원칙으로 추가해나가는 겁니다.

저의 주식 투자 원칙을 소개하겠습니다.

1. 미국선물지수, 달러인덱스, 유가가 안정적일 때 매수를 진행한다.

2. 금리 하락기, 국채 매입, 채권 바이백 등 시장에 유동성이 들어가는 시기에 투자금을 늘린다.

3. 관심 있던 주식이 중장기적 호재가 났더라도 그날 5% 이상 상승이면 들어가지 않는다. 눌림목에 들어가되 거래량이 적을 때 들어간다.

4. 적자가 2년 연속 있는 기업은 투자하지 않는다.

5. 분식 회계 및 주식 감자를 한 기업은 투자하지 않는다.

6. 투자하다가 적정주가를 넘어선 기업은 절반 이익 실현 후 대응한다.

7. 적립식 투자를 하는 기업은 하락할 때 사되 20일선, 60일선 등이 붕괴된다면 더 기다린다. 지지선을 그어 해당 지점까지 올 때 매수를 진행한다.

8. 투자하고 있는 기업의 매 분기보고서를 반드시 살펴본다. 당기순이익이

갑자기 줄었다면 그 이유를 찾아본다.

9. 영업이익률과 ROE가 높은 기업을 우선으로 평가한다.

10. 실적이 나오지 않고 잘 모르는 바이오·제약 기업은 투자하지 않는다.

11. 정부정책과 관련된 업종을 먼저 살펴본다.

12. 미국 주식의 경우 매달 적립식으로 매수하되, 하락기의 경우 지지선을 그어 크게 하락하는 순간에 집중 매수한다.

13. 매수 이후 물렸더라도 사업의 가치가 여전하며 영업이익이 지속적으로 증가하는 기업은 기다려본다.

14. 기다리다가 ROE가 지나치게 하락했거나 적정주가보다 훨씬 높은 상태라면 손실이더라도 매도한다.

15. 시장이 안 좋을 때 신문 투자를 한다면 하루 이틀 내로 매도하고 나온다.

제 원칙이 여러분에게 도움이 된다면 얼마든지 가져다 써도 됩니다. 그러나 제일 좋은 투자는 여러분에게 잘 맞고 여러분에게 돈을 벌어다 주는 투자입니다. 심리를 잘 읽고 매수 및 매도 호가의 흐름을 잘 읽는 사람이라면 이 책을 읽지 않아도 됩니다. 대신 차트 기법과 세력들의 움직임을 공부해야겠죠. 인내심이 있으며 기업의 사업과 재무 흐름에 관심이 많은 투자자는 저와 비슷한 가치 투자로 방향을 잡으면 도움이 될 겁니다. 실전 투자를 해나가면서 여러분이 언제 돈을 벌었는지 꼭 확인하고, 그 부분을 투자 원칙으로 옮기길 바랍니다.

메모하는 것도 추천합니다. 메모 앱을 활용해서 휴대폰 화면에 걸어두는 겁니다. 제가 제일 많이 적은 메모는 "때는 온다. 제발 기다리자."였습니다. 실제로 이 메모 덕분에 좀 더 낮은 가격으로 원하던 주식을 매수할 수 있었습니다. 그리고 20~30% 이익이 나더라도 제가 정한 적정주가까지 오기를 기다렸습니다. 성급한 욕심에 매도했다면 20% 수익에 끝났겠지만 끝까지 참아낸 기업들은 3배에 가까운 수익률을 보여주었습니다. 물론 시장의 운도 따라주었을 때지만요.

더 중요한 건 바로 돈을 잃었을 때입니다. '에이, 재수 없네!' 하고 털어버릴 게 아니라 돈을 잃은 이유를 명확하게 알고 있어야 합니다. 다음번에 같은 실수를 하지 않기 위해서죠. 매번 같은 문제를 틀리는 사람들의 공통적인 특징은 그 문제에 대한 오답노트를 작성하지 않았기 때문입니다. 제 원칙에서 '하지 마라'라고 적힌 것들은 다 제가 실패했던 투자에서 배운 원칙들입니다. 10번 같은 경우죠.

누군가에게는 잘 맞을 수 있겠지만 저는 정말 바이오·제약 주식과는 안 맞았습니다. 변동성도 크고 갑작스러운 임상 실패 및 식약처 불허가 등 악재들은 직장인인 제가 감당할 수 없었습니다. 기대감에 2배, 3배씩 올라갈 때는 욕망에 눈이 멀어 고점에 산 적도 있었습니다. 결과는 참혹한 마이너스였죠. 제가 잘 모르는 업종이기에 다시는 투자하지 않겠다고 결정했습니다. 오히려 더 편한 부분도 있더군요. 집중해야 할 업종들이 좁혀지니까요.

문제는 틀리면 지우고 다시 풀면 되지만 투자는 틀리면 소중한 돈을 잃습니다. 떠올리기만 해도 화가 나고 후회가 들겠지만 여러분도 실패했던 투자가 있다면 반드시 무엇을 하면 안 되었는지 원칙으로 세워두었으면 합니다.

4장

따라 하면서
배우는 투자 노하우

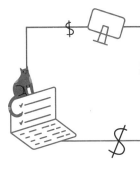

워런 버핏을 따라
투자금 분배하기

1천만 원을 모았다면 어떻게 투자할 계획인가요? 우선 투자하고 싶은 종목을 찾겠죠. 그런 다음 어떻게 투자할지 생각해보세요. 여러분은 1~3번 중 어디에 해당하나요?

1. 1천만 원을 한 번에 매수하고 기다리기.

2. 어떻게 될지 모르니 일단 100만 원씩 매달 넣어보기.

3. 엇! 투자하고 싶은 종목이 너무 많잖아. 달걀을 한 바구니에 넣지 말라고 했어! 10개씩 나눠서 사야지.

보통 대부분 개인투자자는 3번으로 시작합니다. 3번이 잘못되었다는 게 아닙니다. 코스피 안에만 해도 종목이 2,650개입니다. 그리고 우리가 아는 기업만 해도 삼성전자, SK하이닉스, 네이버, 현대차 등 10개 그 이상이죠. 문제는 우리의 투자금에 있습니다. 나의 투자금이 10억 원이라면 열 군데 나누어 넣어도 문제가 되지 않습니다. 한 종목에서 10%만 오르더라도 1천만 원의 수익이 나니까요. 그리고 우리가 생활하는 데 있어 1천만 원은 매우 큰 돈이고요.

그러나 1천만 원의 돈으로 10개 아니 더 많은 수의 종목을 사게 되면 하나의 종목이 30% 상한가를 가더라도 수익은 20만~30만 원에 그칠 뿐입니다. 상한가를 30번을 더 가야 의미 있는 수익이 나오는 거고요. 그 확률은 매우 낮겠죠.

워런 버핏의 투자 따라 하기

83조 원에 달하는 재산을 지닌 워런 버핏은 종목을 많이 두지 않습니다. 워런 버핏의 투자 방법을 요약하자면 자신이 아는 기업을, 상당히 많이(거의 대주주 급으로), 많이 내렸을 때, 한 번에 삽니다. 그리고 하나 더, 굉장히 오래 가지고 있습니다.

저는 분기별로 워런 버핏의 회사인 버크셔해서웨이가 투자하고 있는 종목 포트폴리오를 확인하는데요. 놀랍게도 이전 분기와 별로 차이가 없습니다. 원자재 가격의 변동에 따라 에너지 주식 비율이 달라지긴 하지만 버크셔해서웨이에서 제일 큰 투자 비중을 차지하는 종목은 거의 변하지 않습니다.

버크셔해서웨이의 투자종목

Stock		Sector	Shares Held or Principal Amt	Market Value ▾	% of Portfolio	Previous % of Portfolio	Rank	Change in Shares	% Change	% Ownership
AAPL	⊞	INFORMATION TECHNOLOGY	894,802,319	$122,337,373,000	39.43	42.79	1	⬆3,878,909	%	5.4830%
BAC	⊞	FINANCE	1,010,100,606	$31,444,432,000	10.13	11.45	2	No Change	0%	12.5247%
KO	⊞	CONSUMER STAPLES	400,000,000	$25,164,000,000	8.11	6.82	3	No Change	0%	9.2272%
CVX	⊞	ENERGY	161,440,149	$23,373,304,000	7.53	7.13	4	⬆2,262,032	1%	8.2894%
AXP	⊞	FINANCE	151,610,700	$21,016,276,000	6.77	7.80	5	No Change	0%	20.0202%
OXY	⊞	ENERGY	272,225,308	$19,327,996,868	6.23	3.11	6	⬆113,675,579	71%	29.0557%
KHC	⊞	CONSUMER STAPLES	325,634,818	$12,419,712,000	4.00	3.53	7	No Change	0%	26.5848%
MCO	⊞	FINANCE	24,669,778	$6,709,439,000	2.16	2.29	8	No Change	0%	13.3077%
USB	⊞	FINANCE	119,805,135	$5,513,432,000	1.78	1.85	9	⬇6,612,752	-5%	8.0675%
ATVI	⊞	INFORMATION TECHNOLOGY	68,401,150	$5,325,713,000	1.72	1.42	10	⬆4,085,928	6%	8.7590%
HPQ	⊞	INFORMATION TECHNOLOGY	104,476,035	$3,424,725,000	1.10	1.04	11	No Change	0%	9.9183%
DVA	⊞	HEALTH CARE	36,095,570	$3,062,709,115	0.99	0.96	12	No Change	0%	37.4824%

자료: WhaleWisdom.com

투자종목 50개 이내로 투자회사치고는 적은 편이며, 그마저도 70% 상당이 상위 5종목에 치중되어 있습니다. 업종으로는 기술주, 은행주, 소비재주, 에너지주로 볼 수 있고요. 특히 3위인 코카콜라는 1987년 이후로 37년간 투자하고 있는 종목입니다. 코카콜라는 워런 버핏을 성공적인 투자자로 만들어준 기업입니다. 1987년 블랙 먼데이 사태로 주가가 굉장히 하락했을 때 버핏은 전 재산의 1/4을 투자해 큰 수익률을 얻었죠.

부자를 따라 하면 부자와 가까워지듯이 자산규모 83조 원에 달하는 워런 버핏을 따라 하지 않을 이유는 없습니다. 투자금이 적기에 투자종목을 줄여 최대한의 수익금을 창출해야 합니다.

워런 버핏 포트폴리오 만들기

1단계 투자종목 한정시키기

먼저 투자금에 맞게 투자종목을 몇 종목으로 할지 결정합니다.

- 1천만 원 이내: 투자종목 3가지 이내
- 1천만~3천만 원 이내: 투자종목 3~5가지 이내
- 5천만 원 이상: 투자종목 5~10가지 이내
- 1억 원: 스스로 굴릴 수 있는 경지

1천만 원으로 시작한다면 300만 원으로 나누어 세 기업에 투자하고 남은 100만 원은 현금으로 남겨두는 편도 좋습니다. 투자한 기업 중 한 기업이 많이 하락한다면 남은 현금으로 매수해 단가를 낮추면 되니까요.

한 번에 300만 원씩 투자하는 게 초보 투자자일수록 쉽지 않습니다. 다만 적은 돈으로 시험하듯이 사게 된다면 눈에 들어오는 또 다른 기업을 남은 투자금으로 사게 될 가능성이 큽니다. 애초에 그런 마음이 들지 않을 만큼 철저하게 분석하고 가격이 저평가된 기업을 찾아 내야겠죠.

좋은 기업이라 하더라도 비싼 가격에 사면 소용이 없습니다. 그러니 투자금을 모았더라도 매수하고 싶은 기업이 조정받을 때를 기다릴 줄 아는 여유가 필요합니다. 3개월에 걸쳐서 매수하는 것도 방법입니다. 매달 100만 원씩 사보면서 평균단가를 조절할 수 있으니까요.

또한 직장인이라서 좋은 점이 있죠. 매달 투자금을 늘릴 수 있다는 겁니다. 매달 100만 원을 투자가능금액이라고 두었다면 그 뒤부터는 30만 원씩 적립식으로 각 종목에 투자하면 됩니다(세 종목일 경우).

그리고 무조건 매달 투자할 필요는 없습니다. 시장이 안 좋으면 몇 달은 지지부진할 수 있으니까요. 그럼에도 자신이 만든 규칙에 따라 매수를 진행해나갔으면 합니다. 6개월 내내 지수가 하락했던 적은 2012년과 2022년 딱 2번뿐입니다. 그리고 이 두 연도의 공통점은 금리 인상에 대한 공포심이 극대화되었던 해였습니다. 2012년은 사실 금리 인상을 진행하지는 않았지만 2009년 이후 양적완화를 진행한 지 3년째 되던 해였습니다. 그렇기에 이젠 긴축을 하지 않을까 하는 두려움이 컸죠. 2022년은 그 두려움이 현실이 되었던 해죠. 제로금리에서 3.75%까지 올려버렸으니까요.

2단계 업종 분리해 투자하기

투자종목을 정할 때의 규칙입니다. 앞서 워런 버핏의 포트폴리오에서는 업종별로 일정 비율을 투자하고 있는 모습을 보였는데요. 기술업종이 40%, 소비재 업종이 10%, 금융업종이 20% 에너지 업종이 10%였습니다.

업종을 다르게 투자할 경우 특정 업종이 크게 악재에 노출되더라도 다른 업종으로 버틸 수가 있습니다. 지금이야 기술주가 제일 잘 나가지만 2000년대 초반 닷컴 버블이 터졌을 때는 나스닥 기술주의 시가총액이 절반 이상 사라졌습니다. 만약 기술주만 투자했다면 쓰디쓴 하락을 그대로 맞았겠죠. 버핏은 2016년 이후 애플을 투자했지만 2000년대 초반 투자를 했더라도 에너지주와 금융주가 선방했기 때문에 무난하게 넘어갈 수 있었을 겁니다.

업종을 선택할 때는 서로가 뚜렷하게 구별되는 업종이어야 합니다. 한 업종이 전기차 배터리인데, 다른 업종은 2차 전지 소재라면 결국엔 전기차 업종으로 묶입니다. 하나를 2차 전지로 선택했다면 다른 종목은 소프트웨어나 소비재, 헬스케어, 반도체 등 다른 업종을 선택하는 게 좋습니다.

3단계 매도가 필요할 때는 매도하라

워런 버핏이라고 무작정 다 들고 있지는 않습니다. 에너지주는 샀다가 팔았다를 반복하며, 애플 또한 주식 수를 늘렸다가 줄이기를 반복합니다. 포트폴리오 속 기업을 자주 바꾸지는 않지만 경제 상황과 기업 상황에 따라 보유 비율은 조절합니다. 뒤에서 배울 적정주가법을 활용해서 적정주가가 왔다면 10%씩 매도하면서 수익을 빼놓는 연습도 필요합니다. 그리고 다시 적정주가 밑으로 내려온다면 수익금과 함께 재투자하면 됩니다.

좋은 기업이라도 지나치게 올랐다면 투자하기 좋은 주식은 아닙니다. 주식 또한 하나의 상품입니다. 투자하기 버거울 정도로 올랐다면 좋은 기업이라 할지라도 투자 가치가 떨어지는 것이죠. 그 기업보다 덜 좋은 기업이라도 더 저렴하고 저평가된 주식에 투자하는 게 수익률 면으로 나으니까요.

그리고 주식이 고평가됐다는 점은 전문 투자자들이 먼저 알아챕니다. 그리고 높은 가격의 주식은 개인투자자들에게 넘겨지는 거죠. 9만 원까지 갔던 삼성전자였지만 6만 원으로 내려온 것처럼요. 삼성전자라는 기업의 가치가 하락한 것도 아닌데 말입니다. 특히 내가 투자한 기업이 영업이익률에 크게 변화가 있거나, 경영인에게 문제가 생기거나, 재무관리가 부실해 사업의 지속성에 문제가 생긴다면 그때는 과감하게 매도한 후 다른 기업을 선택해야 합니다.

미래를 선도할
업종 찾기

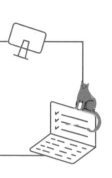

A기업은 화학기업으로 2011년까지는 차화정(자동차·화학·정유) 기업이 시장을 선도할 때였기에 주가가 원만했습니다. 실적도 좋았고요. 하지만 2011년 이후로는 경기침체와 연구비용 증가로 인해 실적이 좋지 않았습니다. 그로 인해 투자자들과 언론에 항상 부정적인 반응을 들었으며, 2015년에는 주가가 고점 대비 1/4 가격이 되었죠.

B기업은 소비재 기업으로 안정적인 매출 상승과 영업이익을 유지하고 있는 기업으로 유명합니다. 경기가 침체되었을 때도 필수소비재를 판매해 꾸준한 이익을 냈기에 시장에서는 안정적인 기업으로 평가받고 있죠.

여러분은 A기업과 B기업 중 어떤 기업에 투자할 건가요?

A기업(위)과 B기업(아래)

737,000
전일대비 ▲42,000 +6.04%

| 전일 695,000 | 고가 744,000 (상한가 903,000) | 거래량 303,936 |
| 시가 730,000 | 저가 724,000 (하한가 487,000) | 거래대금 223,367 백만 |

선차트 1일 1주일 3개월 1년 3년 5년 10년   봉차트 일봉 주봉 월봉

최고 1,050,000 (01/15)

1,161,474
980,278
799,083
617,887
436,691
255,496
74,300

최저 163,000 (01/09)

거래량

2012/11   2014/01   2016/01   2018/01   2020/01   2022/01

613,000
전일대비 ▲36,000 +6.24%

| 전일 577,000 | 고가 618,000 (상한가 750,000) | 거래량 90,959 |
| 시가 603,000 | 저가 595,000 (하한가 404,000) | 거래대금 55,304 백만 |

선차트 1일 1주일 3개월 1년 3년 5년 10년   봉차트 일봉 주봉 월봉

최고 1,784,000 (07/02)

1,958,706
1,679,705
1,400,704
1,121,703
842,702
563,701
284,700

최저 421,000 (06/27)

거래량

2012/11   2014/01   2016/01   2018/01   2020/01   2022/01

일반적으로 기업의 목적은 이익 창출입니다. 이익 창출을 원활하게 하는 B기업을 투자해야 현명한 선택을 한 것이겠죠. 현재 A기업과 B기업의 주가를 보겠습니다. 분명 2019년까지는 B기업이 훨씬 우세

했는데 왜 A기업의 주가가 B기업을 역전했을까요. 심지어 B기업은 고점 대비 1/3 가격이 되었습니다. 여전히 B기업의 실적은 안정적인데도 말입니다.

기업 위에 업종 있다

그 이유는 A기업이 연구를 바탕으로 업종을 변화했기 때문입니다. 업종이란 기업이 주력으로 하는 사업의 종류를 뜻합니다. 이전까지 석유를 정제하고 화학제품을 만들었던 A기업은 새로운 사업에 뛰어들었습니다. 현재 가장 모든 산업 중 높은 성장 가치를 가진 곳이죠. 전기차 배터리 연구였습니다.

A기업은 눈치채셨듯이 LG화학입니다. 석유화학은 저물어가는 산업이라고 평가를 받았기에, 해당 업종 기업인 LG화학은 주가 역시 저물어갔습니다. 그 당시만 해도 대부분 내연기관차를 타고 다녔기에 LG화학이 연구하던 전기차 배터리에 대해서도 회의적이었죠. 하지만 2014년부터 전기차가 상용화되면서 배터리 시장은 점점 커졌습니다. 10년간 1조 원에 달하는 연구비용을 매진해 원통형 배터리, 파우치형 배터리를 개발 성공한 LG화학은 배터리 시장을 장악하기 시작했습니다.

그 이후부터 LG화학을 필두로 전기차 배터리와 배터리를 만들기 위해 들어가는 소재, 장비 기업들 또한 줄줄이 상승하기 시작합니다.

대표적으로 양극재를 납품하는 에코프로비엠이 있죠. 4년 만에 5배가 올랐습니다. 2018년부터는 전기차 업종의 시대라고 해도 과언이 아닙니다. 2022년 대부분 주식이 적게는 20%에서 50% 넘게 하락한 가운데 그나마 자리를 버티고 있는 건 전기차 업종 정도니까요.

B기업은 LG생활건강입니다. 재무적으로 나무랄 데가 없는 기업입니다. 우리가 쓰는 세제와 치약도 LG생활건강 제품이 많고요. 그런데 왜 이런 차이가 났던 걸까요? 바로 업종의 차이에 있습니다. LG화학을 떠나 에코프로비엠, 엘앤에프, 포스코퓨처엠 등 전기차 배터리 업종에 속한 다른 기업을 투자했더라도 LG생활건강보다는 지난 3년간 수익이 높았을 겁니다. LG생활건강보다 이익이 훨씬 적음에도 불구하고요.

주식 투자를 할 때 기업 이전에 업종을 봐야 하는 이유는 주식은 미래를 보는 투자이기 때문입니다. 오죽하면 "주식은 꿈을 먹고 자란다"라는 이야기가 있듯이 투자자들은 현재가치보다는 미래가치를 우선으로 생각합니다.

전기차 업종은 미래를 위한 업종입니다. 소비재 업종은 현재를 위한 업종이죠. 아무리 전기차가 많아졌다고 한들 현재는 전기차보다는 기존의 내연기관차가 훨씬 많습니다. 다만 미래에는 대부분 차가 전기차와 같은 친환경 에너지 차로 변환될 겁니다. 그러니 앞으로 수요가 더 많아질 거라는 이야기죠.

치약, 샴푸와 같은 소비재는 늘 써왔습니다. 현재에도 대부분 쓰고 있죠. 그리고 미래에도 쓸 겁니다. 그런데 미래라고 더 많이 쓰게 될지는 의문입니다. 늘 그렇듯 똑같이 쓰겠죠. 인구가 엄청나게 늘어나지 않는다면요.

미래를 선도할 업종을 예측하라

여기서 투자의 힌트를 얻을 수 있습니다. 우리가 주식 투자를 하기 위해 기업을 선택할 때는 그 기업이 속한 업종을 먼저 봐야 합니다.

1. 미래가치가 있는지(앞으로 자주 쓸 기술 또는 제품인지)
2. 이미 투자하고 연구하고 있는 유력한 기업이 있는 업종인지
3. 정부 및 정책에서 밀어주고 있는 업종인지
4. 필연적인 산업변화로 인한 업종인지

2번의 경우 LG화학을 예로 들 수 있습니다. 테슬라가 전기차 열풍을 불고 오지 않았다면 상황이 달라졌을 겁니다. 테슬라에 배터리를 LG화학의 자회사인 LG에너지솔루션이 납품하고 있으니까요.

• 물론 경기가 침체하거나 투자를 꺼리는 시기가 도래한다면 꾸준한 이익을 창출하는 필수소비재 기업이 오히려 투자하기 좋을 수 있습니다. 하지만 경기 침체를 원하는 나라는 어디도 없습니다. 주식시장의 역사 속에서 상승기와 하락기의 비중을 비교했을 때 100 중 97이 상승기였다면 3이 하락기였습니다. 시기를 잘 파악하는 것도 중요합니다. 그리고 제 투자 원칙은 투자하기 원만한 시기에 하는 것입니다. 그러한 시기라면 미래를 보는 업종의 수익률이 더 높을 수밖에 없습니다.

3번은 매우 중요합니다. 2020년에 전기차 업종이 더 크게 성장한 이유는 유럽에서 탄소제로 정책을 폈기 때문입니다. 탄소제로 시대를 만들고 탄소배출에 대한 세금을 걷는 정책도 발표가 되었죠. 중국에서는 아예 내연기관차를 다 없애겠다고 발표하기도 했죠.

기업은 정책에 매우 민감한 영향을 받습니다. 정부에서 밀어주는 사업을 하면 법인세가 절감되기도 하고 국가사업으로 선정된다면 작게는 몇억 원에서 수십억 원을 지원받을 수도 있습니다. 즉 원하는 연구를 하는 데 돈을 한 푼도 들이지 않을 수도 있다는 거죠. 이를 거부할 기업이 어디 있을까요.

해당 업종 종사자라면 점점 수요가 많아지는 걸 눈치를 채겠지만 다른 직장인들이라면 성장하는 업종을 알아채기가 쉽지 않습니다. 개인적으로 미래가치가 있다고 생각했는데 전혀 그렇지 않을 수도 있고요. 제가 초등학생 때 과학의 날에서 항상 그렸던 그림은 바닷속 해저도시였습니다. 그런데 십몇 년이 지나도 초등학생들은 과학의 날에 해저도시를 그리더군요. 지금의 기술로는 만들려면 만들 수 있겠죠. 그런데 만들지 않는 이유는 그로 인해 큰 이익이 발생하지는 않기 때문일 겁니다.

순수한 우리가 생각하는 미래는 과학기술이 발전해서 세상이 다 변화한 듯하지만 실제로 몇십 년간 눈에 띄게 변화한 건 우리가 자주 쓰던 제품, 자주 가던 길, 자주 들어가던 건물들이었습니다. 인류가 발전하고 도움을 줄 수 있되 상품성과 수익성이 보장된 업종이어야 한다는 거죠. 그리고 이를 판별하기 쉽지 않기 때문에 정부의 정책을 투자의 힌트로 쓸 수 있다는 겁니다.

특히 전 세계적으로 공통된 정책이라면 관련된 산업은 확장될 수밖에 없습니다. 그리고 정책은 매일 신문 1면에 아주 크게 나오니 초보 투자자들은 종이신문을 구독하거나 인터넷 경제 뉴스 구독을 신청하는 것도 매우 좋은 방법입니다. 어떤 기업을 지원하고 있고 정부 사업에 어떤 기업이 선정되었는지까지 상세하게 나오니까요. 업종과 기업을 한 번에 찾아낼 수 있겠죠. 자신이 찾은 기업의 업종을 살펴보고 과연 이에 해당하는지 한 번 더 고민해본다면 더욱 미래가치에 적합한 기업을 찾을 수 있을 것으로 생각합니다.

다음 장에서는 제가 생각하는 1~4번을 고려한 업종에 대해서 살펴보겠습니다.

앞으로 주목해야 할 6가지 성장 업종

1. 계속해서 주목해야 할 2차 전지

현존하는 산업 중 앞서 1~4번 조건을 충족하는 산업을 꼽으라면 바로 전기차 업종입니다. 미래에 많이 쓰일 제품이며(1번), 이미 많은 전기차 기업과 소재 기업들이 생겨났고(2번), 한국 및 세계 정부에서 밀고 있는 친환경 정책에 부합하며(3번), 탄소중립정책으로 인해 친환경 에너지가 필수가 되는 산업변화가 일어날 것이기(4번) 때문입니다.

앞으로 10년간 연평균 30% 성장률을 예고하고 있고 현대차, 기아는 물론이고 벤츠, 포드, 아우디 등 많은 완성차 업체에서도 전기차 변환이 시작되었습니다. 애플 또한 미래 먹거리 중 하나를 전기차로 꼽았고 '애플카'에 대한 사업을 예고했습니다. 일본의 전자제품 기업인 소니는 이미 전기차 사업에 뛰어든다고 공식적으로 발표했습니다.

그럼 전기차를 만드는 기업에 투자하면 될까요? 테슬라를 제외하고 전기차만 판매하는 기업들과 기존 완성차들의 기업 주가를 살펴보길 바랍니다. 현대차, 기아, 니오, 리비안, 루시드, 포드 등 한국 시장 및 미국 시장에 상장되어 있는 기업들은 성장하는 전기차 판매량과는 달리 주식에서는 고전을 면치 못하고 있습니다. 하다못해 한국 1등 자동차 기업인 현대차는 10년간 지난 고점을 탈환하지 못하고 있습니다.

완성차 업체는 앞서 말했듯 경쟁자가 지속적으로 생겨나고 있습니다. 기존 자동차 업체의 전기차 전환도 빨라지고 있는데 소니와 애플과 같은 전자제품 기업들마저 사업에 뛰어들고 있죠. 기술만 갖고 있다면 공장을 하나 사서 전기차를 만들어 판매하면 그만입니다. 자동차 조립 자체는 그리 어렵진 않으니까요.

그런데 정책 변화로 인해 기존 완성차 업체는 판매하고 있던 내연기관 자동차 사업을 앞으로는 축소해나가야 합니다. 여기서 오는 리스크도 만만치 않습니다. 기존 노동자들에 대한 대처 그리고 협력하고 있던 다른 기업들까지 모조리 손해를 입는 셈이죠. 그들이 전부 전기차 전환을 준비하고 있지도 않고요. 사업부를 없애면 이미 나온 내연기관차들의 가격 또한 하락해 매출이 급감하게 될 것입니다. 그러니 특유의 브랜드 가치가 있어 고가정책이 먹히는 제품이 아니라면 아무리 전기차 생산량이 많아진다고 하더라도 리스크를 여전히 안고 있는 셈입니다.

그렇기에 전기차가 아닌 전기차의 배터리인 2차 전지에 투자하는 겁니다. 2차 전지는 완성차 업체가 많아질수록 좋습니다. 납품할 기업이 많아지기 때문입니다. 그리고 납품하는 2차 전지가 많아질수록 2차 전지를 만드는 데 필요한 소재들은 더 많이 필요해집니다. 모든 배터리가 다 정상 작동되는 것은 아니며 리콜 사태도 많습니다. 또한 전기차 배터리는 수명은 5년에서 10년 사이입니다. 하나의 전기차를 샀으면 배터리는 한두 번 더 구매해야 할 수도 있다는 거죠.

2차 전지를 투자하기 위한 종목은 크게 완성된 배터리, 2차 전지 소재, 장비로 나눌 수 있습니다. 완성된 배터리를 만드는 기업은 우리나라에서 대표적으로 LG에너지솔루션, SK온, 삼성SDI가 있습니다. 국내에서는 LG에너지솔루션이 1위를 차지하고는 있으나 아직까지 중국의 CATL이 세계시장의 1위를 유지하고 있습니다. 전기차 기업인 BYD 역시 순위를 위협하고 있고요.

좋은 성적을 보이고는 있지만, 문제는 국내 배터리 기업들의 주가가 너무 비싸다는 겁니다. 고평가되었다는 것이 아니라 가격 자체가 비싸서 LG에너지솔루션 1주만 사도 60만 원이 훌쩍 넘어버립니다. 세 종목 정도 투자를 지속적으로 해야 하는데 1주에 60만 원을 써버린다면 다른 종목을 사는 데 영향을 미치게 되겠죠.

그렇기에 배터리 기업에 투자하고 싶다면 2만 원대의 가격으로 투자할 수 있는 KODEX 2차전지 ETF를 추천합니다. ETF는 펀드처럼 여러 종목을 한 바구니에 담아 낮은 가격에 살 수 있는 펀드형 주식 상품입니다. 각 기업의 비중을 실적이나 상황에 따라 조절하기 때문에 기업 자체에 투자하는 것보다 상승 및 하락 변동성이 적은 편입니다. 배터리 3사를 모두 적은 가격에 투자할 수 있다는 장점도 가지고 있습니다.

중국 전기차 기업을 주목하라

한국 배터리 3사는 한국 자동차 기업은 물론이고 포드, 아우디, 벤츠 등 유럽과 미국 자동차 기업과 협력하고 있음에도 왜 CATL보다 점유율이 낮을까요? 그 이유는 중국 내 자국 전기차 소비량의 증가 때문입니다. 인구가 15억 명에 가깝고 10명 중 1명만 타더라도 1억 5천만 대입니다. 2021년 전 세계 전기차 판매량이 650만 대라는 점을 생각하면 결코 중국 내수 시장을 무시할 수가 없습니다.

물론 미국과 유럽이 중국 시장을 견제하고 있습니다. 그로 인해 중국 기업의 해외 진출이 어려울 수는 있습니다. 그러나 자신의 나라 안에서 자신의 차를 사는 것까지는 어떻게 할 수 없는 노릇입니다. 거의 두 사람당 1대를 타고 있는 우리나라와 달리 중국의 차량 보급률은 낮은 편입니다. 중국에서 전기차는 워낙 고가의 제품이기도 하지만 아직 중국의 국민총생산, 즉 1년 소득이 대한민국의 1/3 수준입니다. 중국의 소득수준이 높아진다면 전기차 구매량의 속도는 말도 안 되게 높아질 거로 생각합니다. 대한민국조차도 옛날에는 부유한 집에만 있었던 TV가 이제는 대부분 가정의 거실에 달려 있으며 TV보다 더 비싼 맥북으로 과제를 하는 시대가 되었으니까요.

중국의 전기차와 배터리를 투자하고 싶다면 이 또한 ETF로 투자하는 것을 추천합니다. CATL, BYD, EVE, SVOLT 등 중국 내 주요 배터리 업체를 한국 시장 안에서 원화로, 한국 시장 내에 투자할 수 있으니까요.

2차 전지 소재도 주목하자

다음은 2차 전지 소재입니다. 양극재, 음극재, 전해질, 동박 등으로 구성되어 있는데요. 배터리의 약 60% 가격이 양극재에서 올 만큼 양극재가 제일 핵심적인 소재입니다. 투자금이 적은 사회초년생이라면 양극재에 집중하는 것도 방법이 될 수 있습니다.

배터리 업체의 성장성 그 이상의 성장률을 지닌 소재가 바로 양극재입니다. 전기차 성장률은 연평균 30%에 이르지만 양극재 소비량은 2025년에 현재의 8배가 필요하다고 합니다. 공급난이 예상되는데요. 이때 높은 생산량과 가격경쟁력을 지닌 기업이 시장을 장악하게 될 것입니다.

양극재 기업은 에코프로비엠(삼성SDI, SK온, 무라타 납품), 엘앤에프(LG화학, SK온, 테슬라 납품), 포스코퓨처엠(LG화학, GM 납품)이 있습니다. 간단하게 비교해보겠습니다.

현재는 에코프로비엠이 양극재 1등을 차지하고 있지만 저는 가장 늦게 출발한 포스코퓨처엠도 눈여겨보고 있습니다. 이미 매출 성장이 반영된 에코프로비엠, 엘앤에프와 달리 포스코퓨처엠은 2023년에 되

양극재 기업 비교

순위	생산량	2023년 이후(예상)	기술력(하이니켈 함량 수준)
1	에코프로비엠	포스코퓨처엠	엘앤에프 90% 이상
2	포스코퓨처엠	에코프로비엠	에코프로비엠 80%
3	엘앤에프	엘앤에프	포스코퓨처엠 80%

어서야 양극재 매출이 반영될 거니까요.

다른 양극재 기업과 달리 음극재와 전구체 또한 양산하고 있으며 지주회사인 포스코홀딩스에서 양극재의 필수원료인 리튬생산을 진행하고 있습니다. 지금까지는 중국에서 대부분 원료를 공급받았는데 중국에서 문을 걸어 잠근다면 원료 공급에 심각한 차질이 생깁니다. 그러나 같은 계열사인 포스코홀딩스에서 생산한 원료를 공급받게 된다면 안정적인 공급망을 형성할 수 있고 같은 계열사이기에 가격 경쟁력을 갖추게 되지 않을까 생각이 듭니다.

양극재 기업은 배터리 기업보다 더 시장점유율이 정해지지 않은 상태입니다. 중국 기업 역시 배터리 기업 대비 점유율이 적은 편이고요. 워낙 시장에 많은 물량이 필요하기에 공장 또한 지속적으로 짓고 있고 확장되고 있는 상태입니다.

어떤 양극재 기업이 어느 배터리 및 전기차 완성 업체와 더 손잡을지도 예측할 수 없습니다. 확실한 건 세 기업 모두 전기차 업종이 성장하는 10년 동안은 그 이상으로 폭발적으로 성장할 것이라는 점입니다. 그렇기에 소재 기업에 골고루 투자할 수 있는 TIGER 2차전지

테마 ETF를 이용하는 것도 방법입니다. 그러나 수익률 측면에서는 개별 주식을 따라올 수가 없습니다. ETF가 1년에 최대로 낼 수 있는 성적은 30%를 넘기 힘듭니다. 그러니 이 둘을 함께 투자하는 방법을 이용해봅시다.

- 첫 거치식 투자 시: 개별 주식이 많이 하락했을 때를 노려 투자하기(첫 투자금의 25%)
- 이후 적립식 투자 시: 개별 주식 1주, ETF 10주

이와 같은 방법으로 투자한다면 수익률은 얻되, 하락에 대한 방어를 함께 할 수 있어 좋습니다. 개별 주식이 많이 올라 투자금액이 부담된다면 ETF 수량을 조절해도 되고요.

2차 전지의 다음 전성기를 기록할 실리콘 음극재

양극재 기업이 폭발적으로 올랐지만, 음극재 기업은 그 상승 폭을 따라가지 못하고 있는데요. 그 이유는 원가 구조에 있습니다. 배터리 원가의 40%를 차지하고 있는 양극재와 달리 음극재는 약 10%를 차지하고 있습니다. 더 많이 더 비싸게 팔리는 양극재를 선호할 수밖에 없는 건 당연하다고 생각합니다.

현재는 인공, 천연 흑연을 활용한 음극재를 쓰고 있는데요. 우리가 주목해야 할 부분은 차세대 음극재인 실리콘 음극재입니다. 배터리 용량을 담당했던 소재가 양극재라면 음극재는 충전시간과 주행거리

를 담당합니다. 배터리 공급이 안정화되고 나면 그 이후는 어떤 배터리가 더 빠르게 충전되고 더 긴 주행거리를 가게 될지에 대한 성능 경쟁이 시작될 겁니다. 실리콘 음극재를 사용할 경우 에너지 밀도를 높여 충전시간을 줄일 수 있습니다. 아직 5%에 불과한 혼합량이지만 20%로 올린다면 충전시간은 1/3로 줄어든다고 합니다. 다만 단점이 극복되지 않았고 단가도 높아 실리콘 음극재의 수요가 적은 편입니다.

그러나 QY리서치에 따르면 2027년이 되면 지금의 수요보다 10배가량 증가해 현재 쓰고 있는 흑연 음극재를 대체할 것이라고 합니다. 실리콘 음극재를 생산할 수 있는 곳은 중국과 일본의 소수 업체, 국내에서는 포스코퓨처엠과 대주전자재료가 유일합니다. 즉 아직 시장점유율이 정해지지 않아 미래의 1위 기업을 우리가 선점할 수도 있다는 뜻입니다.

국내에서 생산 능력까지 갖춘 기업은 포스코퓨처엠과 대주전자재료입니다. 그 외 기술개발을 완료한 기업은 한솔케미칼과 엠케이전자, 기술을 개발 중인 기업은 SK머티리얼즈가 있습니다.

대주전자재료의 경우 LG에너지솔루션의 배터리에 공급계약이 되어 있습니다. LG에너지솔루션의 매출이 성장하거나 타 기업 배터리 납품 계약에 성공한다면 그만큼 대주전자재료의 매출도 늘어날 수 있을 것으로 생각합니다. 생산 능력도 충분히 갖추고 있고요.

삼성SDI와 협력 중인 기업은 한솔케미칼입니다. 기술력은 우수하나 생산 능력이 아직은 부족하고 협력사인 삼성SDI는 배터리 시장점유율이 LG에너지솔루션, SK온에 뒤처지고 있습니다. 매출 성장을 기대하려면 주요 공급사인 삼성SDI 또한 성장해야 합니다. 그 점이 아직은 아쉬운 점입니다.

후발 주자인 SK머티리얼즈는 기업을 인수하는 방식으로 실리콘 음극재 진출을 준비하고 있습니다. 그룹14테크놀로지(Group14 Technologies)라는 미국 실리콘 음극재 기업과 합작회사를 설립했습니다. SK머티리얼즈는 2020년 그룹14의 지분 10.3%를 사들여 3대 주주가 되었는데요. 미국 내에서도 기술력을 인정받고 있는 기업이니만큼 양산 능력을 확인한 후 경영권 인수도 고민한다고 합니다. 애초에 SK 자체가 자본이 많은 기업이고 2차 전지에 필요한 특수가스를 제공할 수 있는 SK하이닉스와 국내 2위 배터리 기업인 SK온을 같은 계열사로 두고 있습니다. 뛰어난 기술력을 바탕으로 양산에 성공한다면 후발 주자이지만 경쟁력을 갖춘 기업이 될 것으로 생각합니다.

참고로 SK머티리얼즈는 SK지주회사에 합병된 상태입니다.

2. 미래 교통시장의 혁명, UAM

2021년 강남에서 출발해 김포공항까지 10분 만에 도착하는 기적이 일어났습니다. 지하철로도 50분 정도 걸리는데 말이죠. 사용했던 교통수단은 페라리도 아닌 한국에서 나온 제일 빠른 기차 SRT도 아닌 드론이었습니다. 에어택시라고도 불리는 드론 택시인데요. 독일 기업 볼로콥터는 2명이 탈 수 있는 크기의 드론을 2011년부터 개발을 시작해 2019년 시범 운영에 성공했고, 한국에서도 2021년 시범 운영을 통해 드론 택시 운행이 가능하다는 것을 입증했습니다.

드론 택시의 장점은 복잡한 도심 교통에서 벗어나 시간을 1/5가량 아낄 수 있으며 전기를 이용하기에 일반 자동차와 달리 배기가스가 없다는 점입니다. 지상의 주차공간도 필요 없으며 고층 건물의 옥상만 있으면 수직으로 이륙과 착륙을 할 수 있습니다. 활주로가 필요한 비행기와는 다르죠. 저는 하늘로 열리는 교통, 도심항공교통이라고 불리는 UAM이 미래를 선도할 업종 중 하나라고 생각합니다.

자동차가 개발된 후 도시는 비약적으로 발전했습니다. 물류의 이동이 원활해지고 도로가 정비되고 교통수단이 확대되었죠. 문제는 자동차 안의 내연기관으로 인해 지나친 탄소가 배출되었고 환경오염도 심각해졌습니다. 더 이상 세계 각 정부에서는 환경 문제를 미룰 수가 없게 되었고 그에 대한 방책 중 하나가 도심항공교통수단 활성화를 내걸었습니다.

그 말은 즉 UAM은 세계 각국 정부가 밀고 있는 정책 사업이라는 뜻입니다. 미국 정부를 비롯해 중국, 일본, 유럽, 한국까지 정부에서 UAM 사업을 미래 산업으로 선정했습니다. 이 경우 일반 사업보다 실현될 가능성이 크고, 수익성이 확실하지 않은 미래 산업이기에 뛰어드는 기업에 정책적으로 지원을 아끼지 않는다는 뜻입니다. 실제로 미국 정부에서는 민간 기업의 연구개발비를 지원하고 있습니다. 한국에는 민간기업 및 지자체가 협력해 인천시, 제주시, 대구시에서 UAM

상용화를 결정했고요.

현실적으로는 아직 직면한 문제가 당연히 많습니다. 안전사고부터 시작해 교통 관련 법안도 마련된 것이 없습니다. 상용화를 한다고 하더라도 대중들이 잘 이용할 거라는 보장이 없습니다. 대중교통보다는 빠르겠지만 초기에는 요금이 10배 그 이상이 될 테니까요.

그럼에도 SKT, 한화, 현대차, 카카오모빌리티 등 대기업들은 실증 사업에 뛰어들었습니다. 이미 현대차는 미국에 '슈퍼널'이라는 법인 회사도 차렸고요. 대규모 자본이 연구개발에 뛰어든 상태입니다. 기업들은 바보가 아닙니다. 가끔가다 망하는 사업도 있겠지만 전 세계적으로 이름만 들어도 알 만한 보잉, 우버와 같은 외국 기업들도 뛰어든 이유는 리스크가 있더라도 충분히 투자할 가치가 있다고 판단했기 때문입니다.

실제로 세계에서 가장 큰 금융기관인 모건스탠리에서는 2040년 UAM 시장이 2천조가 될 것이라 예상했습니다. 이는 현재 가장 핫한 업종인 2차 전지의 성장률보다 높은 수치입니다. 2030년 정도에는 전기차가 많이 공급되어 성장률이 정체되기 때문입니다. 드론 택시는 비단 탑승객들의 이동뿐만 아니라 물류 이동, 방산용 등 활용성이 높은 사업으로 평가되고 있기에 이와 같은 예상이 나왔다고 생각합니다.

저는 환경 문제를 떠나 21세기는 억지로라도 새로운 산업혁명을 일으켜야 하는 시대라고 생각합니다. 기술은 포화되었고 더 이상 발전은 무의미할 정도로 세계는 성장했습니다. 그러나 기술의 발전으로 일자리는 부족해졌으며 개개인의 성장동력은 약해졌습니다. 경제성장률이 점점 낮아지고 있는 것 봐도 알 수가 있죠. 새로운 산업 생태계를 확장시켜야 그와 관련된 수많은 일자리가 창출되면서 경제도 활성화가 될 겁니다. 도로교통법도 다시 개정해야 하고 기존에 있는 철도, 택시업체들의 반발을 알고 있음에도 진행하는 이유는 멈춰버린 성장률을 다시 일으키기 위해서가 아닐까요?

UAM에 어떻게 투자해야 할까

정부에서는 2025년부터 UAM 상용화를 공언했습니다. 대통령 취임 전 인수위에서부터 밀었던 정책이니만큼 정책적 지원을 지속적으로 할 것이라 예상됩니다. 상용화하는 2025년부터는 각 기업의 각개전투가 될 겁니다. 가장 많은 매출과 인기를 얻게 될 기업들이 차차 윤곽을 드러내겠죠. 그리고 현재 대기업 중에서는 현대차, LIG넥스원, 한화시스템이 유력합니다.

그전까지 UAM은 하나의 정책 테마주가 되어 관련 기업들이 함께 움직일 가능성이 큽니다. 어차피 나온 실적도 없기에 UAM 관련된 법안이 통과된다거나 UAM 박람회 개최, 시범 운영 성공, 유명한 기업의 UAM 투자 결정 등 이슈를 통해 주가가 움직이게 됩니다. 이 경우에는 앞서 말한 대기업을 투자하는 것이 그렇게 좋지는 않습니다. 대기업은 변동성이 크지 않고 이미 UAM 사업 말고도 주력 사업이 있기 때문입니다. 예를 들어 현대차는 UAM에 가장 많은 자본을 투자하고 미국에 UAM 법인회사까지 두고 있지만 시장이 좋지 않을 때 더 많은 영향을 받는 대형주이기에 UAM 이슈에도 크게 오르지 못했습니다.

그래서 대표적으로 실증사업팀에 속한 대기업보다도 협력하고 있는 중소기업에 집중하는 편이 수익률이 높을 것으로 생각합니다. 베셀은 현재 정부가 주도하는 국책사업에 현대차, 한국항공우주와 함께 참여하고 있는 기체 경량화 소재 기업입니다. UAM으로 벌어들이는 매출은 아예 없지만 국책사업을 맡았기에 정부로부터 사업비도 얻을 수가 있는 상황이죠.

그 외에 관련된 기술이 있다라는 이유 하나만으로 오른 기업들이 많습니다. 그중에서는 이익이 그나마 나오는 기업을 선택하는 게 낫습니다. 최소한의 안전마진은 마련해야 하니까요. 항공기 부품을 공급하는 켄코아에어로스페이스, 드론 기술을 가지고 있는 네온테크는 매출이 적긴 하지만 UAM 관련 기업 중에서는 이익 개선을 보이는 기업입니다.

초창기에는 UAM을 만드는 기체나 부품에 집중되겠지만 산업이 확장될수록 경쟁사는 점점 많아지고 가격경쟁력은 낮아질 수밖에 없습니다. 현재 전기차 기업에 닥친 문제도 이와 동일하고요. 콧대 높던 테슬라가 가격 인하 정책을 쓴 것만 봐도 알 수 있습니다. 그래서 더욱 경제적 해자, 즉 대체할 수 없는 독점적인 제품을 만드는 곳을 집중해야 합니다.

그리고 그 독점력은 하드웨어가 아닌 소프트웨어에 있다고 생각합니다. 어떤 휴대폰이 나오더라도 결국에는 안드로이드나 애플은 iOS를 쓸 수밖에 없는 것처럼요. UAM과 이전에 언급한 전기차의 최종

목표는 동일합니다. 바로 완전 자율주행이죠. 이 자율주행에 관련된 소프트웨어 시장은 구글, 아마존, 테슬라 등이 잠식하고 있지만 국내 기업 또한 무시할 수는 없습니다. UAM에 가장 많은 지분을 가지고 있고 양호한 전기차 양산을 해내고 있는 현대차는 같은 차량용 소프트웨어로 같은 계열사인 현대오토에버의 제품을 독점적으로 사용하고 있습니다. 국내에서 차량 소프트웨어로는 독보적인 기술력을 자랑하고 있으니 현대오토에버의 향후 성장성을 기대해봐도 좋을 것 같습니다.

3. 서버 세대교체의 시간이 왔다, DDR5

2023년 1월, 인텔에서는 DDR5 메모리를 채택한 CPU를 출시하기로 했습니다. 여기서 주목할 점은 인텔 그리고 DDR5 메모리입니다. 인텔은 CPU 시장의 90%를 차지하고 있는 기업입니다. 우리가 주로 쓰는 노트북, 컴퓨터는 대부분 인텔의 CPU를 장착하고 있다고 보면 됩니다. 이런 인텔이 DDR5를 채택한다는 건 앞으로 나올 대부분의 CPU는 DDR5 메모리가 장착하게 된다는 이야기입니다. 아직 시장에 나온 DDR5는 전체 메모리 시장의 10%도 되지 않으니 DDR5의 시장이 커지게 되는 건 시간문제라는 이야기입니다.

그럼 도대체 이 DDR5가 뭐야? 여기에 대해 말씀드리겠습니다. CPU에서는 주요장치 중 하나가 주기억장치인데요. 이것을 램(RAM)

이라고 부릅니다. 램의 성능을 결정하는 규격을 DDR이라고 부릅니다. 흔히 D램 또는 메모리 반도체라고도 합니다.

1998년 DDR1로 시작해 현재 대부분의 RAM 규격은 DDR4입니다. 숫자가 높아질수록 데이터 전송시간이 빨라지며 저장할 수 있는 용량도 커집니다. 현재는 2014년 이후 약 8년 차 DDR4로 진행 중입니다. 많은 제조업체가 DDR4를 만들어낼 수 있기에 시장에 공급량은 많아졌고 D램 가격은 하락했습니다.

그뿐만 아니라 고효율 고용량이 필요한 작업이 많아지고, 빅데이터 시장 또한 커지면서 고성능 메모리에 대한 수요도 높아졌습니다. 하다못해 당장 과제인 자율주행, VR, XR 등 가상현실에서도 고성능 메모리가 필수이니까요. DDR5의 장점은 고성능과 저전력에 있습니다. 데이터 센터만 하더라도 24시간 운영되기에 에너지소비량은 무시할 수 없습니다. DDR5를 사용한다면 기존 서버 대비 30% 전력을 아낄 수 있습니다. 저장 용량은 4배, 처리 속도는 2배 이상 빨라지기에 데이터 처리가 필수적인 빅테크 기업에겐 더 효율적으로 사용될 수 있겠죠.

이처럼 DDR5는 우리가 앞으로 마주할 미래 산업을 위해 반드시 뒷받침되어야 하는 기술입니다. 메모리 반도체 업체에서는 이미 DDR5 전환을 위한 기술을 개발 완료한 상황입니다. 삼성전자는 2021년 개발 완료 이후 해외 업체에 납품하고 있고 SK하이닉스는 2022년 10월 현존하는 DDR5 중 가장 높은 속도를 내는 기술을 개발 완료했습니다.

어떻게 투자하면 될까

그렇다면 DDR5를 양산할 수 있는 메모리업체에 투자하면 되나요? 저는 다르게 생각합니다. 메모리업체의 시장싸움은 치열합니다. 삼성전자를 비롯해 SK하이닉스와 인텔 그리고 마이크론 테크놀로지와 엔비디아까지 세계에서 알아주는 반도체 기업들이 뛰어드는 시장입니다. 반도체와 같은 제조업은 기술이 어느 정도 발전하고 나면 가격에 따라 경쟁력이 달라집니다. 현재 DDR4 가격이 지속적으로 내려가듯이요. 손해를 보고서라도 이기려고 하는 치킨게임이될 겁니다. 시장점유율을 차지하는 대신 기업 또한 피해를 얻게 될것이고요.

주식으로 본다면 우리나라의 경우 삼성전자와 SK하이닉스는 코스피에서 차지하는 지분이 큽니다. 앞서 지수와 주식을 떼놓을 수 없는이유에 말했듯이 삼성전자가 아무리 실적이 좋더라도 시장 자체가하락압력을 받으면 쉽사리 움직이지 않습니다. 그렇기에 둘을 놓고본다면 장기적으로는 삼성전자를 보셔도 괜찮으나 수익률을 본다면DDR5가 커진다면 코스피 영향력을 덜 받는 SK하이닉스가 더 큰 수혜를 얻으리라 생각됩니다. 삼성전자는 DDR5 말고도 치열하게 연구하고 있는 로봇과 비메모리 부분에서 승부를 걸지 않을까 생각합니다.

더 추천하는 방법은 2차 전지산업과 마찬가지로 완성품에 납품하는 부품기업을 보는 것입니다. 핵심 부품기업들은 완성품 업체가 늘어나면 늘어날수록 이득입니다. 이곳저곳 다 납품할 수 있으니까요.

PCB도 주목하자

DDR5 RAM으로 변환할 경우 함께 바꾸어야 하는 부품이 있습니다. 바로 PCB기판입니다. 인쇄회로기판으로 메모리칩을 쌓아 올려 패키징할 수 있는 기판을 말합니다.

PCB 기업의 경우는 기존의 DDR4 납품도 하면서 DDR5 제품도 함께 판매할 수 있습니다. 내년에 인텔이 DDR5를 채택하고 있다고 해서 다른 모든 CPU 및 메모리반도체가 DDR5를 장착하지는 않습니다. 저용량 칩 수요도 있으니까요. 그리고 DDR5 제품은 아직 시중에 많지 않고 더 많은 기술을 요하기에 가격 자체도 30%가량 높습니다. PCB 기업 입장에는 같은 양을 생산하더라도 매출이 늘어나는 셈입니다. 그리고 기존 서버를 점점 교체해야 하는 시기가 도래할수록 매출량이 급증할 겁니다. 지금껏 D램들의 수요를 보면 알 수 있듯이요.

그뿐만 아닙니다. 웨어러블 기기, 로봇, 자율주행자동차 등 높은 수준의 정보처리능력을 필요하는 전자기기일수록 많은 반도체가 필요합니다. 그렇다면 이 반도체 부품에 들어가는 PCB기판의 수요도 높아질 수밖에 없습니다.

PCB 업체는 경쟁자가 그리 많지 않습니다. 대표적으로 심텍, 티엘비, 대덕전자가 있는데요. 각기 다른 업체이지만 서로 납품하는 기업은 거의 비슷합니다. 삼성전자, SK하이닉스, 마이크론, 인텔 등이 있습니다. 여기서 기업을 고르려면 각 기업의 생산 능력을 확인해야 합니다. 앞으로 쏟아질 DDR5의 물량을 감당할 수 있는 기업이라면 돈

보이게 될 겁니다.

아직은 심텍이 생산력이 제일 높으며 영업이익 또한 높습니다. 2021년부터 매출이 급상승하기 시작했고요. 그렇다면 1등주인 심텍에 투자하는 게 현명할 것입니다. 그러나 PCB 기업 중 막내이자 이제막 영업이익이 폭발적으로 오르기 시작한 티엘비 또한 귀추를 주목해 볼 만하다고 봅니다. D램 사업뿐 아니라 반도체 후공정 사업에도 뛰어들었으며 공장도 증설 중입니다. 아직 주가가 높지 않고 주식 수가많지 않기에 주가도 가볍게 오르고 내릴 수 있는 편이고요.

그렇다면 저는 3등주를 먼저 투자한 후 3등주가 오버슈팅되어 1등주와 가격이 비슷해진다면, 그때는 1등주가 저평가된 것이기에 그때 1등주로 갈아탈 것 같습니다. 1등주는 안정성이 있지만 성장에는 정체성이 생길 수밖에 없습니다. 1등주가 되기까지 급격한 영업이익의 증가가 있었을 테니까요. 이미 백억 원대에서 4천억 원대에 달하는 영업이익을 달성했습니다. 수요가 어느 정도 예측되는 반도체 시장이기에 더 높은 성장률을 기대하기는 어려울 수 있다는 이야기입니다. 그렇다면 더 높은 성장률을 지닌 쪽을 선 투자한 후 안정적인 곳으로 수익과 함께 투자금을 옮겨가는 것이 안전하다고 생각합니다.

DDR5는 메모리 반도체 산업입니다. 반도체 산업은 경기에 많은 영향을 받습니다. 경기가 좋지 않으면 설비 투자가 줄며 수출량, 소비량 또한 적어질 수 있습니다. 대형 반도체 기업에서도 이를 알기에 생산량을 감산하고 그렇게 되면 매출은 자연스럽게 적어질 수밖에 없습니다.

급격하게 금리가 인상될 때는 경기민감주로 불리는 반도체는 조심하는 게 좋습니다. 그러나 이후 반도체 기업에서 설비 투자를 감행하고 감산 계획을 철회한다면 그때는 반도체 시장이 다시 살아난다는 신호가 될 것입니다.

그럼에도 DDR5를 소개하는 이유는 대표적인 반도체 기업인 마이크론에서조차 감산을 발표했지만 PCB 기업들은 오히려 공장을 증설하고 있기 때문입니다. 업황이 좋지 않음에도 투자를 지속한다는 것은 내년, 내후년의 DDR5 메모리의 PCB 수요가 많다는 뜻이니까요. 협력기업의 경우는 주문량을 미리 받아둡니다. 그리고 현재 공장에서 감당이 안 된다면 공장을 새로 지어서라도 주문량을 납품하는 것이죠. 현재는 금리 인상기로 반도체 시장 자체가 좋게 평가받지 못하고 있습니다. 최대 실적을 냈음에도 불구하고 주가가 오르지 않죠.

이후 시장이 풀리고 금리 인상도 마무리된다면 어려운 상황에서도 꾸준한 매출을 올리고 있던 탄탄한 반도체 기업들은 투자자들에게 주목을 받게 될 것입니다. 반도체 수요가 바닥을 찍고 있는 2023년 하반기를 기점으로 매출 성장이 예고된 반도체 기업에 투자의 기회가 있다고 생각합니다.

4. 4차산업의 마스터키, 양자암호

영화 〈어벤져스〉, 〈아이언맨〉을 보면 미래 직장인의 모습을 가늠할 수 있는데요. 위기가 생겨 급하게 회의해야 할 때, 영화에서는 위기가 생겼을 때 히어로나 각국 정상들을 한자리에 모아 회의를 하지 않습니다. 화상회의를 통해 진행하는데 PC화면이 아닌 공중에 떠 있는 화면, AR을 활용합니다. 서로 정보를 쉽게 공유할 수 있으며 하다못해 아이언맨은 헐크와 싸우고 있는 공중에서 전자계약을 통해 빌딩 하나를 매수해버리죠.

이제는 영화가 아니라 우리의 일상이 될 모습이라고 생각합니다. 로봇이 내려주는 커피를 마시며 자율주행차를 이끌고 회사에 도착하고, 회의실 대신 자신의 사무실에서 메타버스 회의장에 접속한 후 해외 여러 업체와 미팅을 하고, 출장 시각이 촉박할 때는 무인 드론 택시를 이용하는 겁니다.

이 머지않은 일상에 도입될 기술들은 모두 통신기술을 바탕으로 합니다. 통신이 연결되어 있기에 빠른 데이터 공유가 가능하고 인간의 뇌보다 빠른 속도로 반응해 눈앞의 정보를 해석하고 판단하죠. 여기서 치명적인 약점이 생깁니다. 통신은 결국 자기 정보와의 연결입니다. 누군가 통신망을 해킹하는 순간 일상은 엉망이 됩니다. 자율주행차는 도로 정보 해석에 오류가 생겨 사고가 나고, 가상현실 속에서 체결한 계약과 가상자산을 누군가 노리게 될 수도 있습니다.

인간의 효율을 위해 일상과 기술을 연결하고 있지만 그 과정에서 보안 문제는 여전히 소홀하게 다뤄지고 있습니다. 2022년 가상자산 해킹 피해는 30억 달러, 한화로 3조 원에 달할 정도니까요.

따라서 이 수많은 연결망 속에서 우리의 정보와 자산 그리고 안전을 지키기 위해서는 아주 강력한 보안 암호가 필요합니다. 비밀번호도 아닌 생체인식 암호도 아닌 4차 산업을 활성화시킬 열쇠는 바로 양자암호입니다.

양자암호란 어떤 창이 들어와도 막아내는 무적의 방패입니다. 이전 컴퓨터 암호에서는 해킹을 당하면 그대로 정보가 노출되었던 반면 양자암호는 해킹 시도, 도청 시도가 감지되는 순간 암호체계를 붕괴시켜버립니다. 원천 차단이 되는 것이죠. 그리고 복제가 불가능합니다. 즉 한 번 만든 암호를 누군가 똑같이 사용해 다른 상황에 쓸 수는 없다는 이야기죠. 제 SNS 비밀번호가 만약 '영은77'이라면 다른 곳에 사는 다른 영은 씨가 '영은77'이라고 비밀번호를 만들더라도 지금은 문제 될 것이 없습니다. 어차피 다른 계정이니까요. 그런데 양자암호는 애초에 우연이라도 같은 암호를 나오게 만들지 않습니다.

가상자산 시장에서는 양자암호 도입이 더욱 필요합니다. 이미 양자컴퓨터는 개발된 상태이기 때문입니다. 일반 컴퓨터는 1개의 정보를 하나씩 처리하되 그 속도가 빠른 것이라면 양자컴퓨터는 각기 다른 정보를 단 한 번에 처리할 수 있습니다. 그 속도가 얼마나 하면 1만 년이 걸릴 계산을 단 200초에 끝낼 수 있는 정도죠. 이게 왜 가상자산에 치명적일까요? 가상자산은 일종의 암호로 이루어져 있는데요. 이전 컴퓨터는 0000, 0001, 0002 이렇게 하나씩 대입을 해서 해킹을 시도해야 했다면 양자컴퓨터의 경우는 1초에 몇만 개의 암호를 생성해 한 번에 대입할 수 있다는 이야기입니다. 그럼 해킹 속도가 기하급수적으로 빨라지겠죠.

그런데 양자암호를 도입한다면 양자컴퓨터가 해킹을 시도하려고 접근하는 순간 암호 자체가 변경되어 절대로 해킹을 할 수가 없습니다. 잡으려 하면 멀어지고 잡으려 하면 멀어지는 것을 반복하는 셈입니다.

앞으로 더 주목해야 할 양자암호

4차 산업이 일상생활에 녹아들기 위해서라도 양자암호는 더욱이 발전되어야 합니다. 그리고 이를 알기에 구글, 마이크로소프트, 아마존뿐만 아니라 한국의 SK스퀘어, LG유플러스, KT 등 통신기업들이 적극적으로 연구개발을 하고 있습니다. 2021년부터는 정부정책으로 시범 사업을 운영하고 있고요. 즉 정책주이면서도 미래 핵심 업종이라는 이야기입니다.

어쩌면 양자암호는 제가 앞서 말한 미래 업종 조건을 모두 충족하는 업종이기도 합니다. 그럼에도 불구하고 제목에 '시장이 좋아지면'이란 단어를 붙였는데요. 그 이유는 아직 수익 창출이 거의 없는 상태이기 때문입니다. 시장도 얼어붙었는데 관련 매출도 없고, 기타 4차 산업에 관련된 사업들도 많이 주춤한 상태입니다. 그렇기에 당장 투자하기에는 리스크가 크다는 거죠. 당장에 이익이 나오고 계속해서 이슈가 터지는 업종에 투자자들은 관심이 몰릴 것이니까요. 시장에 돈이 풍부한 상태라면 이야기는 달라집니다. 더 성장성이 있는 곳, 잠재력이 있는 곳 돈이 몰리기 때문입니다.

4차 산업의 마스터키는 양자암호라면 사회초년생들에게 마스터키는 바로 시간입니다. 이 시간은 누구도 복제해갈 수 없으며 여러분이 그 시간 동안 쏟아부은 노력도 해킹할 수 없습니다. 여러분의 미래로 결괏값이 바로 도출될 겁니다.

투자금을 모을 때까지 충분한 시간이 있습니다. 현재 어떤 기업이 양자암호를 개발하고 있으며, 대기업과 협력하고 있는 기업들을 조사해보세요. 예로는 현재 SKT와 함께 양자암호 칩을 개발하고 있는 케이씨에스, VPN을 공동 개발한 엑스게이트가 있습니다. 아마 시간이 지날수록 협력기업들은 늘어나고 하나의 테마를 형성할 겁니다. 아직 시간이 필요한 산업이니만큼 충분히 공부해서 업종이 성장의 파도를 맞았을 때 옆에서 같이 서핑을 탈 수 있는 기업을 선별해봤으면 좋겠습니다.

5. AI가 아닌 AI 반도체 HBM에 주목하라

2023년의 뜨거운 감자는 뭐니 뭐니 해도 챗GPT의 등장입니다. 성장성을 의심받던 마이크로소프트의 위상을 완전히 뒤엎은 사건이었죠. 인터넷 고객 센터에서 이용하던 자동 응답기를 넘어 마케팅 카피라이팅, 콘텐츠 제작, 게임, 교육 도구 심지어 광고 이미지까지 생성해내는 AI 지니를 만들어 낸 셈입니다.

물론 저작권 문제와 정보 유출에 대한 문제는 도사리고 있지만 이미 AI를 활용하는 상위 100개 기업은 적극적인 연구개발에 앞서고 있습니다. 그리고 시장 참여자들에게 성장성이란 기대를 심어주면서 10%에서 거의 2배 이상 주가가 오른 기업도 수두룩합니다.

저는 여기서 단순히 AI 기술을 만들거나 활용하는 기업에 초점을 두는 게 아니라 이 AI 기술을 발현시킬 수 있는 반도체에 집중해보려고 합니다. 이미 AI를 이용하는 기업은 너무도 많습니다. 매출이 전혀 나오지 않는 곳도 수두룩하고요. 아직 시장 지배력이 결정되지 않는 산업이기에 경쟁과 투자가 치열할수록 AI용 반도체의 수요는 더 높아질 것입니다. 그리고 이를 만들 수 있는 기업은 극히 제한적이고요.

그럼 AI용 반도체는 무엇을 뜻하냐. 바로 차세대 메모리 HBM입니다. 기존 메모리 반도체와의 차이는 데이터 속도에 있는데요. 엄청난 정보를 수집하고 처리해서 정리해야 하는 생성 AI에는 필수 메모리인 셈이죠. 이미 HBM은 2013년 SK하이닉스에서 최초로 개발해 계속해서 세대가 진화하고 있습니다. 현재 나온 HBM은 자그마치 영화 160여 편을 단 1초에 전송할 수 있는 속도라고 합니다.

HBM 메모리는 중앙처리장치 CPU, 그래픽처리장치 GPU에 연결되어 작동되는데요. 즉 GPU의 대표적인 공급사인 엔비디아와 AMD가 HBM의 수요를 결정합니다. 그리고 엔비디아는 SK하이닉스에 샘플 입고를 요청했는데 그 이유는 HBM 메모리 자체는 한국의 대표적인 두 기업 삼성전자와 SK하이닉스가 시장점유율 90%를 차지하며 기술력을 입증하고 있기 때문입니다.

앞으로 더 고도로 활용될 AI 산업에 발맞추어 10배에 가까운 성장

AI 반도체 시장 전망(단위: 억 달러)

시스템반도체 중 AI 반도체 비중(단위: %)

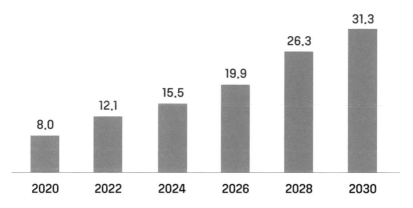

자료: 가드너 · KISDI

성을 예고하고 있는데요. 기존 메모리 반도체의 가격보다 3~5배 높으며 대표 GPU, CPU 공급사에서 러브콜이 지속된다면 반도체 불황으로 인해 적자를 면치 못하고 있는 SK하이닉스의 구원투수가 되어줄 수 있지 않을까 생각합니다.

어떻게 투자해야 할까

삼성전자나 SK하이닉스를 투자하는 것도 방법이나 두 기업은 기존의 메모리, 비메모리 반도체 사업이 매출에 더 직접적인 영향을 끼치고 있습니다. 시가총액이 높은 주식이 폭발적으로 오르려면 지난 상승장처럼 잉여 유동성이 충분해야 합니다. 하지만 아직 긴축이 지속되는 상황이기에 기대만큼 높은 가격을 형성하지 못할 수도 있습니다. 따라서 SK하이닉스나 삼성전자에 HBM 메모리를 관련해서 부품과 장비를 공급하는 기업에 집중해보는 것도 좋습니다.

패키징 HBM의 용량과 성능을 획기적으로 높이는 방법은 후공정 패키징 기술에 있습니다. 이를 담당하는 기업 또한 HBM의 수요가 높아질수록 반드시 들어가야 할 작업이기에 해당 매출이 상승할 수 있습니다.

후공정 과정을 담당하는 기업들을 선별해 기술력이나 매출 대비 저평가된 기업을 투자하는 것을 추천합니다. 예로는 후공정 과정 중 와이어본딩을 할 때 필요한 리드프레임 소재를 공급하는 해성디에스, 칩과 기판을 접합시키는 디스펜서 장비를 공급하는 프로텍이 있습니다. 그리고 이 둘의 공통점은 아직 주가가 저평가 상태라는 것입니다 (2023년 6월 기준).

뒤에 설명할 적정주가 구하기를 활용해 차세대 HBM 메모리 반도체 투자의 주역이 될 기업을 추려보는 건 어떨까요?

6. 우주 경쟁의 시작, 차세대 정부의 핵심 정책 우주 경제

첨단 우주 산업은 지난 정부의 숙원 사업이기도 했으면 차세대 정부가 중요하게 여기는 산업이기도 합니다. 2022년 12월 과학기술정보통신부가 발표한 8대 핵심과제 중 제일 먼저 소개했을 정도로요. 앞으로의 일정과 우주항공청 특별법 제정 및 계획이 치밀하게 짜여있으며 10년간 2조 원에 달하는 자금을 투입하기로 했습니다. 부품 국산화 로드맵과 우주 스타트업 펀드를 구성하는 등 민간 기업의 참여를 주도하고 있습니다. 업종을 성장시키려는 정부의 계획이라고도 볼 수 있습니다.

그렇다면 왜 이렇게 우주 경쟁에 뛰어들까요? 바로 해볼 만한 싸움이기 때문입니다. 우리나라는 2021년 누리호 2차 발사에 성공했는데요. 1톤 이상의 발사체를 자력으로 세계 7번째로 쏘아 올린 나라가 되었습니다. 다른 나라의 힘을 빌리지 않고 제약 없이 우리나라 위성을 개발할 수 있게 된 것이죠. 만약 이 기술을 더욱 발전시킨다면 이후 우주 경제에 참여할 다른 나라에 기술 및 부품을 수출할 수 있게 됩니다. 이전의 나로호가 러시아의 엔진을 달았던 것처럼요.

사실 핵심은 따로 있습니다. 우주 항공산업은 단독 산업이 아닌 방산 산업과 연결된 산업입니다. 로켓에 탄두를 단 것이 바로 미사일입니다. 제조 원리가 거의 같다는 뜻이죠. 누리호 개발에 참여한 주요 민간 기업만 봐도 한국항공우주, 한화에어로스페이스, 한화디펜스 등 방산 업종 기업들이었습니다.

그러니 우주 항공 시장이 커지고 발사체 개발에 민간 기업 참여를 유도할수록 해당 기술과 인력이 있는 기업들에는 호재입니다. 기술개발은 물론이고 이전에는 기업 내에서 연구개발비를 조달해야 했다면, 국가 과제의 경우 정부에서 연구 자금을 지원해주기 때문입니다.

우주 발사체 개발이 목표이긴 하지만 그 뒤에는 방산 업체의 기술력을 입증할 기회가 될 수 있는 거죠. 미사일 개발에 영향을 주었던 사거리 제한도 완전히 폐지되었기 때문에 방산업체에게는 제한 없이 연구할 수 있게 되었습니다. 우주 발사체 연구이면서 동시에 미사일 발사체 연구이기도 한 셈이죠.

러시아-우크라이나의 전쟁으로 인해 세계 각국에서는 방산의 중요도가 높아졌습니다. 각국에서 군비경쟁에 들어가면서 한화디펜스의 전차 및 K9자주포가 최대 수출 계약을 맺었습니다. 특히 폴란드에서는 추가 주문까지 들어오면서 기술력을 인정받고 있는데요. 폴란드를 제외하고도 슬로바키아 등 러시아와 근접한 국가들도 관심을 보이는 중입니다. 무기 특성상 한 번 계약하면 큰 결함이 있지 않는 이상, 계약은 지속될 가능성이 큽니다. 고도로 훈련받아야 할 군인들의 무기가 계속 바뀌면 안 되니까요.

항공우주청 설립, 위성 관련법 제정, 우주 산업 로드맵 등 정부 발표가 지속적으로 나올 예정입니다. 발표가 있을 때마다 관심을 받게 될 것이며 실질적인 성과가 나온다면 주가에도 긍정적인 영향을 줄 겁니다. 첨단 산업이다 보니 실패할 가능성도 크며 미국, 중국, 러시아와 같은 선상에 있기에는 경험의 차이가 극명합니다. 당장 우리 삶, 우리 눈에 보이는 산업도 아니고요. 따라서 매출이 나오고 있는 방위산업을 함께 영위하고 있는 기업을 선별하는 것이 좋습니다.

참고로 자주포를 팔았다고 늘 뉴스에 나오는 한화디펜스의 경우 비상장기업입니다. 한화디펜스의 지분 100%를 들고 있는 한화에어로스페이스와 LIG 넥스원이 관련 기업이라고 생각하면 될 것 같습니다.

재무제표를 봐야 하는 이유

1982년 미국 자동차 순위 3위였던 크라이슬러는 파산 위기에 처했습니다. 당시 경기가 좋지 않아 자동차 판매가 급감했고 모든 언론에서는 크라이슬러가 끝났다고 했습니다. 당시 주가는 2달러까지 내려갔었죠.

피터 린치는 크라이슬러의 재무제표를 보았습니다. 현금성 자산이 10억 달러가 있음을 확인했습니다. 그는 단순하게 생각했죠. 시간이 지나 경기가 회복되면 사람들은 다시 자동차를 살 것이라고요. 그때까지 버틸 수 있는 현금이 있는 크라이슬러가 무엇이라도 만들어낸다면 재도약을 할 기회가 찾아오리라 생각했습니다. 그 이후 피터 린치는 크라이슬러를 미친 듯이 사 모았습니다. 그 결과 5년 안에 크라이슬러는 15배 이상 올라 1,500% 수익률을 달성했습니다.

『전설로 떠나는 월가의 영웅』이라는 책에서 발췌한 내용입니다. 여기서 하나 참고할 점은 그 5년 안에 치솟던 금리와 물가 상승률이 안정되었으며 금리가 인하되었다는 점입니다. 시장 상황도 받쳐주었다는 사실을 우리는 주식에 투자할 때 잊어서는 안 됩니다.

기업 분석을 해야 하는 이유

"위기의 순간을 버틸 수 있는 탄탄한 미래가치가 있는 기업을 찾는다." 이것이 우리가 기업 분석을 해야 하는 이유입니다. 기업 이름만으로 위기를 버틸 수 있는지, 10년 뒤에도 살아남을 기업인지 예측할 수 없습니다.

재무제표는 기업의 성적입니다. 성적이 곧 미래는 아니나 사회에 나가서 결코 무시할 수 없듯이요. 재무제표를 통해 이 기업이 혹시 모를 경기 침체를 대비하기 위해 현금과 부채관리는 어떻게 하고 있는지 그동안 사업 운영을 어떻게 해오고 있었는지를 알 수 있습니다. 미래를 예측할 수는 없지만 앞으로 기업이 어떻게 해나갈지 정도는 예상해볼 수 있는 거죠. 그리고 이를 참고해 이미 수많은 전문 투자자들이 투자를 단행하고요.

실제로 미국 항공기 회사인 보잉은 코로나19 확산과 유가 상승으로 인해 큰 손실을 봐야 했습니다. 주가도 크게 하락했고요. 투자회사들은 보잉의 현금에 심각한 문제가 있을 것으로 생각했습니다. 그런데 실적을 보니 예상치의 3배 이상의 현금을 보유하고 있었죠. 투자자들은 마음을 돌려 보잉을 매수하기 시작했습니다. 그리고 한 달 사이 30%에 가까운 상승을 보였습니다.

어디서 많이 본 사례죠? 바로 앞서 나왔던 피터 린치의 투자 방법과 거의 똑같습니다. 피터 린치가 월가를 떠난 지 30년이 지났어도 기업에 대한 본질적인 가치가 중요하다는 것은 변하지 않았다는 것이죠.

투자 시 꼭 봐야 할 재무제표

이번 장에서는 우리가 기업을 투자할 때 있어 반드시 봐야 할 정보에 관해서 이야기하려고 합니다. 재무제표라 하면 숫자투성이에 어떻게 해석할지 덜컥 겁부터 날 겁니다. 그러나 워런 버핏은 초등학교 4학년도 할 수 있을 정도의 계산만 필요하다고 했습니다. 또한 피터 린치는 정말 빠르게 재무제표를 보고 간단한 것만 파악하고 투자해도 충분하다고 생각했습니다.

물론 많이 알수록 보이는 것도 많아지겠지만 저는 이 정도만 알아도 개인투자자들 사이에서는 상위 5% 안에 들리라 생각합니다. 시장의 운을 무시할 수는 없지만, 더 중요한 것은 이 기업의 가치를 자신이 어느 정도 평가하고 있어야 한다는 겁니다.

그렇다면 주식을 사고팔 때 있어 주가 하락에 크게 걱정할 필요가 없습니다. 오히려 좋아해야 합니다. 좋은 주식이 가격이 내렸으니 더 살 수 있으니까요. 싸게 살 수 기회가 된 셈이죠.

여러분들에게는 오히려 이 시기가 굉장한 기회가 될 수 있습니다. 수많은 주식이 시장 상황으로 인해 가격이 하락했으니까요. 그렇다고 모든 주식이 저평가된 것은 아닙니다. 재무적으로 사업적으로 문제가 있다면 이 위기를 극복하지 못할 테니까요. 그렇기에 더욱이 옥석을 가려낼 수 있는 시기입니다. 상승장에 가려 보이지 않았던 재무적인 허점이 눈에 보이기 시작할 겁니다. 이 시기를 빌려 여러분만의 보물 같은 기업을 찾으셨으면 좋겠습니다.

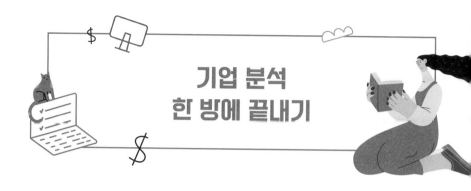

기업 분석
한 방에 끝내기

우리가 재무제표에서 봐야 할 부분은 다음 세 가지입니다.

1. 기업의 이익이 얼마나 성장하고 있나
2. 기업의 사업은 얼마나 수익성이 있는가
3. 기업의 재무가 얼마나 안전한가

1번을 알기 위해서는 영업이익과 매출의 성장률을 알아야 합니다. 영업이익이란 기업이 사업으로 벌어들인 수익 중에서 영업비용 및 원자재 값을 제외한 이익을 뜻합니다. 매출이 높지만 영업이익이 마이너스가 되기도 하는데요. 이때는 영업비용이나 원자재비 등 사업에 그만큼 큰 비용이 들어갔기 때문입니다. 연 매출이 최대 달성이라고 하더라도 영업이익이 마이너스라면 결국 기업이 벌어들인 돈은 적자라는 이야기입니다. 그렇기에 매출과 함께 영업이익도 증가하는지 확인해야 합니다.

그렇다면 얼마나 성장하는 게 좋을까요. 성장하는 업종의 경우 연 100~200% 성장하기도 합니다. 1~2년 성장했다고 앞으로 남은 미래도 그만큼 성장할지는 아무도 예측할 수는 없습니다. 시장과 경기가 좋아 단발적으로 상승할 수도 있으므로 적어도 3~5년간의 영업이익과 매출을 보는 것이 좋습니다.

대기업의 경우 물가상승률 이상의 상승 또는 장기국채 금리, 이것이 어렵다면 시중은행의 예·적금보다 성장률이 높은 것이 좋습니다. 적어도 은행에 맡기는 것보단 수익이 높다는 것이니까요. 또한 같은 업종에 여러 기업이 있다면 업종 평균 성장률보다는 높은 기업을 선택하는 것이 좋습니다.

네이버 증권에서 재무제표 보기

네이버 증권의 종목분석에서는 지난 5년간 매출과 영업이익 현황을 볼 수 있습니다. PCB 업종 티엘비 기업의 재무제표를 보겠습니다. PCB는 반도체 부품이기에 주문을 받고 공장에서 생산하는 제조업종에 속합니다.

제조업의 경우 3년의 이익치도 대략 전망할 수 있습니다. 재무제표

티엘비 재무제표

| Financial Summary | 주재무제표 ∨ 검색 IFRS ⑦ 산식 ⑦ | | | | | | *단위 : 억원, %, 배, 주 | *분기 : 순액기준 |

| 전체 | 연간 | 분기 |

주요재무정보	연간							
	2018/12 (GAAP개별)	2019/12 (GAAP개별)	2020/12 (IFRS연결)	2021/12 (IFRS연결)	2022/12 (IFRS연결)	2023/12(E) (IFRS연결)	2024/12(E) (IFRS연결)	2025/12(E) (IFRS연결)
매출액	1,221	1,491	1,841	1,781	2,215	1,869	2,212	2,426
영업이익	44	105	152	134	385	140	265	315

효성티앤씨 재무제표

| Financial Summary | 주재무제표 ∨ 검색 IFRS ⑦ 산식 ⑦ | | | | | | *단위 : 억원, %, 배, 주 | *분기 : 순액기준 |

| 전체 | 연간 | 분기 |

주요재무정보	연간							
	2018/12 (IFRS연결)	2019/12 (IFRS연결)	2020/12 (IFRS연결)	2021/12 (IFRS연결)	2022/12 (IFRS연결)	2023/12(E) (IFRS연결)	2024/12(E) (IFRS연결)	2025/12(E) (IFRS연결)
매출액	33,591	59,831	51,616	85,960	88,827	79,273	79,810	75,250
영업이익	1,251	3,229	2,666	14,237	1,236	4,345	6,195	6,092

를 통해 기업을 선별할 경우는 제조업종이 유리합니다. 미래의 이익 성장률을 확인하고 투자할 수 있기 때문입니다.

갑자기 비이성적으로 매출이나 영업이익이 늘었다면 무엇 때문에 늘었는지 확인해야 합니다. 관련 업종이 성장한 것이라면 괜찮습니다. 그 경우 티엘비의 재무제표처럼 영업이익이 성장할 테니까요.

다른 재무제표를 보면 갑작스럽게 2021년 영업이익이 7배나 상승했습니다. 그러나 다음 해인 2022년은 평균적인 영업이익으로 돌아왔죠. 이 기업은 스판덱스 소재를 판매하는 효성티앤씨입니다. 스포츠 의류의 매출이 기하급수적으로 올랐고 그 기세가 유지된 것이라면 2022년에도 같은 영업이익을 보였을 겁니다. 하지만 이 기업의 영업이익이 오른 이유는 스판덱스 경쟁기업에서 전력난이 생겨 공급량에 차질이 생겼기 때문인데요. 스판덱스의 판매단가가 높아지면서 영업이익이 지나치게 올라간 것이었습니다. 원자재 가격이 많은 영향을 끼치는 제조업의 경우는 이를 확인하는 것이 좋겠죠.

수익성 지표 확인하기

성장성을 확인했다면 이제는 수익성을 볼 차례입니다. 매출액, 영업이익 둘 다 성장하더라도 매출과 영업이익에 너무 큰 차이가 있으면 안 됩니다. 결국에는 벌어들이는 수익이 적다는 뜻이니까요.

매출액에서 영업이익이 차지하는 비율을 영업이익률이라고 하는데요. 기업에서 가격 결정력이 있거나 경쟁력이 있는 제품을 판매한다면 영업이익률은 높을 수밖에 없습니다. 비싸게 판매하더라도 수요가 있을 테니까요. 워런 버핏은 15~20% 이상을 유지하는 기업을 선호했습니다. 적어도 벌어들이는 매출의 20%는 이익으로 남겨두어야 또 다른 투자를 하거나 사업을 확장하는 데 도움이 되기 때문입니다.

ROE(Return On Equity, 자기자본이익률)

ROE는 자기자본 대비 이익을 나타내는 지표로 가치투자자들에겐 굉장히 중요한 지표입니다. 워런 버핏은 ROE를 통해 보물 같은 기업을 발굴할 수 있다고 말할 정도로 ROE를 중요하게 생각했습니다.

ROE가 높다는 것은 자본은 적게 들어갔는데 이익이 높다는 것이니 굉장히 효율적인 사업을 하고 있다는 뜻입니다. 주로 기술, 프로그램 관련 기업들은 원자재나 공장이 필요하지 않아 초기 자본이 적은 편인데요. 특허 기술이나 업종의 핵심 기술을 개발한 기업은 ROE가 매우 높을 수 있습니다.

일반적으로 ROE가 20 이상일 때 높다고 평가하고 있으며 30 이상인 기업은 드문 편이기에 높은 수익성을 지닌 기업이라고 볼 수 있습니다. ROE 또한 꾸준히 상승하거나 20 이상을 3~5년 이상 유지하고 있다면 수익 지속 가능성이 높은 기업입니다. 미래에도 그만한 수익을 유지할 것이란 기대를 할 수 있겠죠.

ROA(Return On Assets, 총자산이익률)

ROA도 높을수록 기업의 수익성이 높다는 뜻인데요. ROA와 같은 개념이긴 하나 ROE가 부채를 제외한 자기자본 대비 이익이라면 ROA는 부채를 포함한 자산 대비 이익률입니다. 부채를 무서워하는 경우가 많습니다만 부채로 인한 이자율보다 수익률이 월등하게 높다면 기업은 사업을 효율적으로 잘 운영하고 있다는 뜻이기도 합니다. 부채를 통해 사업을 확장할 부지를 샀거나 사업 관련 기술을 발전시켜서 더 큰 이익을 가져다줄 수도 있기에 ROA도 함께 높은 기업을 선별하시는 게 좋습니다. ROA는 10 이상이라면 수익성이 높다고 평가하는 편입니다.

EPS(Earnings Per Share, 주당순이익)

EPS란 벌어들인 이익을 총주식 수로 나눈 값입니다. EPS가 1만 원인데 주가가 15만 원이라고 칩시다. 그렇다면 15만 원당 1만 원의 수익을 창출한다고 보면 됩니다. EPS가 높을수록 주식 수가 변하지 않는다면 순이익은 높아졌다는 뜻입니다. 이 또한 꾸준한 성장세를 보이는지 확인해야 합니다.

EPS는 딱 얼마가 적정하다고 말하기가 힘듭니다. 주가와 비슷한 수준이라면 정말 수익이 높은 회사겠지만 그만큼 자본이 많이 필요하다면 ROE는 도리어 낮을 수 있기 때문입니다.

예를 들어보겠습니다. A기업은 100만 원을 써서 2천만 원을 벌었고 주식 수는 100개입니다. B기업은 200만 원을 써서 2천만 원을 벌었고 주식 수는 100개입니다. 두 기업 다 EPS는 20으로 동일합니다. 그러나 ROE는 A기업은 20, B기업은 10으로 A기업이 훨씬 높습니다. 그렇다면 A기업이 더 경쟁력 있는 사업을 하는 것이죠.

따라서 기업을 선별할 때 EPS는 ROE, 매출, 영업이익, 영업이익률을 비교하고 난 후 사용하시면 좋습니다. 앞 지표들이 거의 흡사하다면 EPS를 보고 1주당 벌어들이는 수익이 많은 기업을 선택하면 됩니다. 수익은 비슷할 테니 주식 수가 더 적은 기업으로 아무래도 희소성이 더 높은 기업일 테니까요.

기업의 안정성 지표 부채비율

부채비율은 총자산에서 부채가 얼마나 차지하는지 나타내는 지표입니다. 사업을 지속하기 위해서 부채는 당연히 있을 수밖에 없습니다. 다만 지나치게 높은 부채비율은 기업을 압박하게 되는 요소입니다. 사업이 하나라도 틀어진다면 이자 부담을 감당하기 힘들 수 있으며 달러 부채일 경우 환율에 따라 대출 규모가 달라질 테니까요. 기업이 투자를 결정할 때 있어 많은 걸림돌이 될 수도 있겠죠.

부채비율은 100% 아래인 기업이 좋으며 50% 아래라면 부채관리를 철저하게 하고 있는 안정적인 기업입니다. 또한 100% 아래에서 점진적으로 부채비율을 줄이려고 노력하는 기업인지도 확인해야 합니다. 일반 사람들도 빚을 졌다면 갚으려고 노력하는 것처럼 기업 역시도 부채관리에 노력하는 기업이 좋습니다.

건설업, 제조업, 조선업을 하는 기업들의 경우 일반적으로 부채비율이 상당히 높은 편인데요. 그 이유는 건설, 제조 기간이 길고 그 과정에서 들어가는 비용은 부채로 처리하기 때문입니다. 이러한 업종일 경우 이자 부담을 확인하는 게 좋습니다. 공급계약을 따낸 후에 들어가는 비용이라면 대부분 이자 부담을 내지 않는 부채입니다. 어차피 받을 돈이기 때문에 부채비율은 높을 수 있지만 실제로는 이자 부담이 거의 없을 테니까요.

이러한 기업은 1년 내로 갚아야 해서 실제 기업 운영에 영향을 끼칠 수 있는 단기차입금의 규모를 확인하는 것이 중요합니다. 단기차

입금의 경우 부채(유동부채)에 포함되어 있기에 재무제표에서 쉽게 확인할 수 있습니다.

같은 업종의 기업들의 재무제표를 비교할 때 역시 수익성, 성장성 지표가 비슷하다면 부채비율이 더 낮은 기업을 선택하면 되겠죠.

기업의 현금흐름 확인하기

부채도 중요하지만 가진 현금을 어떻게 사용하는지 확인하는 것도 중요합니다. 그저 쌓아만 둔다면 사업 발전이 힘들 것이고, 너무 지나치게 쓴다면 부채관리가 어려울 것이니까요.

현금 관리를 안정적으로 하는지 보고 싶다면 + - -를 기억하세요. 네이버 증권의 종목분석 탭에 들어가 쭉 내리다 보면 현금흐름과 관련한 표가 보입니다. 항목별로 다음을 나타냅니다.

- 영업활동 현금흐름: 영업으로 벌어들인 돈
- 투자활동 현금흐름: 신규 투자에 쓴 돈
- 재무활동 현금흐름: 부채를 갚은 돈

투자활동과 재무활동은 돈을 쓴 것이기에 마이너스로 표시합니다. 그래서 이를 보면 '이 기업은 꾸준히 돈을 벌고 있으며 신규 투자를 진행하기도 하면서 부채도 갚아나가고 있네!' 하며 판단하죠. 만약 부

현금흐름표 예시

영업활동현금흐름	454	998	1,306	영업활동현금흐름	-65	-229	-607
투자활동현금흐름	-407	-77	-1,317	투자활동현금흐름	-87	-7	84
재무활동현금흐름	-168	-183	-229	재무활동현금흐름	-9	203	968

LG에너지솔루션(위)과 포스코퓨처엠(아래)

영업활동현금흐름		3,954	9,786	18,779
투자활동현금흐름		-8,848	-21,781	-86,729
재무활동현금흐름		-2,030	8,828	100,974
영업활동현금흐름	628	383	1,030	1,499
투자활동현금흐름	-4,647	-2,543	-16,750	-6,903
재무활동현금흐름	3,182	3,020	15,219	7,629

채가 너무 많거나 영업이익이 적은 편이라면 예시의 오른쪽 현금흐름을 보일 수도 있습니다. 안정적인 기업을 우선한다면 이런 재무제표를 지닌 기업은 조심하는 게 좋습니다.

그러나 폭발적으로 성장하는 기업일 경우 이와 비슷한 재무제표가 나올 수 있는데 부호가 살짝 다릅니다. 바로 +-+인데요. 2차 전지의 핵심 기업인 LG에너지솔루션과 2차 전지 소재기업인 포스코퓨처엠의 현금흐름을 보겠습니다. 돈은 점점 많이 벌고 있는데, 투자를 많이 하느라 부채를 갚지 않은 상황입니다. 그러니 성장성이 확실한 업종과 기술력이 있는 기업이라면 +-+가 나와도 괜찮다고 생각합니다.

Q. 더 간단히 한마디로 정리해줄 수 없을까요?

이것만 기억해주세요.

· 성장성: 영업이익, 매출 성장률이 지속적으로 성장하는 기업

· 수익성: 영업이익율 20%, ROE 15 이상, ROA 10 이상, EPS가 꾸준히 성장하는지 확인하기

· 안정성: 부채비율 100% 이하(50 이하면 더 좋음), 유동부채비율(1년 내 갚아야 하는 돈) 100 이하

· 현금흐름: 안정적(+--), 성장 우선(+-+)

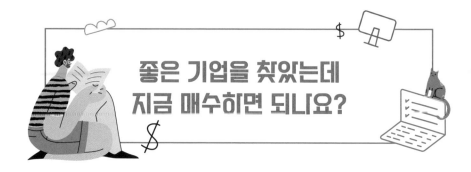

좋은 기업을 찾았는데 지금 매수하면 되나요?

이 말은 "롯데 시그니엘 호텔이 좋은 호텔인 걸 알았는데 지금 예약하면 되나요?"와 같은 질문입니다. 시그니엘 호텔은 하루 숙박비용이 70만 원에 가깝습니다. 외부는 롯데타워, 내부는 말도 못 할 만큼 고급스럽겠지만 문제는 주머니 사정입니다. 좋은 건 알겠는데 너무 비싸다는 겁니다. 그런데 갑자기 숙박플랫폼과 제휴하면서 20만 원 특가에 나왔습니다. 그럼 어떻게 해야 할까요? 잡아야죠. 제휴가 끝나면 다시 70만 원으로 비용이 오를 테니까요.

이와 마찬가지로 좋은 기업을 찾았다면 그다음은 좋은 가격을 찾아야 합니다. 좋은 가격이란 본래 가격보다 시장에서 낮게 측정되었을 때, 즉 저평가된 상태를 뜻합니다. 강남 아파트가 3억 원이 된다면 당연히 저평가 구간이겠지만 주식 같은 경우는 저평가 가격을 찾기가 쉽지 않습니다. 주식마다 주식 수, 시가총액, 이익이 다르기 때문이죠. 3만 원이더라도 고평가 상태일 수 있고, 25만 원이더라도 저평가가 될 수 있습니다.

저평가 여부를 확인하는 PER

가치투자자들은 PER을 보고 저평가 여부를 확인하는데요. PER은 주가가 1주당 수익의 몇 배가 되는지 나타낸 지표입니다.

PER(Price Earnings Ratio)은 주가수익비율로 시가총액/당기순이익으로 나타냅니다. 시가총액에 비해 당기순이익이 높다면 PER이 낮아지기 때문에 저평가 여부를 볼 때 많이 보는 지표입니다.

워런 버핏은 PER이 8 아래에 있는 기업을 선호하는 편이지만 PER이 너무 작다는 것은 그만큼 시장에서 주목을 받지 않는다는 뜻이기도 합니다. 저평가 종목을 찾아야지, 저가치 종목을 찾으면 안 되니까요. PER이 8~10이라면 시장에서 어느 정도 기대도 받으면서 이익도 안정적으로 벌어들이고 있는 기업이라고 생각하면 됩니다.

이러한 워런 버핏의 생각을 바탕으로 만든 저만의 저평가 주식 찾기 공식입니다. '영업이익×10(PER)/총 주식수'를 해서 나온 금액이 현재 주가보다 현저히 크다면 해당 주식은 저평가 상태입니다. 일반적으로 주식시장에서 이익보다 10배 정도 높게 평가받는다고 생각해서 '이익×10'을 했습니다. 만약 업종 평균 PER이 있다면 PER로 곱해도 좋습니다.

단, 시장 상황이나 이슈에 따라 5배, 10배, 100배까지도 고평가되는 곳이 주식시장이기에 모든 기업의 저평가 가격을 찾는 것은 의미가 없습니다. IT나 엔터 업종의 경우 새로운 콘텐츠나 프로그램에 대한 기대감으로 이익이 나오지도 않았는데도 높은 주가를 보이는 경우도 많죠. 따라서 예측할 수 있는 성장률과 수익률을 보일 수 있는 업종의 기업들을 대상으로 하는 것이 좋습니다. 대표적으로는 소비재, 제조, 반도체 업종 등입니다.

적정주가 구해보기

삼성전자의 적정주가를 알아볼까요? 제가 2020년에 계산해봤을 때 6만 원대가 적정가격으로 나왔는데, 놀랍게도 현재 6만 원대를 유지하고 있습니다.

삼성전자 재무제표

Financial Summary 주재 무제표 ∨ 검색 IFRS ? 산식 ? • 단위 : 억원, %, 배, 주 • 분기 : 순액기준								
전체 / 연간 / 분기								
주요재무정보	연간							
	2017/12 (IFRS연결)	2018/12 (IFRS연결)	2019/12 (IFRS연결)	2020/12 (IFRS연결)	2021/12 (IFRS연결)	2022/12(E) (IFRS연결)	2023/12(E) (IFRS연결)	2024/12(E) (IFRS연결)
매출액	2,395,754	2,437,714	2,304,009	2,368,070	2,796,048	3,090,605	3,063,374	3,270,133
영업이익	536,450	588,867	277,685	359,939	516,339	474,180	336,985	496,147

2021년에는 이익이 소폭 상승해 8만 6천 원 정도가 나왔는데요. 실제로도 2021년 최고가가 8만 800원이었으니 어느 정도 비슷하게 상승했던 것 같습니다. 2022년에는 7만 9,400원이 적정가격이니 저평가 상태입니다. 그렇다면 투자를 해도 되나 싶지만 2023년의 이익이 2020년의 이익과 비슷한 상태입니다. 미래를 보고 투자하는 주식이니만큼 삼성전자는 2022년 주가는 다소 저평가된 상태이지만 2023년에는 적정주가인 셈입니다.

2024년에는 이익이 늘어나는 시기이기에 금리와 시장 상황이 풀린다면 삼성전자는 매력 있는 투자처가 되리라 생각합니다. 반도체를 떠나 로봇, AI 등 IT 기술 전반적으로 뛰어들고 있는 기업이니까요.

삼성전자와 같이 시총이 크고 외국인 보유 비율이 높은 기업들은 아무래도 자동적인 프로그램 매수·매도가 걸려있을 가능성이 큽니다. 이익을 예측할 수 있는 업종이기에 저평가된 구간에서 사고 고평가된 구간에 매도하기에 쉬이 떨어지진 않지만 그렇다고 다른 주식들처럼 가볍게 올라가기는 힘든 것이죠.

비에이치 재무제표와 투자정보

Financial Summary	주재무제표 ▼	검색	IFRS ⑦	산

전체	연간	분기

주요재무정보	연간			●
	2020/12 (IFRS연결)	2021/12 (IFRS연결)	2022/12 (IFRS연결)	2023/12(E) (IFRS연결)
매출액	7,214	10,370	16,811	16,996
영업이익	340	711	1,313	1,250

시가총액	9,443억 원
시가총액순위 ▶	코스피 232위
상장주식수	34,464,379
액면가	매매단위	500원	1주

다른 기업의 적정주가도 한 번 구해보겠습니다. 또 다른 반도체 업종이자 앞서 나왔던 PCB 업종 중 FPCB(연성회로기판) 국내 1위 기업인 비에이치의 재무제표와 정보입니다. 2023년 영업이익이 1,313억 원이니까 1,313억 원×10/시가총액=약 3만 8천 원입니다. 현재 주가가 2만 원대이기에 적정주가 아래에서 저평가 상태임을 알 수 있는 거죠.

투자 시 적정주가 이용하기

장기 투자를 할 때 적정주가보다 2배 아래에 있다면 저는 매수를 해도 괜찮다고 생각합니다. 시간이 지나 주식은 결국 기업의 가치에 수렴할 테니까요. 단, 그다음 해와 다다음 해의 이익도 꼭 확인해보세요. 단기적으로 바짝 얻은 이익일 경우 그다음 해의 이익이 고꾸라진다면 적정주가가 확 낮아질 수도 있기 때문입니다. 따라서 이익에서도 지속적인 성장을 하는지, 더 기대를 받고 커질 수 있는 업종인지 확인하고 적정주가를 구해야 합니다.

앞서 말씀드렸듯이 모든 업종에서 쓸 방법은 아닙니다. 그렇다고 안정적인 업종만 투자하기에는 수익률이 마냥 높지 않을 수도 있습니다.

테슬라의 경우 2021년 PER이 자그마치 927이었습니다. 부채비율은 200%를 넘겼고요. 재무적으로도 좋지 않았고 심각하게 고평가된 상태였지만 '천슬라'라고 불릴 만큼 주가가 올랐던 것은 전기차 확산에 대한 사람들의 기대가 있었기 때문입니다. 당시 PER이 10도 안 되었던 안정적인 GM을 샀다면 그만한 수익을 얻을 수 없었을 겁니다.

세 종목을 투자하신다면 한두 종목은 적정주가를 구할 수 있는 종목을 하되 한 종목 정도는 적정주가를 구할 수 없더라도 성장하는 업종의 종목을 투자해보세요. 세 종목을 모두 성장 업종으로 한다면 주가가 오를 때는 좋겠지만 변수가 생긴다면 주가 변동성이 극심할 테니까요. 어느 정도 안정성과 대응할 수 있는 종목과 함께 투자하는 것이 이성과 감성을 골고루 챙길 수 있는 투자라고 생각합니다.

앞서 제가 설명한 업종 중에서 2차 전지, DDR5 업종은 성장 업종이지만 이미 공급 생산을 하고 있고 이익을 예측할 수 있는 제조업종에 가깝습니다. 따라서 적정주가도 측정할 수 있습니다.

Q. 계산해본 적정주가보다 올랐어요! 팔아야 하나요?
이 경우는 추세가 꺾일 때까지는 지켜보는 것도 방법입니다만 매일같이 주식 창을 보고 있을 수 없는 직장인이기에 원칙을 정해두어야 합니다. 적정주가보다 10% 오른다면 10%씩 매도 또는 40%가 오른다면 절반 매도하는 방법이 있는데요. 피터 린치의 경우 별다른 성장이 없는데 주가가 이전 고점 대비 40%가 오른다면 전량매도를 한다고 합니다. 그리고 또 다른 주식을 찾아서 투자하는 거죠.

미국 주식 적정주가 구하기

미국 주식의 경우는 공식이 조금 다릅니다. EPS×ROE를 많이 이용하는데요. 전 세계 투자자들이 참여하는 시장이기에 PER에 큰 의미를 두지 않는다고 합니다. 이익도 중요하지만 셀 수도 없이 많은 투자자가 몰려버리면 이전에 테슬라, 아마존(PER 1000)과 같이 PER은 의미가 없어지는 거죠. 오히려 기대를 충족시켜줄 수 있는 수익성을 더 중요하게 여깁니다. 따라서 수익성 지표인 ROE를 PER보다 더 중요하게 여기는 추세입니다.

주당순이익(EPS)×자기자본이익률(ROE) = 적정주가

이를 이용해 애플의 적정주가를 구해보죠. 2022년 애플 EPS는 6달러, ROE는 152%입니다. 적정주가가 900달러가 넘네요. 이렇게 높은 주가가 나온 이유는 높은 ROE 때문인데요. 아까 워런 버핏이 20만 넘어도 높다고 했는데 애플은 150입니다. 그렇기에 적정주가를 구하기가 참 애매합니다.

애플의 ROE가 150이 나온 이유는 순이익이 올라서라기보다 자기자본이 줄었기 때문입니다. 분모가 작아지니 비율이 높아질 수밖에요. 자기자본을 줄인 이유가 자사주 매입 즉 자기 회사 주식을 사들인 것이니 주주들에겐 딱히 문제 될 것이 없습니다. 앞으로 신규 투자를 지속하려면 애플 입장에는 돈을 끌어모아야 하니 이제부터 저 ROE

를 유지할 수 있을지가 관건입니다. 계속해서 당기순이익을 늘려 나가야 할 테니까요. 자사주 매입 전에도 이미 애플의 ROE는 86이었기에 수익성이 높은 기업임은 확실합니다.

아이폰의 성장세는 꺾이더라도 애플은 맥북, 아이패드, 에어팟 하다못해 요새는 무선 헤드폰도 유행을 타고 있습니다. 뒤이어 나올 AR글래스, XR기기, 애플카 등 후발 주자도 있고요.

저에게는 애플이 적정주가를 구할 수 없는 성장기업입니다. 그래서 당기순이익이나 ROE를 유지하지 못하고 큰 폭으로 흔들린다면 과감히 매도하겠지만 그전까지는 투자를 지속할 생각입니다. 새로운 사업이 무조건 잘되리란 법은 없지만 이를 홍보하고 소비자들의 좋은 반응을 이끌어 내는 것도 기업의 능력이라고 생각합니다.

드라마보다 치열한
기업 가계도

아침 드라마를 보면 "왜 내가 너를 만나서~"라는 노래가 튀어나올 만큼 서로의 관계가 얽혀 있는데요. 사실 기업도 마찬가지입니다. 각기 독립된 업체 같아도 A기업은 B기업에 납품, C기업과는 기술을 같이 개발하는 협력기업 등과 같이 서로 연결되어 있습니다.

이런 기업 가계도를 알아야 하는 이유는 다음과 같습니다.

1. 대장기업이 잘 나가면 같이 잘나가게 될 협력기업을 확인할 수 있다.
   → 장기 투자 가능
2. 특히 해외 기업과 연결될 경우 전날 미국 장을 보고 다음 날 한국 장에서의 투자 결정에 도움을 줄 수 있다.
   → 단기 투자 시 유용

세계 시총 1위 기업인 애플이 크게 상승했을 때, 다음 날 한국 장에서는 LG이노텍의 주가가 늘 강세였는데요. LG이노텍은 아이폰의 카메라에 필요한 3D 센싱모듈 대부분을 양산해 공급합니다. 따라서 애플의 매출이 늘어났다거나 생산량을 늘리겠다는 발표를 한다면 자연스럽게 LG이노텍에게는 호재가 되는 거죠. 그리고 만약 애플에서 아이폰을 감산한다든가 사업적으로 결함이 생긴다면 LG이노텍에도 함께 악재가 되기에 투자를 조심해야 하고요.

업종별 협력관계를 한 번 살펴보겠습니다.

협력관계가 돋보이는 전기차

협력관계가 돋보이는 전기차를 보죠. '전기차 ← 배터리 ← 소재/장비'의 공급 관계를 보이고 있습니다.

우선 제일 대장기업은 바로 배터리를 사주는 전기차 기업이 되겠죠. 그렇기에 미국 장에서 미국 전기차 기업의 주가가 큰 폭으로 상승하면 다음 날 한국 장에서는 2차 전지 기업들이 함께 상승하는 모습을 보입니다. 하지만 모든 2차 전지 기업이 글로벌 전기차 기업과 실제 협력관계인 것은 아닙니다. 일회성으로 오를 수는 있어도 실제 관련이 없다면 빠른 속도로 제자리를 찾을 겁니다. 전기차 기업이 성장할수록 더 많은 부품, 장비들을 사들일 수밖에 없기에 실제로 협력하는 기업을 주목하는 것이 안전합니다.

전기차 협력관계

전기차	배터리 공급	배터리 기업에 양극재 공급	배터리 기업에 음극재 공급	배터리 기업에 장비공급
테슬라	LG에너지 솔루션	엘앤에프	대주전자재료, 포스코퓨처엠	에이프로, 디에스케이
포드	SK온	에코프로비엠	포스코홀딩스, SK머티리얼즈 (=SK)	장비 수주계약이 확실치 않음
현대 자동차와 기아	SK온, LG에너지 솔루션			

전기차 시장점유율 1, 2, 3등 기업만 살펴보겠습니다. 테슬라, 포드, 기아인데요. 아직 65%로 테슬라가 압도적으로 높기에 테슬라와 협력하는 기업의 매출이 높을 수밖에 없습니다. 다만 점유율이 점차 낮아지는 추세이기에 2등과 3등 기업도 눈여겨보는 것이 좋습니다. 개인적으로는 한국의 현대차와 기아가 글로벌 전기차 순위권에 들면 정말 좋을 것 같습니다.

실제 매출로도 이어질 수 있는 반도체 협력관계

다음은 반도체 부분입니다. 도표에서 볼 수 있다시피 비메모리 반도체 시장점유율은 미국이 압도적입니다. 그렇기에 미국 시장에서의

메모리·비메모리 반도체 시장 규모(단위: 달러)

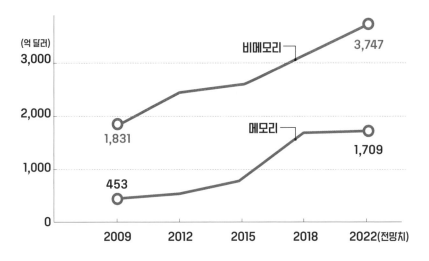

자료: 가드너 · KISDI

국가별 비메모리 반도체 점유율(2018년 기준)

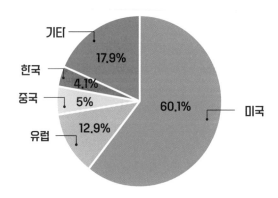

자료: IHS

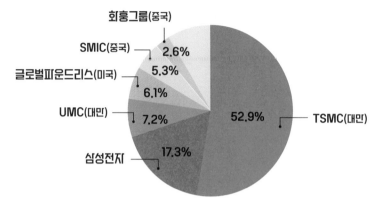

세계 반도체 파운드리 시장 점유율(2021년 2분기 기준)

회홍그룹(중국) 2.6%
SMIC(중국) 5.3%
글로벌파운드리스(미국) 6.1%
UMC(대만) 7.2%
삼성전자 17.3%
TSMC(대만) 52.9%

자료: 대만 시장조사기관 트렌드포스

반도체 업종이 어떤 평가를 받느냐가 굉장히 중요합니다. 실제 매출에서는 경쟁관계여서 미국 반도체 기업의 주가가 오르면 안 좋은 것이 아닌가 하고 생각할 수도 있습니다.

그러나 미국 시장에서 반도체 기업들이 큰 상승을 하는 것 자체가 반도체 업종을 세계시장 투자자들이 긍정적으로 보고 있다는 뜻입니다. 미국 시장에서 엔비디아, 퀄컴, 마이크론 테크놀로지가 높은 주가 상승을 보였을 경우 삼성전자를 비롯한 국내 반도체 기업들의 주가도 함께 움직이는 경우가 많았습니다. 코스피가 한국 시장임에도 외국인 지분율은 30%가 넘습니다. 해외 시장과 함께 투자하고 있을 외국인 투자자들이기에 미국에서 반도체 업종을 좋게 평가한다면 국내에서 이와 비슷한 흐름으로 투자할 가능성이 커지는 거죠.

다음은 실제 매출로도 이어질 수 있는 반도체 협력관계입니다. 한국의 대표적인 반도체 대장기업이죠. 바로 삼성전자입니다. 삼성전자는 파운드리⁺ 사업에 사활을 걸고 있지만 TSMC의 장벽이 아직은 큽니다.

하나의 탈출구로 삼성전자는 EUV 공정을 선택했는데요. EUV 공정장비를 도입한다면 더 미세한 공정이 가능해져 반도체의 성능을 높여주고 공정 과정을 줄여줍니다. 노광장비라고도 부르는 이 장비는 매우 귀한데요. 특히 7나노 단위의 미세공정장비는 전 세계에서 딱 한 곳, ASML만 생산 가능합니다. 이 장비는 한 대당 3천억 원에 달할 정도이고 1년에 50대가량밖에 생산되지 않습니다.

이번에 삼성전자는 ASML에 장비 계약을 추진했습니다. 즉 제대로 EUV 장비를 탑재한 후 불리한 싸움에서 이겨보겠다는 뜻이죠. 삼성전자는 EUV 공정에 필요한 소부장(소재·부품·장비) 기업은 국내업체에서 공급을 받으려는 의지가 높아 이 협력기업들이 중요합니다. 이미 몇몇 협력기업은 삼성전자의 지분 투자와 함께 공동개발하고 있으니까요.

소재: 동진쎄미켐, 에스앤에스텍

EUV 공정에서 주로 쓰이는 소재 중 하나는 포토레지스트입니다.

• 파운드리: 반도체 설계를 받고 대량 반도체 위탁 생산하는 전문 업체

반도체 회로를 입히기 전 밑그림을 그릴 때 사용되는 물질입니다. 이번 삼성전자의 EUV 공정에서는 동진쎄미켐의 포토레지스트를 처음으로 시험 사용했습니다. 제한적인 물량이지만 결과가 좋다면 물량을 늘리게 되겠죠.

두 번째로는 블랭크 마스크입니다. 블랭크 마스크는 EUV에서 필요한 포토마스크에 들어가는 재료입니다. 미술 시간 판화를 그렸던 경험을 떠올려보세요. 잉크를 찍으면 같은 그림을 계속 만들어낼 수 있는 그림이 새겨진 고무판이 포토마스크입니다. 이 포토마스크를 만드는 고무가 블랭크 마스크의 역할을 하는 것이죠. EUV 공정을 위한 블랭크 마스크 개발에 착수해 결과에 주목하면 좋을 것 같습니다.

부품: 에스앤에스텍

에스앤에스텍은 또한 중요한 포토마스크에 불순물을 막아주는 투명막인 펠리클도 개발 중인데요. 국내에서 제일 높은 수준이고 노광장비 1등 기업인 ASML에게 품질 테스트를 협의하고 있다고 합니다. 펠리클은 삼성전자가 필요로 하지만 기술 발전이 느린 탓에 자체 개발 중인 부품입니다. 에스앤에스텍이 품질 인증을 받는다면 이 또한 협력 기회를 얻을 수 있겠죠.

장비: 리노공업, ISC

반도체를 만든 후에는 제대로 작동하는지 검사를 해야 합니다. 검사장비에 들어가는 부품을 테스트 소켓이라고 하는데요. 리노공업과

ISC 둘 다 삼성전자에 소켓을 납품하고 있습니다. 리노공업은 비메모리 부분, ISC는 메모리 부분을 주요 공급하고 있다는 점이 차이가 있습니다. EUV 공정은 비메모리 반도체로 시작해 메모리 반도체에서도 사용하고 있습니다.

- 리노공업: 삼성전자, SK하이닉스, 퀄컴, 마이크론 테크놀로지 등 글로벌 반도체 기업에 공급
- ISC: 삼성전자, SK하이닉스에 공급. 삼성전자 메모리 부분 테스트 소켓 70% 담당

앞서 배운 기업분석을 활용해, 두 기업의 재무제표를 분석해봅시다. 다음 표를 채워보면서 투자 결정에 참고해보세요. 꼭 투자하지 않아도 됩니다. 비교 분석하는 과정을 통해 여러분들이 가치 있는 기업을 고르는 눈이 점점 높아질 테니까요.

기업	성장성	안정성	수익성	결과
리노공업				
ISC				

EUV는 선택이 아닌 필수입니다. 당장 내년부터 시작되는 DDR5 칩에도 EUV 공정이 들어가니까요. 고차원의 기술을 요할수록 더 높은 기술이 집약된 반도체가 필요할 겁니다. 당장에는 생산량도 적고

기술이 안정화되지 않더라도 시장에서 EUV를 원하는 소리가 커질수록 관련 기업 또한 관심을 받을 수밖에 없습니다.

만약 미세공정을 활용한 파운드리 시장점유율 싸움에서 삼성전자가 우위에 서게 된다면 협력기업들도 함께 성장하게 될 것입니다. 삼성전자의 납품 고객사와 위탁 물량도 늘어날 것이며 이는 곧 협력기업들의 소·부·장으로 채워질 것이니까요.

현재 삼성전자는 최초로 3나노 공정에 성공해 생산하고 있는 상태입니다. 이 부분에서는 TSMC보다 앞선 상태죠. 기술력의 차이로 생산수준을 격파한다는 전략은 마치 명량대첩에서 전술을 통해 300척의 왜선을 격파했던 것과 흡사합니다. 본격적인 EUV 공정 싸움은 2023년부터 2나노 공정이 시작되는 2025년까지 지속되리라 생각합니다. 그 과정에서 소·부·장 기업의 연구 활동이나 개발 상황 등을 주목하면 좋을 것 같습니다.

그 외의 협력관계

메타(전 페이스북)가 오르면 이 주식들이 오른다

메타라는 사명에서 알 수 있다시피 전 페이스북인 메타는 메타버스로 빠르게 사업을 전환하고 있습니다. VR기기 시장점유율 1위에 달하고 있긴 하지만 일반 소비자까지 전이되지 않은 상황입니다. 시간이 다소 걸릴 테지만 산업과 교육 분야에서는 빠르게 VR, AR이 도입되고 있습니다. 애플에서도 XR기기 진출을 앞둔 만큼 기대감이 큰 시장이기도 합니다. 확실한 실적이 없고, 비싼 기기 값 때문에 현재의 보수적인 시장에서는 업종 자체가 위축된 상태입니다. 메타 주가만 보더라도 1/3 토막이 난 상태죠. 우리나라에서도 마찬가지고요.

메타의 실적에 의미 있는 성장이 시작되고 주가가 안정적으로 올라간다면 우리나라의 메타버스 관련 기업들도 주목해봐야 한다고 생각합니다. 메타버스 시장이 올라갈수록 선점해 기술개발을 하고 기업들부터 많은 기회가 찾아올 거니까요.

메타의 오큘러스 VR기기 공급계약을 한 적이 있는 뉴프렉스, 애플의 XR기기 납품 이력이 있는 선익시스템, 가상세계시장에 필요한 시각효과와 음향효과 제작기술이 있는 덱스터 등 실제 관련 시장에서 사업을 해 이익을 냈던 기업 중심으로 보는 것이 좋습니다. 기술력에 대한 인증이 된 상태이기 때문이죠. 시장점유율이 정해지지 않은 업종이기에 적어도 안전마진을 들고 있는 기업으로 투자금이 몰릴 겁니다.

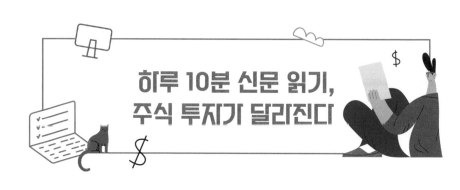

히루 10분 신문 읽기,
주식 투지기 딜리진디

초보 투자자라면 종이신문

　요새는 뉴스도 언론도 아닌 유튜브를 믿는 시대가 되었습니다. 물론 주식을 분석하거나 증시 상황을 설명하는 유튜브도 도움이 됩니다. 하지만 전문가가 올리는 영상은 유료인 경우가 훨씬 많으며 내가 원하는 기업이 아닐 수도 있습니다. 그렇다고 매일같이 인터넷에 검색해보자니 이렇게 찾은 정보가 맞는지 의심도 들 거고요. 시간적·금전적 여유가 없는 초보 투자자일수록 얻을 수 있는 정보는 무척 제한적이라는 뜻입니다.

　제가 앞서 기업을 분석할 때 정부의 정책과 사회 현상 그리고 기업의 매출 구조 및 공급 기업을 이야기했던 것 기억하나요. 이러한 정보를 어디서 가져온 걸까요? 저만 아는 유료 사이트가 있거나 그마저도 책에서 하나씩 뒤져서 나온 것일까요?

아니요. 바로 매월 단돈 2만 원의 구독료가 나가는 경제 신문입니다. 요새는 잘 보이지 않는 회색의 그 종이신문이요. 신문을 통해 저는 매일 매일 3천 개가 넘는 상장된 한국 기업 중에서 이슈가 있는 기업들의 정보를 얻고 현재 정부에서 어떤 정책을 밀고 있는지 아주 쉽게 확인할 수 있습니다. 제가 신문에서 확인하는 정보는 10가지입니다.

1. 현재 정부의 정책 방향(밀고 있는 산업이 있는지)
2. 미국의 금리 및 유동성 방향(관련된 전문가의 인터뷰 인용 기사 및 FOMC 회의 요약)
3. 새로운 공급계약, 수주계약이 생긴 기업
4. 다른 나라에 진출한 기업
5. 공장을 증설하거나 사업을 확장하는 기업
6. 부채가 많은 기업
7. 어닝서프라이즈가 난 기업들
8. 해외 주요 기업들의 앞으로 사업 방향
9. 유행하고 있는 사회 현상
10. 배당률이 높은 기업들

이 외에도 많긴 하지만 주식 투자의 힌트를 많이 얻었던 10가지를 꼽아보았습니다. 물론 이 10가지가 매일 신문에 나오는 것은 아닙니다. 시의성이라는 신문의 특성답게 나올 때쯤 알아서 제일 먼저 기사로 나오게 됩니다. 특히 공급계약, 수주계약은 계약이 확정될 경우 기업이 홈페이지나 다트에 공시해야 하는데요. 우리가 날마다 들어가지 않는 이상 바로 알 수가 없습니다.

하지만 신문을 볼 경우, 내가 놓치더라도 우리가 알 만한 기업은 대부분 기사로 공시내용을 접할 수 있을 겁니다. 공급·수주계약은 매출 상승의 주요인으로 호재가 되는 부분이기에 알고 있다면 도움이 되겠죠.

아침에 출근하기 바쁜데 신문 읽을 시간이 어딨냐고요? 저는 아침에 10~15분 정도만 신문을 읽는 데 투자합니다. 30페이지 가까이 되는 경제 신문은 많은 분량은 아니지만 무엇을 봐야 할지 모를 때가 있습니다. 그럴 때는 앞의 10가지 위주로 살펴보는 것이 좋습니다. 저 정보 중에서 많아야 하루에 한두 가지 정도를 얻을 수 있을 겁니다. 신문을 빠르게 훑으면서 원하는 정보만 깊이 읽으면 되니 10분이면 충분합니다.

효율적인 신문 활용 방법

신문의 얼굴이라고도 할 수 있는 첫 번째 페이지는 주로 자극적인 정보를 제공하고 있습니다. 사회 현상이나 정치 이슈일 경우가 많습니다. 사고가 났거나, 정치 스캔들이 대부분이고 현재 경제가 안 좋다,

코스피가 폭락했다 같은 부정적인 헤드라인을 주로 걸고 있습니다. 전날 코스피가 폭락했다고 해서 다음 날도 폭락할까요? 오히려 반등해서 오른 날이 더 많았습니다. 단지 일어난 현상에 관한 기사라면 사실상 투자와는 크게 연결되지 않습니다.

하지만 "2030! 탄소중립정책 실시"와 같은 정부에서 내걸고 있는 정책이 신문 1면에 나온다면 체크해야 합니다. 이 정책과 관련 있는 산업이 이후 성장 업종이 될 가능성이 크니까요. 2020년 코로나19 유행 이후 모든 세계 정부는 친환경 정책에 힘을 실었습니다. 한국 정부도 마찬가지고요. 그 결과 친환경 에너지, 친환경 소재를 개발하는 기업들의 주가가 2~3배가 넘는 상승을 보였습니다.

이런 내용은 1면에 나오지 않고 정치면에서 나오기도 합니다. 정치면이라고 바로 넘기지 않고 정부에서 미는 정책이나 보조금, 세금감면 등 경제적으로도 지원하는 산업이 있다면 꼭 체크해두길 바랍니다. 그리고 정치면에 등장했던 정책이 증권과 기업 편에 한 번 더 소개된다면 이 부분을 별을 3개는 쳐놓아야 합니다. 경제적 효과가 있기 때문에 한 번 더 강조하는 것이기에 놓치면 안 되겠죠.

제일 중요한 부분은 바로 증권과 기업 부분입니다. 주로 첫 페이지는 대기업들의 사업 방향에 대해서 다루고 있습니다. 다른 기업을 인수 합병했다느니, 관련 사업에 몇천억 원 투자했다 등의 기사들입니다. 내가 이런 기업들을 투자하지 않았더라고 이 정보들은 중요합니다.

대기업은 시장의 판을 크게 만들 힘이 있습니다. 전기차 시장과 반도체 시장이 이렇게 커진 이유도 내로라하는 대기업들이 참전했기 때문입니다. 시장이 커지면 돈이 몰리고 관심이 몰립니다. 또한 관련 사업이 성행한다면 협력업체들도 함께 커지고, 협력업체에 해당이 안되었다 하더라고 관련 업종에 속한 기업들도 덩달아 시장의 이슈를 받을 수 있습니다. 그러니 대기업이 어디로 투자를 집중하고 있는지, 어떤 기업과 협력하고 어떤 제품을 만들려고 연구하는지 확인해보세요. 지속적으로 신문에 등장한다면 그 사업이 앞으로의 주도 업종이 될 거니까요.

초단기 투자에도 유용한 신문

지금까지는 중장기 투자를 위한 신문 활용이었는데요. 초단기 투자를 할 때도 신문은 유용합니다. 주식을 무조건 장기 투자만 해야 한다는 법은 없습니다. 차트와 투자자의 심리를 귀신같이 이용할 줄 아는 단기 전문 투자자들도 있으니까요. 이들에게 중장기 전망은 아무 쓸모가 없습니다. 3일에서 일주일 안에 다 팔아야 하기 때문입니다.

그러나 그들도 정보는 필요합니다. 주가가 빨리 올라가려면 올라갈 만한 호재가 있어야 하니까요. 그리고 호재들은 대부분 공급계약, 매출 호조, 인수합병, 해외 진출 등 사업에 긍정적인 내용입니다. 그리고 우리도 이러한 호재를 신문에서 매우 빠르게 확인할 수 있습니다.

저는 손이 빠른 편도 아니고 전문 트레이더도 아닙니다. 그러나 이 방법을 통해 하루에서 일주일 사이에 5~10%의 수익을 얻고 있습니다. 그렇다면 바로 돈을 벌어다 주는 이 방법을 중점으로 투자해야 하는 것 아닌가 싶지만, 시장은 그렇게 만만하지 않습니다. 단기로 수익을 얻는 대신 리스크 또한 명확합니다.

중간에 허위공시가 되어서 호재가 증발할 수도 있고, 작전 세력이 붙어 일부러 급락시켜버릴 수도 있으며, 나는 호재라고 생각했지만 시장에는 큰 반응을 못 얻을 수도 있죠. 애꿎은 기업에 소중한 내 돈만 부은 격입니다.

단기 투자를 할 때는 더 철저한 투자 원칙을 세우고 기계적으로 따라야 합니다. 가치를 보고 들어간 기업이라면 좀 물리더라도, 기다릴 수 있는 심적 여유가 생길 테지만 단기 투자는 기업의 가치가 아닌 단기성 호재를 보고 들어간 것입니다. 그렇기에 하락했을 경우 이걸 기다려야 하나 손절해야 하나 안절부절못하게 되고 '내가 왜 그랬을까.' 하는 후회만 계속 반복하게 됩니다.

처음에 신문 투자를 했을 때 물렸던 기업은 3년이 지나도 제 평균 단가에 오지를 않더군요. 이 쓰린 경험을 한데 모아 저만의 투자 원칙을 만들었습니다.

1. 시초가부터 5% 이상 오른 상태라면 매수하지 않는다.
2. 2~3일 전부터 외국인 또는 기관이 계속 매도하는 상태의 수급이라면 매수하지 않는다.

3. 시장이 좋지 않은 날(미 선물지수 하락, 환율 상승)은 매수하지 않는다.

4. 네이버 증권의 재무제표에서 영업이익이 적자일 경우 매수하지 않는다.

5. 이미 많이 올라 5일선과 많이 떨어진 상태라면 매수하지 않는다.

6. 어닝서프라이즈는 호재가 아니다. 매수하지 않는다.

규칙을 보면 그냥 투자하지 말라는 이야기 같지만, 최대한 리스크를 줄이기 위한 저만의 방법입니다. 번호별로 이유를 알려드리겠습니다.

1번, 시초가가 호재를 반영했다면 시외에서 거래한 사람들이 차익을 이미 얻었다는 뜻인데 그들이 한꺼번에 물량을 매도한다면 더 크게 하락할 수도 있습니다. 그래서 더 올라갈 여지가 있더라도 시초가가 5% 이상 상승한 경우는 매수하지 않습니다.

2번, 결국 주식도 수요와 공급의 싸움입니다. 외국인과 기관은 기업의 대표적인 수급 주체입니다. 많은 물량을 한 번에 사고팔 수 있는 집단입니다. 펀드 회사가 대부분이고요. 일반 투자자보다 더 빠른 정보를 얻을 확률이 높으므로 외국인과 기관은 미리 호재를 알고 어느 정도 매수해오고 있을 가능성이 큽니다. 그런데 지속적으로 매도만 한 기업이라면 그 기업에 거는 기대가 적다는 뜻이겠죠.

3번, 시장이 좋지 않은 날에는 애초에 투자자금이 많이 몰리지 않아 호재에도 주식이 힘이 없습니다. 오히려 기회다 싶어 매도해버리는 투자자도 있고요. 따라서 시장 자체가 안 좋은 날에는 원하는 수익률이 나오지 않기 때문에 매수하지 않습니다.

4번, 단기 투자라도 간단한 재무 상황은 알고 투자하는 것이 좋습니다. 혹여 시장이 급변해 호재에도 불구하고 주가가 하락하더라도 재무가 어느 정도 안정적인 기업이라면 우리 또한 버티면 되니까요. 최소한의 안전마진을 위해서라도 영업이익을 내는 기업인지 확인하는 게 좋습니다.

5번도 안전마진을 위한 원칙입니다. 이미 그만큼 올랐다는 것은 이미 투자자들이 호재를 만연하게 알고 있다는 뜻입니다. 그런데 아예 기사까지 나버렸다면 몰랐던 투자자들까지 새로 들어올 겁니다. 이미 호재가 반영된 주가이니 새로운 투자자들에게 물량을 넘겨버리고 차익을 실현해버리지 않을까요?

6번은 미국과 한국을 나눠 보죠. 미국에서 어닝서프라이즈는 엄청난 호재입니다. 전 세계시장에서 평가받고 있기에 실적은 기업들을 판단하는 중요한 요소가 됩니다. 그래서 어닝서프라이즈 당일 10% 이상 오르는 경우가 허다합니다. 그러나 국내 기업에서는 그렇게 호재가 아닐 겁니다. 왜냐하면 그동안 맺은 공급계약, 상품 매출 실적 등으로 예측해 주가에 이미 반영되었으니까요. 주식은 미래를 내다보는 상품입니다. 수십 배의 PER에도 불구하고 투자자들이 사는 이유는 미래에는 그만한 가치를 지닐 거라 믿기 때문입니다.

이미 엄청난 이익 실적을 벌어들였다면 미래에는 이보다 더 큰 실적을 얻는 게 힘들 수도 있습니다. 물론 성장 업종일 경우 더 큰 실적을 보일 수 있습니다. 그런데 기존의 조선, 철강, 건설과 같은 제조업, 소비재 업종의 경우는 경기에 민감합니다. 이번에 경기가 좋아 최대 실적이 나왔지만 내년에 경기가 꺾이면 올해의 어닝서프라이즈가 오히려 꼬리표가 되겠죠. 이익이 줄어들기라도 한다면 "작년에 비해 30% 하락한 실적"과 같은 기사 제목들이 우후죽순 달릴 거고요. 그렇기에 경기 민감 업종의 경우 어닝서프라이즈 기사를 본다면 오히려 갖고 있던 주식을 익절해야 하는 시기라고 생각합니다.

매수 원칙은 위의 원칙과 반대로 하면 됩니다.

1. 아침 신문에 나왔음에도 주가가 1~2% 안에서 움직이고 있다면 매수한다.
2. 외국인 또는 기관의 수급이 며칠 사이 꾸준히 있었다면 매수한다.
3. 전날 미장 분위기가 좋았고 우리 시장의 분위기도 좋으면 매수한다.
4. 재무제표를 봤는데 영업이익이 나오고 있는 기업이라면 매수한다(시간이 날 경우 ROE도 살펴보면 좋다).
5. 어닝서프라이즈 대신 매출이 오를 수 있는 조건인 공급계약, 수주, 대기업과의 협력 또는 합작회사 설립, 해외 공장 증설, 합과 같은 기사일 경우 매수한다.

무엇보다 중요한 원칙

그리고 제일 중요한 원칙이 있습니다. '절대 내가 가진 여유 금액에서 벗어나서 투자하지 않는다.'

특히 초보 투자자일수록 시행착오를 많이 겪을 수 있으므로 처음부터 많은 금액으로 투자하지 않았으면 합니다. 10만 원에서 100만 원 사이로 하시는 게 적당합니다. 여유자금이 부족하다면 안 해도 상관없고요. '이 방법을 통해서 수익을 많이 벌겠어!'가 아니라 차트와 수급, 호가 등을 보며 '이렇게 주가가 오르고 내리는구나.' 하는 실전 투자의 감을 익히는 용도로 보시는 게 더 좋습니다.

보통의 경우 내려갈 때도 있긴 하지만 평균단가까지는 오는 편이긴 합니다. 다만 7일이 지나도록 평균단가에 오지 않고 외국인과 기관의 수급도 빠져나가고 있다면 마음은 아프지만 손절하거나 기다려야 합니다. -3%면 바로 매도해야 한다는 전설적인 단기 매매 법칙이 있긴 합니다만 솔직히 저도 지키지 못했습니다. 이익이 그래도 나는 기업을 투자했기에 한번은 기회를 주겠지 하고 기다렸거든요. 다행히 무사히 탈출한 편입니다.

또 하나 반드시 매도를 미리 걸어두시길 바랍니다. 3%, 5%, 10%마다 나누어 매도 체결을 걸어놓아도 되고요. 제가 잘 쓰는 방법은 매물대 차트입니다.

차트에 매물대 지표를 설정하면 어떤 가격에 투자자들이 몰려 있는지 확인할 수 있습니다. 상단 매물대에 있는 투자자들은 어떻게 보면 물려 있는 셈이니 가격이 오면 재빨리 팔아버릴 가능성이 큽니다. 매물대가 길면 길수록 투자자들이 물려 있기 때문에 그들이 매도를 친다면 올라가던 주가도 다시 꺾일 수 있는 거죠. 그 물량 이상을 누군가는 매수를 해줘야 올라갈 텐데 그렇지 않을 경우는 하락할 테니까요. 그렇게 매물대가 쌓인 곳 바로 아래 호가에 매도를 걸어두는 편입니다.

주가가 변동성이 심한 상태라면 종가까지는 지켜보는 편이 좋습니다. 장이 끝날 시간이 다 되었는데 상승분을 모조리 반납했다면 내일도 좋지 않을 가능성이 더 큽니다. 충분한 매수 거래량이 있었다면 시초가까지 내려가지 않았을 테니까요. 상승분을 반납했다는 것은 오르자마자 매도해버린 투자자들이 더 많았다는 뜻입니다. 그렇다면 불안해진 기존 투자자들이 다음 날 또 매도해버려 도리어 하락할 수도 있습니다. 그렇다면 평균단가에서라도 매도해 원금을 지키는 편이 낫습니다.

실제 예시로 알아보기

실제 예를 들어 알아보겠습니다. 신문에서 성일하이텍과 SK이노베이션이 합작회사를 설립한다는 기사를 읽었습니다.

글로벌 배터리 기업 5위 안에 드는 SK이노베이션과 폐배터리 기업을 협력한다는 것은 성일하이텍 입장에서는 매우 큰 호재입니다. 성일하이텍은 폐배터리를 재활용해 다시 납품하는 기업인데요. 대형 배터리 업체와 손을 잡았다는 것은 지속적으로 많은 물량을 계속 공급받을 수 있다는 뜻입니다.

시초가를 보니 전일 대비 1.5% 상승으로 시작했습니다. 큰 상승을 하고 있지 않았기에 진입했다면 최소 5% 수익을 챙길 수 있었습니

SK이노베이션과 성일하이텍의 합작법인 기사

성일하일텍 차트

전지차 충전사업 관련 기사(5월 3일자와 11일자)

달아오르는 전기차 충전사업 대형 IT기업 참전 잇따른다

롯데정보·신세계아이앤씨 을 충전소 3300기, 2300기씩 마트 등 유통망에 확충하기로

전기자동차 충전 시장이 정보기술(IT) 기업들의 참전으로 불황을 잊은 채 후끈 달아오르고 있다.

유통 계열 IT 서비스 기업들이 올해 그룹사 유통망을 중심으로 전기차 충전 인프라스트럭처를 공격적으로 확대하기 시작한 가운데 LG그룹 역시 전기차 충전 생산과 플랫폼 사업을 공식화하며 관련 시장에 본격적으로 뛰어들 채비를 마쳤다.

2일 신세계아이앤씨에 따르면 회사의 전기차 충전 서비스 '스파로스 EV'는 지난해 10월 출시 이후 전국에 충전기 인프라 1100여 기를 확대했다. 하반기에는 신세계그룹의 주요 소매 매장을 중심으로 스파로스 EV 전기차 충전소 개소를 준비하고 있다. 신세계아이앤씨 관계자는 "당초 올해 말까지 약 2300기의 충전소 구축을 예상했다"며 "하지만 아파트를 포함한 주거지역 내 충전 인프라가 빠르게 확산되는 데다 대형 전기차 충전소 구축 사업을 수주하면서 목표보다 훨씬 더 많은 충전소 확대가 이어질 것으로 예상된다"고 설명했다.

지난해 전기차 충전기 제조사인 중앙제어를 인수한 롯데정보통신 역시 올해 약 3300기의 충전기 확대를 계획하고 있다. 지난해 (약 700기)를 훨씬 뛰어넘는 규모다.

기 확대를 계획하고 있다. 신세계는 이미 지난해 1월부터 청주사에서 전기차 충전시설 175기를 운영하기로 한 데 이어 지난 2월 전국 홈플러스 56개점을 대상으로 약 800기의 충전기 구축에 들어간 상황이다. 이 같은 수주 기반으로 중앙제어는 지난 4분기 흑자 전환에 성공했다.

업계는 장기적으로 롯데정보통신이 이 전기차 충전 사업으로 해외 진출까지 꾀할 수 있을 것으로 내다본다. 수도 이전이 진행되는 인도네시아가 대표적이다. 인도네시아에서는 현재 대부분 마트나 몰을 중심으로 소비문화가 형성돼 있는 것으로 알려졌다. 스마트시티 신수도 건립 과정에 신축 마트나 몰에 전기차 충전 인프라가 선제적으로 구축될 가능성이 큰 가운데 롯데그룹은 현 수도인 자카르타에 유통 점포들을 다수 운영하고 있다.

통신업계에서는 LG유플러스가 올해 본격적으로 전기차 충전 시장에 뛰어든다. 앞서 LG유플러스는 전기차 충전소 검색·예약 플랫폼 '볼트업'을 앞대 대명에 출시할 예정이다. 현재 U+멤버십 고객을 대상으로 10% 상시 할인 혜택을 제공하는 가운데 '차주 구독 서비스 '유독'에 볼트업을 추가하는 방안도 검토하고 있다. 또, 전기차 충전기 생산과 공급의 열쇠인 LG전자까지 맞을 것으로 점쳐진다. LG전자는 지난해 전기차 충전기 애플업(GS)을 인수한 데 이어 최근 평택 LG디지털파크에 생산라인 구축을 마쳤다.

전기차 충전소 선점 경쟁 투자 혹한기에도 '뭉칫돈'

2030년 시장 9배 성장 전망
현대차·SK 인프라 구축나서

투자 시장이 침체된 와중에도 전기차 충전 서비스에 대한 투자가 잇따라 이뤄지고 있다. 부족한 충전소 시장을 선점하려는 투자자가 몰리는 것으로 해석된다. 10일 투자은행(IB) 업계에 따르면 전기차 충전 서비스 전문기업 대영채비는 약 1000억원 규모의 투자 유치를 준비 중이다. 대영채비는 앞서 2021년 6월 스틱인베스트먼트와 휴맥스모빌리티에서 800억원을 유치한 바 있다. 전기차 충전설비제조업체인 클린일렉스도 약 300억~400억원을 목표로 자금을 모집한다. 2014년에 설립됐으며 전기차 충전설비를 생산하는 데 끝내러지 않고, 관리 및 유지·보수까지 담당하고 있다.

현대차, SK 등 대기업의 전기차 충전 서비스 투자 경쟁도 치열하다. 한국전기차충전서비스는 지난 3일 390억원 규모의 유상증자를 결정했다고 공시하며 그룹 183억원을 최대주주

현대차가 출자한다고 밝혔다. 한국전기차충전서비스는 현대차그룹, 한국전력, KT 등이 설립했으며 2013년 설립 예비차주는 전기차 충전기 생산에서 충전소 설치와 운영까지 다양한 사업을 펼치고 있다. SK그룹은 2021년 초급속 충전기 전문기업 시그넷이브이를 인수하며, 회사 이름을 SK시그넷으로 바꾼 뒤 글로벌 시장으로 판로를 넓히고 있다.

잇단 투자는 시장 초기 선점 목적이 크다. 실제로 대영채비는 지난해 138억원의 영업적자를 냈음에도 한 번에 수백억~수천억 규모의 투자를 받아 오고 있다. 글로벌 시장조사 전문기업(팩트프레시먼스 리서치)에 따르면 전 세계 전기차 충전 시장 규모는 2022년 465억4000만달러(약 61조원)에서 2030년 4173억5000만달러(약 551조원)로 약 9배 커질 전망이다. 박창영 기자

운용사 황당 실수… 뒤바뀐 감사위원

외국계 이스트스프링스
의결권 위임 안받고 행사

데 결권 행사가 가능한 펀드 보유분인 833주 외에 위임 계좌에서 보유한 2만 4507주까지 의결권을 행사한 것이

다. 매물대를 보아하니 12만 5천 원 선에 매물대가 많이 쌓여 있었죠. 그렇다면 하루 더 지켜보고 12만 4,500원에 매도를 걸어두었다면 약 8%의 수익을 챙길 수 있었습니다.

아니나 다를까. 매물대에 막혀 긴 위꼬리를 달고 내려왔죠. 따라서 미리 매도를 걸어두는 습관도 중요합니다.

한 가지 더 예시를 들어보겠습니다. 전기차 충전사업 관련 기사를 읽고 바로 차트를 살펴봐야 할 종목은 무엇일까요? LG유플러스? 신

디스플레이텍 차트

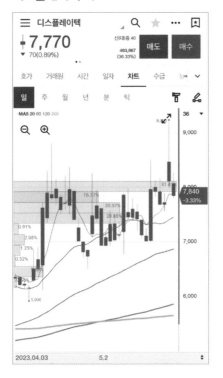

세계? 그들이 전기차 충전 사업에 뛰어드는 건 좋은 소식이지만 그들
의 본업은 따로 있습니다. 대기업들이 인프라를 확충시켜주면 그에
따라 수주량이 많아지는 건 장비와 부품기업입니다. 당연히 어떤 기
업인지 모를 수 있습니다. 그럴 땐 '전기차 충전 관련주'를 검색하면
됩니다.

여러 기업이 나올 텐데, 앞서 이야기한 매수 원칙에 들어맞는 주식
을 찾습니다. 제가 찾은 종목은 디스플레이텍이라는 코스닥 기업인

데요. 한국전기차충전서비스 지분을 17%를 가지고 있다는 점이 눈에 띄었습니다. 그리고 기사가 뜬 5월 3일 당시 시초가가 0.19% 정도만 상승하고 있던 터라 매수 타점이 될 수가 있습니다. 한 3일간은 지지부진 흐름을 이어가다가 일주일 뒤 또 비슷한 기사가 나왔습니다.

충전 서비스에 대형 기업들의 투자가 잇따른다는 소식이네요. 그 결과 디스플레이텍은 10% 이상의 상승을 보였습니다. 그리고 위꼬리가 계속 나오는 매물대 부분에서 매도를 걸어두었다면 8~10% 정도의 수익을 일주일 안에 낼 수가 있었겠네요.

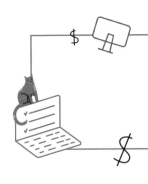

배당주, 제대로
고르는 법

배당주는 무조건 좋을까?

수익률을 높여야 하는 사회초년생에게 배당률을 보고 투자하라고 권하지 않습니다. 배당금은 기업이 벌어들인 영업이익에서 세금 및 들어가는 모든 비용을 뺀 당기순이익에서 나오는데요. 성장하는 기업이라면 벌어들인 돈을 또 다른 곳에 투자하거나 공장을 증설하는 등 돈이 아주 많이 들어가게 됩니다. 즉 배당금을 주주들에게 많이 나눠줄 여유가 없다는 뜻입니다. 배당률은 높아봤자 3~5% 사이겠지만 아시다시피 성장 업종의 기업들은 주가수익률이 2~3배 가까이 오르는 일도 있었으니까요. 배당만 보고 투자하는 것은 효과적인 투자 방법이 아닐 수도 있다는 이야기입니다.

여기서 배당률은 주가 대비 배당이 차지하는 비율로 '배당수익률'이라고 부릅니다. 흔히 고배당을 주는 기업들은 금융업종에 속한 기업들입니다. 4~6%에 달하는 기업들도 많은데요. 대표적인 한국 은행주인 KB금융의 경우는 5%대의 배당수익률을 자랑하긴 하지만 아직 전고점을 돌파하지 못한 상태입니다. 주가가 박스권에서 머무는 모습이죠. 반면 LG화학의 경우 10년간 5배에 달하는 성장을 보였습니다. 배당률은 1.5% 불과할지라도 수익률은 500%에 가까웠겠네요.

그렇다 하더라도 배당을 아예 무시할 수는 없습니다. 차트야 10년을 압축시켜서 보여준 것이지 어떤 해는 마이너스였던 해도 있었을 겁니다. 그때 배당금이라도 나왔다면 손실을 분산하는 역할로 쓸 수 있었을 거니까요.

또한 배당을 잘 주는 기업은 그만큼 주주 친화적인 기업이라는 뜻입니다. 주주들을 배려하고 주주들을 위한 정책을 펼 줄 아는 기업은 오랫동안 투자해도 될 만한 신뢰성을 갖게 되는 거죠. 그럼 그 신뢰를 통한 투자금으로 기업은 또 다른 성장을 해나갈 수도 있고요.

워런 버핏은 배당성향이 높은 기업, 즉 벌어들인 당기순이익에서 배당금으로 주는 비율이 높은 기업을 조심하라고 했지만, 포트폴리오의 10% 이상은 금융업종으로 채워져 있습니다. 그만큼 꾸준한 배당수익을 포기할 수는 없다는 거겠죠. 소액 주주의 배당률 3%와 거대한 자본을 움직이는 투자자들의 3%는 금액 자체가 다를 겁니다. 높은 투자수익률은 아니더라도 꾸준한 현금을 챙길 수 있는 장점이 있는 셈입니다.

KB금융(위)과 LG화학(아래)의 차트

KB금융 105560 [코스피] [🔊] 2022.12.02 기준(장마감) [실시간] [기업개요 ▾]

52,400
전일대비 ▼1,100 -2.06%

전일 53,500	고가 53,100 (상한가 69,500)	거래량 1,127,763
시가 52,900	저가 52,400 (하한가 37,500)	거래대금 59,287 백만

선차트 1일 1주일 3개월 1년 3년 5년 10년　　　　봉차트 일봉 주봉 월봉

LG화학 051910 [코스피] [🔊] 2022.12.02 기준(장마감) [실시간] [기업개요 ▾]

711,000
전일대비 ▼11,000 -1.52%

전일 722,000	고가 728,000 (상한가 938,000)	거래량 162,549
시가 718,000	저가 711,000 (하한가 506,000)	거래대금 116,554 백만

선차트 1일 1주일 3개월 1년 3년 5년 10년　　　　봉차트 일봉 주봉 월봉

여기서 우리는 조금이라도 배당을 챙겨주는 기업을 선호하되 아래의 기준은 충족해야 합니다.

1. 배당성향이 40 아래이되 일정함(수익이 일정하게 유지)
2. 배당수익률도 일정하거나 조금씩 늘어나고 있음
3. 이익에 따라 배당금도 늘어나고 있음

이런 조건을 갖춘다면 성장성을 갖추면서도 주주 친화적인 기업이라는 뜻입니다.

어떤 기업이 올해는 배당을 지나치게 많이 준다고 좋아할 일이 아닙니다. 내년 배당이 소폭 감소한다면 기업의 투자 매력도는 떨어질 수가 있겠죠. 그렇다면 더 큰 손실을 볼 수도 있습니다. 따라서 배당금을 일정하게 주거나 조금씩 성장하는 것을 보는 것이 좋습니다.

또한 배당성향이 해마다 10%, 90%, 50%처럼 들쑥날쑥한 기업도 조심해야 합니다. 이익이 일정하지 않아 그런 것이라면 어느 정도 이해하겠지만 보통 다른 이유일 가능성이 큽니다. 여러 계열사를 지닌 그룹의 경우 회장님이 많이 들고 있는 기업에 지나친 배당성향을 줄 때가 있는데요. 기업이 이익을 잘 벌어서가 아닌 단순히 회장님의 배당수익을 높이기 위해 높은 배당성향을 선택하는 것입니다. 그해에는 높은 배당성향을 보고 투자자들이 몰려들지는 모르겠으나 기업의 현금이나 미래 대비 투자자금을 생각하지 않고 배당금을 준 것이기에 그 이후는 알 수가 없습니다.

네이버 종목분석에서 확인하는 배당수익률과 배당성향

현금배당수익률			6.03	3.70	7.09	8.46	8.88	9.19 19
현금배당성향(%)			27.00	19.89	25.29	25.14	25.74	26.30 30

회장님이 많이 들고 있는 기업이 나쁘다는 뜻이 아닙니다. 경영 안정성이 있다는 이야기이기도 하지만 수상하게 배당성향이 오락가락하면 이 기업을 제대로 성장시키는 것이 목적이 아닌 자신의 ATM기로 쓰고 있는 것은 아닌지 유의 깊게 살펴보아야 합니다.

배당수익률과 배당성향은 네이버 종목분석 칸에서 쉽게 확인할 수 있습니다.

배당주 투자 방법

배당을 받기 위해서는 배당기준일까지 해당 주식을 보유해야 합니다. 연말에 배당을 한 번 주는 결산배당 주식들이 많은 편인데요. 그 경우 12월 31일에는 자신의 계좌에 해당 주식이 들어와 있어야 한다는 뜻입니다.

2022년 12월 31일은 토요일이었습니다. 토요일은 휴장이기 때문에 그 전날인 30일까지 주식을 보유해야 하는 거죠. 주의해야 할 점은 주식을 매수하면 바로 내 계좌로 들어오지 않습니다. 실제 주식은 2일 후에 들어옵니다. 여러분이 주식을 매도한 후 바로 현금을 뺄 수 없었던 이유도 이 때문입니다. 매도하고 받은 현금이 2일 뒤에 처리되기 때문입니다. 즉 배당을 받으려면 30일보다 2일 앞선 28일까지는 주식을 매수해야 합니다. 이때 30일을 배당기준일, 주주명부에 찍히는 날이라고 하고 그 전날인 29일을 배당락일이라고 합니다.

배당락일에는 왜 주로 하락할까?

산타랠리라고도 부르는 연말장이지만 유독 배당락일 만큼은 힘을 쓰지 못합니다. 그 이유는 주주들에게 평등한 기회를 주기 위해서입니다. "아니, 주가가 내려가는 게 뭔 평등이야! 분노를 주는 거지."라고 할 수 있지만 12월 28일까지 주식을 매수한 투자자들은 내년에 배당을 받게 되는데 하루 늦었다는 이유로 12월 29일 매수자들은 그 권리를 받지 못하게 되니까요.

이전에는 배당률만큼 하락을 시키고 시작하는 것이 관례였지만 요즘은 배당락마저 시장의 자율성에 맡기는 편입니다. 오히려 주가가 잠시 낮아진 틈을 타 매수세가 몰려들어 주가가 더 높아지는 일도 있었으니까요.

만약 해당 기업이 높은 배당 말고 별 강점이 없다면 심한 하락이 찾아올 수도 있습니다. 주주명부에 찍히는 28일까지만 주식을 들고 있고 29일에는 매도를 하더라도 배당을 받을 권리는 유효하거든요.

주식이 하락하는데 매도하면 손해 아니냐고요? 오르기 전부터 야금야금 모아왔다면 배당락일의 하락이 큰 영향을 끼치지 않을 수도 있습니다. 또 큰 자본을 움직이는 기관의 경우 단 1%만 수익이라 하더라도 몇십억 원의 차익을 벌어들일 수 있습니다. 배당수익만 챙겨도 이득이라고 취급된다면 과감히 매도를 칠 겁니다.

장기 투자자에게 배당락일이 더 중요한 이유

그렇다면 우리 같은 대기만성형(!) 투자자들은 어떻게 해야 할까요? 군이 배당락일의 상승과 하락을 노릴 필요가 없습니다. 꾸준히 매입하는 적립식 투자를 결정했거나 거치식 투자를 결정했기 때문에 배당일에는 얽매이지 않아도 됩니다. 배당률 2~3%를 챙기는 것보다 안정적인 수익률을 유지하는 게 더 중요하니까요.

만약 배당락일에 시초가(주식시장 시작 가격)가 매우 낮게 형성되고 있다면 중장기 투자를 노리는 사람에게는 오히려 매수 기회라고 생각합니다. 장기 투자자는 사실상 배당기준일보다도 배당락일을 주목해야 하는 거죠.

배당수익률의 함정, 배당금액을 보자

배당률이 7~8%가 되는 주식이 있다고요? 이거 웬만한 고금리 적금보다 나아 보이지만 실상을 잘 보셔야 합니다. 배당률, 즉 배당수익률은 주가 대비 배당금을 나타낸 비율입니다. 즉 배당이 올라가서 배당수익률이 올라갈 수도 있겠지만 주가가 하락해서 어쩔 수 없이 배당수익률이 올라가게 된 경우가 더 빈번합니다.

그리고 기업의 이익이 하락한다면 배당금도 자연스럽게 줄어들 겁니다. 배당금의 결정은 심지어 연초나 1~2분기 사이에 하게 될 가능성이 큰데요. 배당기준일 다음에 결정되기 전에 예상가와 달라질 수도 있습니다. 특히 직전 연도에 평소와는 다른 고배당을 실시했다면요.

그래서 배당수익률이 아닌 배당금을 보셨으면 합니다. 배당수익률은 해마다 바뀌는 주가로 속일 수 있지만 배당금액 자체는 숨길 수 없습니다. 8%, 10% 줬다고 한들 주가가 너무 낮아져서 오히려 이전보다 배당금액이 줄어들었다면 더 큰 손실일 테니까요.

배당금액이 5년 이상 일정하게 유지되거나 상승하고 있는 기업을

지난 연도의 배당금과 배당수익률 확인하기

배당락일 ⌄	배당 ⌄	유형 ⌄	지불일 ⌄	수익률 ⌄
2022년 12월 28일	2500	.12M	2023년 04월 27일	1.43%
2021년 12월 29일	2500	.12M	2022년 04월 27일	1.23%
2020년 12월 29일	1500	.12M	2021년 04월 23일	1.09%
2019년 12월 27일	1200	.12M	2020년 04월 24일	1.83%
2018년 12월 27일	1100	.12M	2019년 04월 25일	2.21%
2017년 12월 27일	1000	.12M	2018년 04월 25일	1.69%
2016년 12월 28일	900	.12M	2017년 04월 25일	2.07%
2015년 12월 29일	800	.12M	2016년 04월 21일	1.75%
2014년 12월 29일	700	.12M	2015년 04월 23일	1.82%
2013년 12월 27일	550	.12M	2014년 04월 24일	2.43%
2012년 12월 27일	1000	.12M	2013년 04월 24일	2.88%
2011년 12월 28일	900	.12M	2012년 04월 25일	4.19%

우선으로 보세요. 인베스팅닷컴을 이용하면 지난 연도의 배당금과 배당수익률을 한눈에 확인할 수 있습니다.

예로 든 종목을 보면 배당수익률은 일정하거나 내려가는 추세이지만 배당금은 오르는 것을 보니, 주가도 오르고 당기순이익도 증가하는 추세임을 알 수 있습니다. 실제로 이 기업은 배당금이 일정하게 늘어나기 시작했던 2016년부터 현재까지 4배 이상으로 올랐습니다. 이 기업은 다음 장에서 더 소개하도록 하겠습니다.

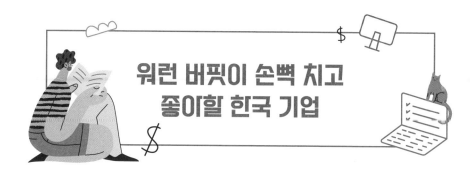

워런 버핏이 손뼉 치고 좋아할 한국 기업

워런 버핏조차 힘든 한국 시장?

　가끔 '워런 버핏이 미국이 아닌 한국에 김워런 씨로 태어났다면 지금의 자리에 오를 수 있었을까?' 하는 농담을 합니다. 실제로 워런 버핏은 한국에 투자한 적이 있지만 장기 투자의 대가답지 않게 투자한 종목을 대부분 매도했습니다. 그래서 오마하의 현인 워런 버핏도 한국 시장에서는 힘들다는 이야기가 나왔죠. 실제로 워런 버핏이 투자했던 시기는 10년간 500포인트 내외로 움직였던 박스피 시절이었으니까요. 시장이 잘 움직여주지 않으니 수익이 나오지 않을 수밖에요.

　그러나 알고 있던 이야기와는 다르게 워런 버핏은 그러했던 한국 시장에서조차 6배의 수익을 올렸는데요. 현재 곰표 브랜드로 잘 알려진 대한제분을 통해서입니다. 그가 매입할 당시 주가는 4만 원이었지만 4년 뒤 24만 원 가까이 치솟았습니다. 한국 시장에서 실패했다는 이야기와는 다르게 놀라운 수익률을 보여준 셈이죠.

그 외에 워런 버핏이 투자한 기업들을 살펴보면 포스코, 기아, KT&G 등이 있었습니다. 2004년 워런 버핏은 한국 시장에 투자를 시작했고 포스코를 제외하고는 투자한 대부분 종목의 주가는 2~5배 가까이 상승했습니다.

그가 한국 시장에서 실패한 투자자인지는 저는 잘 모르겠습니다. 벌어들인 수익금만 수천억 원에 달할 텐데요. 다만 포스코 투자는 사실상 실패에 가깝기에 그 부분이 강조된 걸로 보입니다.

포스코는 워런 버핏이 극찬했던 기업이었습니다. 기업의 4.5% 지분을 사들일 만큼요. 그러나 8년이 채 지나지 않아 워런 버핏은 들고 있던 포스코의 모든 지분을 매도했는데요. 그 이유는 '정권이 바뀔 때마다 변하는 철강 산업 규제, 미중 갈등으로 인한 중국발 매출 하락 등으로 인한 ROE의 하락'이었습니다. 10년간 두 자릿수를 유지했던 ROE가 반 토막 나버렸거든요. 극찬했던 기업이라도 자신의 투자 기준에 맞지 않는 결과가 생긴다면 가차 없이 매도했던 것이죠. 비록 손실을 보더라도 말입니다.

모든 투자를 성공한 건 아닐지라도 우리가 알 만한 대기업으로 이만한 수익률을 얻었다는 점으로도 워런 버핏의 투자 방법은 배울 가치가 있습니다. 그렇다면 버핏은 어떤 기준으로 앞서 기업에 투자했을까요.

1. 2~3 내외의 낮은 PER

2. 꾸준한 두 자릿수의 ROE

3. 시장 지배력이 있는 브랜드

이 세 가지를 볼 수가 있습니다. 그리고 워런 버핏이 간과했던 한국의 특성까지 고려한다면 어쩌면 워런 버핏이 손뼉 칠 만한 기업을 고를 수 있지 않을까요?

기업을 선택한 워런 버핏의 기준

우선 낮은 PER은 주가가 저평가되어있다는 말입니다. 이때 벌어들이는 수익도 적지만 주가가 더 적을 경우에도 사실 PER이 낮습니다. 저평가가 아닌 저가치인 셈이죠. 그래서 이익은 높지만 주가가 낮은 기업을 찾아야 합니다.

이때 높은 ROE를 판단기준으로 세우는 겁니다. ROE가 높으면서 이를 유지한다면 수익을 지속시킬 힘이 있다는 뜻입니다. 이렇게 ROE를 유지하려면 시장에 경쟁력 있는 상품을 지속적으로 공급할 수 있어야 합니다.

시장 지배력이란 소비재 기업 입장에는 확실한 브랜드 파워라고 보면 됩니다. 다른 경쟁사가 아무리 나오더라도 시장에서 절대적인 우위를 가진 브랜드라는 뜻이죠. 스타벅스, 코카콜라, 아이폰 등이 이에 속합니다. 아무리 카페가 많이 생겨나더라도 스타벅스는 꾸준한 수요가 있습니다. 커피가 아닌 브랜드가 주는 이미지를 파는 곳이니까요. 카페가 아무리 생겨나더라도 그에 준하는 브랜드가 생겨나지 않는 이상 커피로 경쟁을 하는 것이 아니기에 위협이 되지 않습니다. 그렇기에 가격 결정권이 소비자가 아닌 기업에 있습니다. 100~200원 올린다고 스타벅스를 안 가지는 않으니까요.

하지만 한국은 이런 브랜드 파워를 갖고 있다고 하더라도 상황이 다릅니다. 내수 시장의 크기가 다르기 때문입니다. 인구가 적고 소비의 양이 미국과 차이가 있습니다. 저평가된 소비재 기업은 침체기 시장에서는 안정적으로 평가받지만 정작 힘차게 오르는 상승기에는 아쉬운 모습을 보입니다.

한국 투자시장에서 중요하게 평가받는 점은 바로 성장성입니다. 주식 투자는 미래를 바라보고 하는 투자입니다. 지금이 아니라 미래에 누가 더 돈을 많이 벌까를 예측하는 투자자들의 줄다리기이기도 합니다. 그리고 투자자들이 기대하고 있는 성장성을 가진 업종은 기술, 전기전자, IT, 제조기업이고요.

그렇다고 성장성만 평가하기에는 리스크가 큽니다. 이익이 받쳐주지 않는다면 성장을 떠나 부실기업으로 평가받고 버블이 꺼지는 순간 끝도 없이 추락할 테니까요. 그렇기에 이러한 기업들의 경우는 브랜드 파워가 아닌 판매하는 제품의 시장점유율과 기술 우위 등으로 시장 지배력을 평가해야 합니다. 즉 해당 업종에서 제일 높은 시장점유율을 지니고 있는 기업이라는 뜻이죠.

또한 필요한 핵심 부품을 만들되 기술적 우위가 있을 경우 무조건 그 기업의 부품을 쓸 수밖에 없기에 매출이 유지될 수 있습니다. 이 점을 활용해 버핏형 기업을 선별해야 합니다.

버핏형 기업 선별하기

현실적으로 PRE이 2~3인 기업은 주식 투자가 보편화된 현재로서는 거의 찾기 힘듭니다. 있다 하더라도 성장 가능성이 적은 금융업이나 실질적인 사업을 영위하지 않는 지주사가 대부분입니다. 워런 버핏 또한 PRE이 24나 되는 애플을 지속적으로 투자하고 있으니 적은 PER을 고수하는 것만은 답이 아니라고 생각합니다. 따라서 저는 PER은 10 이내로 두되, 그보다는 버는 이익에 비해 저평가된 주가이며 시장 지배력이 있는 기업들로 선정해보았습니다.

버핏형 기업 1 LG이노텍

사업: 휴대폰, 자동차, 스마트 가전에 들어가는 카메라 모듈을 주력 사업으로 하고 있으며 아이폰의 75%가 LG이노텍의 카메라 모듈을 탑재하고 있습니다. 테슬라에도 자동차용 카메라 모듈을 수주한 이력이 있으며 공급처를 확대할 예정입니다. XR시대에 필요한 3D 센싱모듈 등 신기술 제품 양산 중입니다. AR, 자율주행차가 확대될수록 수요가 높아질 수 있지만 애플 의존도가 높은 것이 아쉽습니다.

시장 지배력: 카메라 모듈 부분에서는 글로벌 1위, 20%를 선점 중이며 자동차용 카메라 모듈 부분에서는 2위를 차지하고 있습니다.

저평가 여부: PER 6으로 같은 업종 평균 PER이 11에 비해 낮습니다.

적정주가: 영업이익×10(제조업 평균 PER)=16조인데 시가총액이 6조이므로 2.5배 가까이 저평가 상태입니다(적정주가 계산 참고).

ROE: 20~30으로 두 자릿수 유지 중입니다.

재무 상태: 영업이익 자체는 증가하고 있으나 영업이익률이 10 미만으로 아쉬우며 부채가 100% 이상이라 재무적으로 건강한 상태는 아닙니다. 그러나 공장 증설 등 사업확장을 위한 투자를 진행하고 있는 기업이므로 이 부분은 감안해야 한다고 생각합니다.

부채비율 또한 내년, 내후년에 부채가 100% 미만으로 떨어진다고

LG이노텍 재무제표

| Financial Summary | 주재무제표 ⌄ | 검색 IFRS(?) 산식(?) | • 단위: 억원, %, 배, 주 | • 분기: 순액기준 |

주요재무정보	연간							
	2017/12 (IFRS연결)	2018/12 (IFRS연결)	2019/12 (IFRS연결)	2020/12 (IFRS연결)	2021/12 (IFRS연결)	2022/12(E) (IFRS연결)	2023/12(E) (IFRS연결)	2024/12(E) (IFRS연결)
매출액	76,414	79,821	79,754	95,418	149,456	200,516	216,372	235,346
영업이익	2,965	2,635	4,764	6,810	12,642	16,778	17,984	20,091
영업이익률	3.88	3.30	5.97	7.14	8.46	8.37	8.31	8.54
순이익률	2.29	2.04	1.28	2.48	5.94	5.86	5.91	6.12
ROE(%)	9.37	8.02	4.73	10.20	30.94	30.16	25.17	22.66
ROA(%)	3.43	2.80	1.77	4.00	12.89	13.37	12.11	11.96
부채비율	201.29	171.74	161.76	148.74	133.58	119.66	98.66	81.55
자본유보율	1,584.48	1,724.22	1,793.97	1,990.24	2,688.76			
EPS(원)	7,385	6,891	4,323	9,977	37,532	49,627	53,985	60,903

예측하고 있습니다. 기업 자체가 부채를 줄이려고 노력하고 있다는 뜻이기에 앞으로 부채비율을 줄여간다면 재무안정성을 지니되 사업성이 있는 버핏형 기업이 되지 않을까 생각합니다.

버핏형 기업 2 ISC, 3 리노공업

사업: 반도체를 만들고 바르게 작동하는지 테스트하기 위해 반드시 써야 하는 테스트 소켓 및 핀을 제조합니다. 소모품이기에 반도체 가격이 아닌 반도체 출하량이 매출에 더 영향을 끼칩니다. 반도체 사용은 점차 늘어나는 추세이며 전기차, 자율주행 자동차 등 차량용 반도체 수요도 늘어나고 있으므로 반도체 출하량은 산업이 고도화될수록 많아질 것이라 예상됩니다.

시장 지배력: ISC는 반도체 테스트 소켓 부분 글로벌 1위이며 실리콘 소재의 소켓을 세계 최초로 계발해 시장의 90% 이상 점유율을 차지하고 있습니다. 리노공업은 ISC와 테스트 소켓 부분에서 1, 2위를 다투고 있으며 테스트 핀 분야에서는 시장점유율 70%로 글로벌 1위를 유지하고 있습니다. 리노공업이 특허를 가지고 있는 수직형 핀인 '리노핀'으로 달성한 결과입니다. ISC와 리노공업 모두 경쟁업체가 들어오더라도 기업이 지닌 특허 그 이상의 기술을 지니지 않는다면 독보적인 위치가 유지될 것으로 생각합니다.

저평가 여부: ISC의 PER 9, 리노공업의 PER 20으로 반도체 장비 업종 평균 PER이 7.7인 것에 비해 둘 다 높은 편입니다.

적정주가: 적정주가를 계산해보면 ISC는 2만 7,500원, 리노공업은

7만 2,700원입니다. 현재 주가는 적정주가 이상이고 리노공업의 경우 거의 2배 이상입니다. 그럼에도 불구하고 이 두 기업을 넣은 이유는 시장 지배력과 탄탄한 재무구조 때문입니다.

재무 상태: 먼저 ISC를 보겠습니다. 반도체 불황기였던 2019년도를 제외하고는 꾸준한 매출 성장을 보여주고 있으며 30%가 넘는 영업이익률과 20%의 ROE를 갖고 있습니다. 눈에 띄는 점은 부채비율입니다. 30% 아래의 낮은 부채비율로 안정적인 사업을 꾸리고 있습니다. 현재 주가가 다소 높지만 평균 PER이 10 이상을 웃도는 주식이기에

ISC 재무제표

주요재무정보	전체	연간	분기					
	연간							
	2017/12 (IFRS연결)	2018/12 (IFRS연결)	2019/12 (IFRS연결)	2020/12 (IFRS연결)	2021/12 (IFRS연결)	2022/12(E) (IFRS연결)	2023/12(E) (IFRS연결)	2024/12(E) (IFRS연결)
매출액	1,126	1,019	877	1,218	1,447	1,900	2,240	2,679
영업이익	230	123	20	181	375	684	802	962
영업이익(발표기준)	230	123	20	181	375			
세전계속사업이익	207	160	31	101	374	696	819	990
당기순이익	161	122	32	55	301	540	642	768
당기순이익(지배)	172	134	43	63	302	542	643	770
당기순이익(비지배)	-11	-12	-12	-8	-2			
영업이익률	20.44	12.04	2.31	14.85	25.93	36.00	35.81	35.91
순이익률	14.32	11.93	3.63	4.52	20.79	28.42	28.64	28.67
ROE(%)	11.10	8.13	2.57	3.68	15.30	21.71	21.36	21.66
ROA(%)	7.91	5.68	1.50	2.46	12.01	18.01	17.59	18.10
부채비율	22.98	21.74	16.84	38.64	17.59	22.39	20.39	18.77
자본유보율	2,325.31	2,397.23	2,390.44	2,471.15	2,925.70			
EPS(원)	1,220	945	308	445	1,857	3,119	3,696	4,425
PER(배)	15.77	9.12	31.70	60.62	19.04	10.35	8.74	7.30

시장에서 기대치가 있는 주식이라고 생각합니다.

리노공업을 보겠습니다. 40%대의 높은 마진을 보이는 영업이익률을 보이며 5년간 두 자릿수의 ROE를 유지하고 있습니다. 부채비율은 10% 이하로 굉장히 안정적인 사업을 꾸리고 있습니다. 평균 PER이 10 이상이었기에 리노공업 또한 시장에서 기대치를 받는 주식임을 알 수 있습니다.

이 두 기업의 경우 저평가된 기업은 아니지만 확실한 매출원과 탄탄한 사업구조를 지니고 있습니다. 시장의 하락으로 기업들의 매출

리노공업 재무제표

전체	연간	분기						
주요재무정보	연간							
	2017/12 (IFRS별도)	2018/12 (IFRS별도)	2019/12 (IFRS별도)	2020/12 (IFRS별도)	2021/12 (IFRS별도)	2022/12(E) (IFRS별도)	2023/12(E) (IFRS별도)	2024/12(E) (IFRS별도)
매출액	1,415	1,504	1,703	2,013	2,802	3,339	3,798	4,443
영업이익	492	575	641	779	1,171	1,453	1,619	1,892
영업이익(발표기준)	492	575	641	779	1,171			
세전계속사업이익	519	631	710	736	1,389	1,632	1,774	2,048
당기순이익	404	486	528	554	1,038	1,238	1,345	1,559
당기순이익(지배)	404	486	528	554	1,038	1,238	1,345	1,559
당기순이익(비지배)								
영업이익률	34.74	38.27	37.66	38.68	41.80	43.52	42.62	42.57
순이익률	28.52	32.35	31.00	27.51	37.05	37.08	35.42	35.09
ROE(%)	18.82	19.82	18.75	17.37	27.50	26.92	24.57	24.15
ROA(%)	17.43	18.39	17.36	16.12	25.08	24.50	22.74	22.49
부채비율	8.13	7.52	8.51	7.17	11.65	8.33	7.78	7.01
자본유보율	2,956.60	3,397.27	3,869.62	4,357.24	5,411.70			
EPS(원)	2,648	3,191	3,463	3,633	6,810	8,124	8,825	10,228

상황과 상관없이 시장 상황으로 인해 크게 주가가 하락하는 시기가 올 수 있습니다. 관심 종목에 넣어두시고 눈여겨보시면 좋을 것 같습니다.

버핏형 기업 4 해성디에스

사업: IT 전자 기기 및 차량용 반도체 패키징용 리드프레임을 제조하는 기업입니다. AI 기술 및 자율주행 등 고도화된 산업이 본격화되면서 수많은 정보를 빠르고 더 많이 처리하기 위한 AI 반도체의 수요가 점차 늘어나고 있는데요. 메모리 반도체 패키징 작업(칩을 쌓고 연결하는 과정)이 고성능 반도체를 만들기 위한 필수적인 공정이기도 합니다. 해성디에스는 이 패키징 작업 중 쓰이는 금속기판인 리드프레임을 제조하는 사업을 영위하고 있습니다. IT 기기뿐 아니라 차량용 반도체에서도 쓰이는 재료이기도 한데요. 차량용 반도체가 기존 내연기관보다 하이브리드, 전기차에는 3배 이상 필요하기에 전기차 시장이 활성화될수록 리드프레임에 대한 수요도 늘어나는 추세입니다.

시장 지배력: 리드프레임 시장점유율 3위를 기록하고 있습니다. 리드프레임 시장은 한 기업이 확실한 독점을 유지하지 않아 1, 2위와 점유율 부분에서는 큰 차이가 없습니다. 그런 이유로 해성디에스는 2027년까지 3,700억 시설 투자를 통해 점유율 1위를 노리고 있는 상황입니다.

저평가 여부: PER 7.89로 동일 업종(PER 12) 대비 저평가된 상태입니다. 적정 PER인 10으로 잡아 계산해본다면 적정주가는 7만 5천 원으

해성디에스 재무제표

Financial Summary   주재무제표 ∨   검색   IFRS ⑦   산식 ⑦   * 단위 : 억원, %, 배, 주   * 분기 : 순액기준

전체	연간	분기

주요재무정보	연간							
	2018/12 (IFRS연결)	2019/12 (IFRS연결)	2020/12 (IFRS연결)	2021/12 (IFRS연결)	2022/12 (IFRS연결)	2023/12(E) (IFRS연결)	2024/12(E) (IFRS연결)	2025/12(E) (IFRS연결)
매출액	7,679	6,549	7,214	10,370	16,811	16,996	18,717	20,320
영업이익	910	626	340	711	1,313	1,250	1,482	1,688
영업이익(발표기준)	910	626	340	711	1,313			
세전계속사업이익	1,022	665	339	1,044	1,645	1,487	1,653	1,878
당기순이익	839	566	259	817	1,407	1,205	1,334	1,512
당기순이익(지배)	839	566	259	817	1,439	1,251	1,385	1,574
자산총계	3,062	3,266	3,832	4,749	6,596	7,428	8,645	10,163
부채총계	1,099	1,180	1,514	1,806	2,123	2,045	2,114	2,261
자본총계	1,964	2,085	2,318	2,943	4,473	5,383	6,531	7,902
자본총계(지배)	1,963	2,085	2,318	2,943	4,473	5,383	6,531	7,902
자본총계(비지배)								
자본금	850	850	850	850	850	850	850	850
영업활동현금흐름	368	335	444	571	1,969	1,625	1,741	1,967
투자활동현금흐름	-296	-319	-388	-335	-1,225	-1,272	-1,150	-1,076
재무활동현금흐름	-105	-31	98	-178	-273	-141	-183	-213
CAPEX	299	285	368	276	781	855	800	823
FCF	69	50	76	295	1,187	674	789	957
이자발생부채	678	709	860	779	757			
영업이익률	7.37	7.09	9.49	13.17	24.35	16.64	18.65	19.72
순이익률	5.71	4.78	6.54	10.84	18.99	13.61	14.90	15.49
ROE(%)	11.05	9.06	13.62	27.09	42.99	21.43	21.71	21.35
ROA(%)	6.95	5.76	8.45	16.56	28.10	15.05	16.10	16.38
부채비율	55.96	56.61	65.29	61.37	47.47	37.99	32.37	28.62
자본유보율	130.98	145.34	172.75	246.25	426.24			
EPS(원)	1,226	1,078	1,764	4,192	9,376	6,211	7,609	9,062

로 현재 주가 6만 8천 원(2023년 7월 기준)은 적정주가 살짝 아래입니다. 크게 저평가된 상태는 아니지만 반도체 수요가 개선되는 2024년을 기준으로 한다면 9만 4천 원으로 계산됩니다.

재무 상태: 2022년 하반기부터 반도체 수요가 줄었음에도 재무 상태는 탄탄한 편입니다. 근 5년간 한 해를 제외하고 ROE가 두 자릿수를 유지하고 있고 영업이익률 또한 높은 편입니다. 수익성이 있는 사업을 영위하고 있다는 뜻이기도 합니다.

부채비율 또한 2022년부터 50 아래를 바라보고 있으며 자산 대비 부채가 낮은 편에 속합니다. 현금흐름 또한 +--로 안정적인 모습을 보이며 느는 이익만큼 투자 활동을 활발히 하고 있음을 알 수 있습니다. 워런 버핏이 원하는 ROE 30까지는 아니더라도 버핏이 원하는 기업 상과 제일 가까운 재무 상태를 보이고 있습니다.

버핏형 기업 5 골프존

사업: 골프 스크린 매장 운영 및 골프 시뮬레이터 판매를 하고 있습니다. 중장년층의 전유물이었던 골프가 MZ세대로 그 인기가 옮겨가고 있는데요. 필드에서 직접 치는 골프보다 가격이 합리적이고 개인적인 연습을 할 수 있는 스크린 골프장에 대한 수요가 늘어 매장이 증가했습니다. 기존 중장년층 고객뿐 아니라 새로운 연령층의 고객이 유입되고 있습니다. 그간 해외 진출에서는 큰 반응이 없었으나 국민 총 소득이 높아진 중국에서 매출이 크게 늘기 시작했는데요. 15억 인구를 지닌 중국 시장을 잡는다면 골프존에게는 매출 상승에 큰 도움

골프존 재무제표

주요재무정보	연간							
	2017/12 (IFRS연결)	2018/12 (IFRS연결)	2019/12 (IFRS연결)	2020/12 (IFRS연결)	2021/12 (IFRS연결)	2022/12(E) (IFRS연결)	2023/12(E) (IFRS연결)	2024/12(E) (IFRS연결)
매출액	2,001	1,987	2,470	2,985	4,403	6,307	7,031	7,858
영업이익	375	282	323	516	1,077	1,632	1,848	2,132
영업이익(발표기준)	375	282	323	516	1,077			
세전계속사업이익	507	264	298	487	1,038	1,660	1,860	2,165
당기순이익	794	204	162	375	764	1,243	1,395	1,626
당기순이익(지배)	793	204	162	383	763	1,249	1,398	1,628
영업이익률	18.72	14.17	13.08	17.28	24.45	25.88	26.29	27.13
순이익률	39.67	10.28	6.56	12.56	17.36	19.71	19.84	20.69
ROE(%)	51.19	10.63	8.21	18.02	29.79	36.85	31.20	28.28
ROA(%)	35.96	8.04	5.72	11.03	17.97	22.45	20.20	19.43
부채비율	33.95	30.34	56.26	62.83	65.67	58.37	48.53	41.09

이 될 것입니다.

시장 지배력: 스크린 골프 국내 시장점유율 1위 60%를 차지하고 있습니다.

저평가 여부: PER 6.3입니다. 동일 업종 기업들이 거의 없어 업종 평균 PER을 신뢰할 수 없어 적정주가 측면으로 보는 것이 적당할 것 같습니다. 보수적으로 PER 8로 잡는다면 적정주가는 20만 8천 원으로 현재 주가 11만 원은 저평가된 것으로 보입니다.

재무 상태: 코로나19 이후 실내 스포츠가 유행하면서 영업이익이 2배 가까이 성장했습니다. ROE 또한 30을 넘나들 정도로 사업성이 높은 상태인데요. 부채비율 또한 100 이하입니다. 골프가 유행하기 이전에도 꾸준한 수익과 낮은 부채비율을 유지하고 있었기 때문에 안

정적으로 사업하고 있는 것으로 보입니다.

투자 유의점: 골프존은 이후 높아진 영업이익을 유지하고 성장하는 것이 관건입니다. 아직 매장 수 및 기술력은 1위를 자랑하고 있으나 업계 2위 카카오 VX가 무섭게 추격하고 있습니다. 해외 시장 및 국내 시장점유율 유지하고 있는지 지속적으로 확인해야 합니다.

버핏형 기업 6 POSCO홀딩스(포스코홀딩스)

사업: 산업에 철강 자재를 제공하는 대표적인 철강 기업입니다. 2020년을 기점으로 포스코는 단순 철강 제조기업이 아닌 신사업으로 2차 전지 소재 원료 채굴 및 제조, 석탄 대신 수소를 이용한 수소환원 제철사업을 채택했습니다. 광양제철소에는 10년간 4조 원 투자, 아르헨티나 염호를 매입해 양극재의 원료가 되는 수산화리튬을 생산하고 있습니다.

시장 지배력: 철강산업에 대해서는 44%에 달하는 내수 시장 1위 점유율을 갖고 있습니다. 매출 대부분이 철강에서 오는 편입니다. 그러나 주목해야 하는 부분도 있습니다. 아르헨티나 염호를 통해 생산하는 리튬이 2023년 10월부터 시장에 나올 예정입니다. 연간 10만 톤 생산계획을 잡고 있는데요. 2030년까지 30만 톤을 공급하는 게 목표라고 합니다. 영업이익으로 환산하면 10조 원에 가까운 이익이 생깁니다. 이는 현재 포스코홀딩스의 영업이익의 2배에 달하는 이익입니다.

포스코퓨처엠이라는 자회사를 통해 생산한 원자재를 가공시켜 음극재와 양극재를 양산할 계획인데요. 이미 음극재 기업을 두고 있고 양극재의 60% 이상 원가를 담당하는 리튬을 포스코홀딩스에서 생산할 수 있기에 포스코퓨처엠 역시 리튬의 공급을 원활히 받을 수 있을 것으로 생각합니다. 내년부터 원자재 수급이 더욱 어려워지고 리튬 생산국에서는 리튬 국유화를 진행 중입니다(칠레 등). 포스코홀딩스가 매입한 아르헨티나 염호는 3억 7천 대 정도의 전기차를 생산할 수 있는 양을 지니고 있습니다. 전기차의 시대가 도래할수록, 원자재가 부족해질수록 포스코홀딩스는 2차 전지 소재 기업으로서 시장 지배력은 높아질 예정입니다.

저평가 여부: PER 10 이하이며 PBR 또한 1 이하로 저평가 상태입니다.

적정주가: 현재 시가총액이 약 31조 원이고 영업이익×8~10(PER)은 36조~46조 원입니다. 적정한 시가총액은 41조 원 정도로 주식 수로 나누면 약 48만 4천 원 정도가 나오겠네요. 2차 전지 소재 사업으로 변모할 경우 PER은 10배 그 이상으로 적용해야 하기에(2차 전지 시총 상위 30개 종목 평균 PER은 73) 사업 대비 주가가 상당히 저평가된 것을 볼 수 있습니다.

재무 상태: 부채비율이 100 이하로 안정적인 편입니다. 그러나 철강 가격과 산업 경기에 따라 이익에 많은 영향을 끼치기에 영업이익이 일정하게 유지되는 편은 아닙니다. 그러나 흑자를 지속적으로 유지하며 일정한 배당률을 유지하는 것은 안정적으로 사업을 꾸리고 있다고 볼 수 있습니다. 순이익률이 높지 않고 ROE가 낮다는 점은 마진이 낮다는 뜻입니다. 리튬 사업의 성과가 반영되는 2025년 1분기의 변화를

포스코홀딩스 재무제표

주요재무정보	연간							
	2018/12 (IFRS연결)	2019/12 (IFRS연결)	2020/12 (IFRS연결)	2021/12 (IFRS연결)	2022/12 (IFRS연결)	2023/12(E) (IFRS연결)	2024/12(E) (IFRS연결)	2025/12(E) (IFRS연결)
매출액	649,778	643,668	577,928	763,323	847,502	822,949	852,797	883,655
영업이익	55,426	38,689	24,030	92,381	48,501	45,425	56,401	62,134
영업이익(발표기준)	55,426	38,689	24,030	92,381	48,501			
세전계속사업이익	35,628	30,533	20,251	94,161	40,144	45,439	54,088	59,675
당기순이익	18,921	19,826	17,882	71,959	35,605	35,044	40,888	45,144
당기순이익(지배)	16,906	18,351	16,021	66,172	31,441	31,492	36,629	40,578
당기순이익(비지배)	2,015	1,476	1,860	5,787	4,164			
영업이익률	8.53	6.01	4.16	12.10	5.72	5.52	6.61	7.03
순이익률	2.91	3.08	3.09	9.43	4.20	4.26	4.79	5.11
ROE(%)	3.88	4.18	3.61	13.97	6.11	5.85	6.47	6.81
ROA(%)	2.41	2.52	2.26	8.44	3.75	3.49	3.91	4.16
부채비율	67.34	65.41	65.89	66.90	68.92	67.73	65.54	63.10
자본유보율	9,458.18	9,630.20	9,830.37	10,970.25	11,269.83			
EPS(원)	19,391	21,048	18,376	75,897	36,457	37,238	43,311	47,981

주목해야 할 것 같습니다.

투자 유의점: 포스코홀딩스는 투자의 현인이라 불리는 워런 버핏 역시도 10년을 버티지 못하고 투자를 포기한 주식입니다. 주변 관계국의 경기를 많이 타며 ROE를 10 이상 유지하지 못했다는 것이 그 이유였습니다. 그리고 현재도 시가총액 상위의 기업으로 기관들과 외인들의 공매도나 선물 포지션 구축에 이용될 가능성이 큽니다. 10년 저평가 기업으로 불린 이유도 그 때문이었습니다.

단기간 폭발적인 상승이 어려울 수 있으나 신사업에서 기회를 찾을 수도 있다고 생각합니다. 10년 적자 대기업이었던 LG화학이 엄청난 성장성과 이익을 지닌 LG에너지솔루션을 배출했던 것처럼 포스코홀딩스도 그와 상당히 닮은 점이 있습니다. 설비 투자 속도와 생산 수순을 봤을 충분히 글로벌 시장에서 선점할 수 있는 능력이 있다고 생각합니다. 투자금이 많이 필요한 가운데 배당금 역시 연간 1만 원은 맞추겠다는 의지를 보이기도 했습니다. 주주환원정책을 펼치고 있는 대표적인 기업이기에 배당주로 생각하는 것도 방법입니다. 조급하게 투자하기보다는 기업과 함께 성장한다는 마음가짐으로 장기적으로 바라보는 투자를 하면 좋을 듯합니다.

5장

주식이 어렵다면
ETF로 시작하라

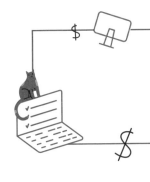

주식시장의
세트메뉴, ETF

　문 대리와 최 부장은 2차 전지 주식에 관심이 많습니다. 그중 문 대리는 A기업이 성장 가능성이 있어 보이고, 최 부장은 B기업이 안정적이라고 생각합니다. 각자의 판단대로 투자하고 몇 달 뒤, 2차 전지 산업이 전반적으로 좋은 흐름을 보이고 있지만 최 부장의 표정은 어둡습니다. 투자한 B기업의 대표가 억대 횡령을 했다는 뉴스가 떴고, 주가는 하한가를 기록했기 때문인데요.

　반면에 문 대리가 투자한 A기업은 기술개발에 성공해 많은 수주계약을 맺었다는 뉴스로 연일 상승세가 가파릅니다. 분명 둘 다 2차 전지의 흐름이 좋겠다는 판단은 맞았지만 결과는 확연히 달랐습니다. 주식시장에는 이처럼 많은 변수가 있습니다.

　실적 부진과 횡령 등을 예상하는 건 사실상 불가능하죠. 하지만 이 변수를 줄여주는 투자 수단이 있습니다. 바로 주식계의 세트 상품, ETF입니다.

ETF를 알아보자

ETF의 사전적 의미는 '상장지수펀드'로, 특정 주가지수에 따라 수익률이 결정되는 인덱스 펀드를 주식처럼 사고팔 수 있게 증권시장에 상장한 것입니다. 간단하게 말하면 한 섹터의 흐름을 추종하는 지수에 투자하는 상품입니다. 여기서 지수란 각종 투자의 지표가 되며, 기업들의 시가총액과 같은 가치들을 계산해 수치화한 것입니다. 예를 들어 우리나라를 대표하는 지수는 코스피(KOSPI) 200으로 우리나라 대표 우량 기업 상위 200개의 시가총액 등을 수치화한 것입니다. 우리나라의 우량 기업들이 성장하면 그 가치를 수치화한 코스피 200 지수도 자연스레 상승하죠.

그렇기 때문에 해당 섹터에 포함된 여러 기업에 한 번에 투자할 수 있고 최 부장과 같은 일이 벌어질 확률이 줄어들게 됩니다. 분명 이 산업이 앞으로 유망할 것 같은데 어떤 기업이 대장기업이 될지, 어떤 기업이 선두를 차지할지 확실하지 않을 때 ETF는 유용한 투자 수단이 됩니다.

한 섹터가 유망해지고 커나갈 때는 정말 많은 기업이 뛰어듭니다. 막대한 연구개발비를 쏟아붓고 각 기업에서 집중하고자 하는 기술들의 방향이 뚜렷해집니다. 초반에는 상위 몇몇 기업 간에 시장점유율에서 차이가 별로 나지 않는 경우가 많습니다. 수많은 기업 중 누가 대장기업, 선도기업이 될지 확신하기 어렵고, 어느 기업에 투자해야 할지 고민되기 시작하죠.

메타버스, AR이나 VR과 같은 가상세계 등이 여기에 해당됩니다. 세계적인 공룡기업인 메타, 애플, 마이크로소프트와 같은 기업들이 이 시장에 뛰어들고 있는데, 아직 우리 생활 전반에 상용화가 되지 않았기 때문에 누가 이 치킨게임의 승자가 될지 누구도 모릅니다. 지금은 유리해 보이는 기업일지라도 중간에 어떤 변수가 생길지는 아무도 모르니까요.

그런데 가상세계는 앞으로 발전 가능성이 정말 큰 섹터인 건 누구나 다 아는 사실입니다. 바로 이럴 때 ETF를 이용한다면 '내가 고른 기업이 승자가 아니면 어쩌지.'라는 불안감을 덜어낼 수 있습니다. 개별 종목에 대한 투자가 아닌 섹터 전체에 대한 투자이기 때문이죠.

개별 종목이 아닌 섹터에 대한 투자

투자는 마음이 편해야 오래 지속될 수 있다고 생각합니다. 물론 섹터에서 한 기업에 대한 확신이 있다면 개별 주식에 투자해도 좋습니다. 정말 운이 좋게 내가 고른 기업이 치킨게임의 승자가 돼서 높은 수익률을 안겨줄 수 있으니까요. 하지만 단순한 운에 내 돈을, 내 노후

자금의 밑천을 맡기기에는 불안한 면이 있기에 ETF를 소개하는 것입니다.

ETF는 인덱스 펀드를 기반으로 합니다. 인덱스 펀드가 추종하는 지수 중 대표적인 것은 앞서 이야기한 우리나라의 코스피 200입니다. 우리나라를 대표하는 200개 기업을 바탕으로 만들어진 지수로, 이 지수를 기초로 하는 대표 ETF에는 'KODEX 200'이 있습니다. 이 ETF에 투자하면 우리나라를 대표하는 200개 기업에 자동으로 분산투자 하는 것이죠. 코스피 200 지수가 오르면 이 지수를 기초로 하는 ETF인 KODEX 200도 오릅니다.

중국집의 세트 메뉴에 비유해볼까요? 짜장면도 먹고 싶고, 짬뽕도 먹고 싶고, 탕수육도 먹고 싶은데, 이 중국집에서 어떤 메뉴가 가장 맛있을지 모르겠고 다 먹기엔 배가 너무 부를 것 같습니다. 이때 우리는 짜장면, 짬뽕, 탕수육을 조금씩 모두 맛볼 수 있는 중국집 세트 메뉴를 시키죠. 이렇게 ETF는 한 상품 안에 여러 개의 기업이 포함되어 있으며, 상품마다 기업의 비율이 다르다는 특징이 있습니다.

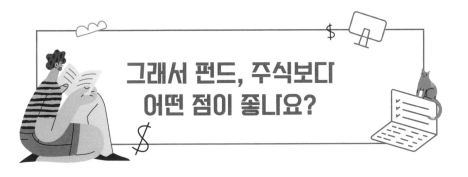

그래서 펀드, 주식보다 어떤 점이 좋나요?

ETF와 펀드 비교하기

ETF는 추종지수의 움직임과 동일한 수익을 목표로 하는 인덱스 펀드를 기초로 하며, 주식처럼 시장에 상장되어 있습니다. 여러 가지 상품을 한 바구니에 담아서 투자할 수 있다는 점에서는 펀드 같기도 하지만 종목의 종류와 매수, 매도 시기를 펀드 매니저에게 맡기는 것이 아니라 본인이 직접 편리하게 거래할 수 있다는 점에서는 주식 같기도 합니다. 이처럼 ETF는 펀드와 주식이 가진 장점은 극대화하고 단점은 보완해서 만들어진 상품입니다.

펀드와 주식과 비교해 ETF가 가진 장점을 분명하게 느끼기 위해서 펀드에 대해 알아보겠습니다.

펀드에는 크게 두 종류가 있습니다. 이 중 우리가 일반적으로 떠올리는 것은 펀드 매니저에게 어떤 종류의 주식을 어느 비율로 사고 매도하는지 맡기는 것으로 펀드의 종류 중 '액티브 펀드'에 해당합니다. 이와 달리 ETF는 특정 지수를 바탕으로 하는 '인덱스 펀드'를 기초로 하고 있습니다. ETF는 액티브 펀드의 단점을 보완한 상품입니다.

액티브 펀드와 비교해서 ETF가 가진 장점을 알 수 있는 유명한 내기가 있습니다. 워런 버핏과 헤지펀드의 내기인데요. 이 둘은 2008년 '과연 10년간 누가 더 많은 이익을 내는가'로 내기한 적이 있습니다. 워런 버핏은 10년 동안 뱅가드 S&P500 ETF(인덱스 펀드)에 투자했고, 헤지펀드는 액티브 펀드에 분산투자를 했습니다. 뱅가드 S&P500 ETF는 미국의 S&P500 지수를 기초로 하는 펀드로 미국을 대표하는 500개 기업에 자동으로 분산투자가 됩니다.

헤지펀드가 투자한 액티브 펀드는 추종지수의 움직임과 수익률을 동일하게 설정하는 인덱스 펀드와는 달리, 추종지수의 움직임을 초과하는 수익을 목표로 합니다. 따라서 펀드를 관리하는 매니저들은 높은 수익률을 위해 수시로 종목을 관리하고 관련 리포트를 연구하죠. 그리고 당연히 그에 따라 운용 보수나 수수료가 인덱스 펀드보다 훨씬 높은 편입니다.

10년 후 워런 버핏의 연평균 수익률은 7.1%, 헤지펀드는 평균 2.2%로 워런 버핏의 압승이었습니다. 헤지펀드는 높은 운용 보수와 회전 비용으로 수익률 감소 타격이 컸기 때문입니다. 당시 헤지펀드의 수수료는 연 2.5%이었으나, 뱅가드 S&P500 ETF의 수수료는 연

0.15%에 불과했습니다. 이런 수수료와 운용 보수의 차이는 장기 투자를 할수록 더욱 극명하게 나타납니다.

ETF의 장점 네 가지

여기에서 알 수 있는 ETF의 장점은 첫째, 저렴한 운용 보수와 수수료입니다. ETF는 투자자가 스스로 관리하고 매수와 매도를 합니다. 따라서 운용 보수와 수수료가 우리가 일반적으로 아는 펀드인 액티브 펀드보다 훨씬 저렴하죠. 높은 수수료와 보수를 지급하더라도 성과가 좋은 펀드라면 모르겠지만, 많은 펀드 중에 장기적으로 시장을 초과하는 수익률을 가져다주는 펀드를 선택하기는 쉽지 않습니다.

두 번째 장점은 거래의 편의성과 빠른 환금성입니다. 펀드는 펀드 상품에 가입하는 절차가 필요합니다. 또 펀드를 매수, 매도할 때는 펀드 매니저를 거쳐서 평균 2~3일 후에 거래가 이루어지므로 내가 원하는 가격에 빠르게 거래하기 힘듭니다. 또 펀드는 환매 과정에도 3일이 걸리기 때문에, 결론적으로 거래일 5~6일 뒤에 대금이 입금되고 그전에는 다른 펀드를 매수할 수 없습니다.

ETF도 매수, 매도 후 이틀 뒤에 대금이 입출금되긴 하지만 이와는 상관없이 매도 직후 그 돈으로 다른 주식을 매수할 수 있습니다. 이는 자금이 충분하지 않거나 촌각을 다투는 투자 상황에 충분히 매력 포인트가 됩니다. 또한 ETF는 주식처럼 시장에 상장되어 있기 때문에 내가 원하는 가격과 시점에 HTS나 앱으로 편리하게 사고팔 수 있어 직장인이 거래하기에 매우 편리합니다.

세 번째 장점은 소액으로 분산투자를 할 수 있다는 점입니다. ETF의 평균 가격은 1만 원에서 3만 원 사이입니다. 우리나라의 대표 ETF인 KODEX 200은 3만 원 중반대이고, KODEX 2차전지산업도 2만 8천 원 정도입니다(2023년 7월 기준). 또 우리나라는 최소 10개 이상의 종목으로 ETF를 구성하도록 법으로 지정되어 있습니다. 따라서 우리는 1만~3만 원의 저렴한 가격으로 여러 우수한 기업에 분산투자를 할 수 있는 매력적인 ETF의 장점을 누리는 것이죠. 고로 오늘 저녁 치킨 한 마리 대신 ETF 한 주 어떨까요?

마지막으로 ETF는 정보의 투명성이 보장됩니다. 펀드는 운영 종목의 교체와 비율 조정 등 포트폴리오에 변화가 생기면 분기별로 메일이나 우편으로 통보합니다. 그전에 알고 싶다면 펀드 홈페이지에 들어가거나 펀드 매니저를 통해 문의해야 합니다. 하지만 ETF는 매일 주식시장에 그날 가격이 공시되고 구성 종목과 비율 또한 네이버 증권이나 증권사 앱을 통해 쉽게 확인할 수 있습니다. 마치 우리가 주식의 가격이나 투자자 동향, 시총 등을 증권사 앱을 통해 손쉽게 확인할 수 있는 것처럼요. ETF를 구성하는 종목과 종목의 비율을 표기한 것을 'PDF'라고 하며 ETF를 운용하는 회사는 PDF를 매일 공시해야 하는 의무가 있습니다. 이런 점은 투자자들이 더욱 건전하고 안전한 투자를 하도록 해주며 특히 초보 투자자들에게 많은 도움을 줍니다.

ETF 투자를 위해
꼭 알아야 하는 용어

이제 ETF의 의미와 장점도 알았으니 전장에 나가보겠습니다. 네이버 증권에 들어가서 국내 증시 클릭 후 왼쪽 메뉴에서 ETF를 클릭하면 우리나라에 상장한 모든 ETF를 볼 수 있습니다. 문 대리와 최 부장이 투자한 섹터인 2차 전지의 실제 ETF를 예시로 보겠습니다.

우리나라 2차 전지 대표 ETF는 두 가지로 'KODEX 2차전지산업'과 'TIGER 2차전지테마'입니다. 'TIGER? 갑자기 호랑이라니?'가 아닙니다. ETF도 하나의 상품이기 때문에 만들고 관리하는 운용사가 있습니다. KODEX, TIGER는 각 운용사에서 만든 브랜드라고 보면 됩니다. 삼성자산운용에서 만든 ETF 앞에는 KODEX가 붙고, 미래에셋자산운용은 TIGER, 키움자산운용은 KOSEF입니다.

따라서 우리는 ETF의 이름만 봐도 기본적인 정보를 알 수 있습니

자산 운용사별 ETF 브랜드

자산 운용사	ETF 브랜드	자산 운용사	ETF 브랜드
삼성자산운용	KODEX	키움투자자산운용	KOSEF
한국투자신탁운용	ACE	KB자산운용	KBSTAR
미래에셋자산운용	TIGER	한화자산운용	ARIRANG
대신자산운용	대신343	교보악사자산운용	파워
마이다스에셋 자산운용	마이다스	NH-Amundi 자산운용	HANARO
메리츠자산운용	MASTER	에셋플러스 자산운용	에셋플러스
한국투자밸류 자산운용	VITA	타임폴리오 자산운용	TIMEFOLIO
BNK자산운용	BNK	신한자산운용	SOL

다. 예를 들어 KODEX 2차전지산업은 삼성자산운용에서 만들었으며 2차 전지 산업 지수를 추종합니다. 또 TIGER 2차전지테마는 미래에셋자산운용에서 만들었으며 2차 전지 테마 지수를 추종하는 ETF입니다. 이름만 딱 보면 척입니다. 이제 네이버 증권의 ETF 모음에서 TIGER 2차전지테마를 클릭해봅시다. 그럼 오른쪽에 해당 ETF의 기본정보가 나옵니다. 여기서 우리는 ETF와 관련된 많은 정보를 얻을 수 있습니다.

맨 위는 시가총액, 상장주식수, 52주 최고가와 최저가로 주식과 비슷합니다. 시가총액은 ETF의 규모를 말하며 시가총액이 클수록 ETF

TIGER 2차전지테마 ETF

투자정보	호가 10단계
시가총액	1조 951억원
상장주식수	64,400,000
52주최고 ǀ 최저	23,365 ǀ 16,070
기초지수	WISE 2차전지 테마 지수
유형	국내주식형, 섹터
상장일	2018년 09월 12일
펀드보수 ？	연0.500%
자산운용사	미래에셋자산운용
NAV ？	16,996
1개월 수익률	-14.14%
3개월 수익률	+0.08%
6개월 수익률	-9.90%
1년 수익률	-20.48%

의 규모도 큽니다. 52주 최고가와 최저가는 1년 동안 그 ETF 가격의 최고가와 최저가를 뜻합니다. 이 둘의 차이가 크다면 변동성이 높은 ETF라는 걸 알 수 있습니다. 하지만 ETF는 개별 주식보다는 비교적 변동성이 적기 때문에 대부분의 ETF는 최고가와 최저가에서 엄청난 차이를 보이기는 힘듭니다.

여기까지는 주식과 같지만 ETF라면 반드시 추종해야 하는 기초지수가 있어야 하죠. 바로 아래에 어떤 기초지수를 추종하는지 명시되어 있습니다. 같은 기초지수를 추종하더라도 상품의 특징에 따라 다양한 종류의 ETF가 탄생할 수도 있습니다. 기초지수 아래에는 ETF의 유형과 상장일이 나옵니다. ETF는 국내 주식형, 국내 파생형, 해외 주식형, 국내 채권형 등 다양한 유형으로 분류됩니다. 이 말은 곧 ETF는 다양한 투자 수단과 방향을 제공한다는 뜻입니다. 각각의 유형은 특징과 세금에서 다른 부분이 있으며 이는 다음 장에서 더 상세하게 다뤄보겠습니다.

그리고 ETF는 인덱스 펀드이기 때문에 약간의 펀드 보수를 지불합니다. TIGER 2차전지테마의 보수는 연 0.5%네요. 대부분 ETF를 장기 투자의 수단으로 활용하기 때문에 보수는 ETF를 고를 때 중요합니다. 시간이 길수록 보수가 수익률에 미치는 힘은 생각보다 크기 때문입니다.

이제 중요한 부분입니다. 바로 NAV입니다. NAV를 비롯해 ETF 중에서 옥석을 가리기 위해서는 추종지수, 괴리율, 추적오차율 등 몇 가지 알아야 하는 핵심용어가 있습니다. 이 핵심용어의 뜻을 알면 수많은 ETF 중에 나에게 맞는 상품을 고를 수 있고 비슷한 ETF 중에 내가 원하는 상품을 추려낼 수도 있습니다.

비슷해 보이는 ETF도 옥석은 있다

같은 테마 안에도 ETF의 종류가 여러 개입니다. 예를 들어 반도체 관련 ETF는 16개, 2차 전지 관련 ETF는 11개입니다(2023년 7월 기준). 그럼 이 중에서 어떤 ETF를 골라야 현명할까요? 가장 먼저 주식을 고를 때와 마찬가지로 내가 원하는 가격에 빠르게 사고팔 수 있기 위해 거래량과 거래대금이 많은 ETF가 좋습니다. 이 외에도 좋은 ETF를 고르는 방법이 몇 가지 있습니다. 이를 위해서 ETF의 핵심용어를 알아보겠습니다.

NAV(Net Asset Value, 순자산가치)

네이버 증권에서 설명하는 NAV는 ETF의 주식, 현금, 배당, 이자소득을 포함한 순자산가치로 ETF의 이론적인 적정가격입니다. ETF의 순자산을 발행주식 수로 나눈 것으로 쉽게 말해 ETF 1주당 얼마의 가치를 지녔느냐입니다. 예로 KODEX 반도체 ETF의 NAV는 2023년 7월 기준 31,111원입니다. 참고로 NAV는 전날 저녁에 산출이 되므로 우리가 검색해서 보는 건 전날 NAV이며 iNAV는 실시간으로 산출되는 순자산가치를 말합니다.

보통 처음 주식을 시작할 때나 어떤 주식을 살지 고민될 때 시가총액이 큰 대형주를 사는 것처럼 ETF를 처음 시작할 때 큰 NAV는 ETF를 믿고 선택할 수 있는 기준이 될 수는 있습니다. 물론 순자산가치가 크다고 무조건 좋은 ETF라고 할 수는 없습니다만, NAV는 ETF 투자 전 꼭 확인해야 하는 요소 중 하나입니다.

그럼 NAV가 순자산가치이므로 ETF는 NAV대로 거래될까요? 이론상으로는 그래야 하지만, ETF의 주가와 NAV는 같지 않은 경우가 대부분입니다. 이 차이를 괴리율이라고 합니다. 괴리율은 ETF의 주가와 NAV(순자산가치)의 차이로 시장 상황에 따라 매수자가 많을수록 ETF의 주가가 올라가고 매도자가 많으면 주가가 내려가기 때문에 NAV와 가격의 차이가 생기게 됩니다. 또 거래량이 너무 없으면 괴리율이 생길 수 있습니다.

좋은 ETF는 괴리율이 0에 가깝습니다. 순자산가치를 그대로 담

TIGER 2차전지테마 NAV

날짜	순자산가치(NAV)	ETF종가	괴리율(%)
2022/12/27	17,721.96	17,665	-0.32
2022/12/26	17,572.17	17,565	-0.04
2022/12/23	17,427.62	17,450	0.13
2022/12/22	18,153.05	18,130	-0.13
2022/12/21	17,880.11	17,875	-0.03
2022/12/20	18,067.08	18,070	0.02
2022/12/19	18,310.02	18,295	-0.08

순자산가치(NAV)추이 202

고 있고 시장가치를 잘 반영하고 있기 때문입니다. 만약 괴리율이 마이너스이면 순자산가치보다 싸게 거래되고 있는 것이므로 매수자에게 유리하고 괴리율이 플러스면 순자산가치보다 비싸게 거래되고 있는 것이므로 매도자에게 유리합니다. 또 괴리율이 0에 수렴하는 좋은 ETF를 고르기 위해서는 거래량이 많은 ETF를 고르는 것이 현명하다고 할 수 있습니다.

순자산가치와 시장 가격의 차이를 괴리율이라고 하지만 ETF와 관련된 요소에는 하나가 더 있죠. 바로 ETF가 추종하는 기초지수입니다. 좋은 ETF는 추종하고자 하는 기초지수를 잘 따라가야 합니다. 투자자들은 그 지수에 투자하고 싶어서 매수했는데 알고 보니 ETF가 제대로 지수를 추종하지 못한다면 의미가 없어지겠죠. ETF의 순자산

가치가 기초지수를 쫓아가지 못하는 정도를 '추적오차율'이라고 합니다. 추적오차율이 크다면 ETF가 제 기능을 하지 못하고 있음을 뜻하고 추적오차율이 적다면 좋은 ETF라고 볼 수 있습니다. 따라서 비슷한 2개의 ETF 중에 무엇을 매수할지 고민된다면 추적오차율과 괴리율이 적은 ETF를 고르는 것이 좋습니다.

PDF(Portfolio Deposit File, 자산 구성 내역)

ETF는 한 바구니에 여러 개의 주식을 담고 있는 종합선물세트죠. 그럼 이 바구니에 무엇이 얼마만큼 들어 있는지가 중요합니다. 이걸 바로 PDF라고 합니다. 앞에서 잠깐 언급했지만 PDF는 ETF 투자 전 꼭 살펴봐야 합니다. 내가 사는 종목이 무엇인지는 알고 투자해야 하는 것처럼요.

만약 삼성전자에 투자하고 싶은 동시에 우리나라의 전반적인 반도체 산업에도 투자하고 싶어서 KODEX 반도체를 매수했다면 이는 잘못된 선택입니다. KODEX 반도체에는 삼성전자가 포함되어 있지 않기 때문입니다. 우리나라 대표 반도체 ETF인데 삼성전자가 포함되어 있지 않다니. "돌다리도 두들겨보고 건너라."라는 말이 있듯 PDF 확인의 중요성이 실감 되네요. 하지만 삼성전자 외에 SK하이닉스, DB하이텍, 리노공업과 같은 기업에 투자하고 싶다면 이 ETF를 선택하면 됩니다.

KODEX 2차전지산업 PDF(왼쪽)와 TIGER 2차전지테마 PDF(오른쪽)

CU당 구성종목		[기준:23.07.07]
구성종목명	주식수(계약수)	구성비중(%)
삼성SDI	827	19.78
에코프로비엠	1,691	16.25
포스코퓨처엠	1,175	16.07
LG에너지솔루션	765	14.75
SK이노베이션	2,284	13.01
엘앤에프	821	6.70
코스모신소재	467	3.20

CU당 구성종목		[기준:22.12.27]
구성종목명	주식수(계약수)	구성비중(%)
포스코케미칼	542	11.56
삼성SDI	144	10.14
SK이노베이션	557	10.12
에코프로비엠	882	9.74
엘앤에프	451	9.43
LG에너지솔루션	182	9.39
에코프로	392	5.09

* CU : 설정단위(Creation unit)
* 구성비중이 없는 경우 주식수로 정렬됨

이렇게 종목을 확인하는 것 외에 비슷한 2개의 ETF 중에 무엇을 매수할지 고민될 때도 PDF를 보는 게 도움이 됩니다. 두 ETF의 PDF 를 살펴보고 내가 좋게 보는 기업의 비율이 높거나, 내가 원하는 투자 방향과 맞는 ETF를 고르는 것입니다.

KODEX 2차전지산업과 TIGER 2차전지테마, 두 ETF 중 고민이 된다면? 먼저 종목의 비율을 살펴봅시다. KODEX 2차전지산업의 경 우 비중 1위가 21%, 2위와 3위는 13%로 셋을 합하면 전체의 약 60% 에 해당합니다. 반면 TIGER 2차전지테마는 1, 2, 3, 4위가 각각 전체 의 약 10%씩 차지해 비율이 더 고르게 분배되어 있습니다. 만약 어느 기업이 크게 성장할지 모르겠고 고르게 투자하고 싶다면 후자를, 2차 전지 기업 중 삼성SDI과 SK이노베이션 등 대형주의 비중이 더 높은 ETF를 원하면 전자를 선택하는 게 현명한 방법입니다.

ETF의
회려한 변신

이제 우리는 ETF라면 추종하는 기초지수가 있어야 함을 압니다. 여기서 ETF가 기초지수를 어떻게 얼마만큼 추종하는지에 따라 다양한 종류의 ETF가 파생됩니다. 따라서 우리는 ETF를 통해 다양한 방향과 방법으로 투자를 할 수 있게 됩니다.

실제 ETF로 예를 들어보겠습니다. 우리가 흔히 아는 나스닥 지수는 미국의 첨단 산업, 기술주들의 가치를 산정한 지수이고 이 지수를 추종하는 ETF에는 QQQ가 있습니다. 이렇게 모든 ETF는 추종하는 지수가 존재하며 지수가 오르면 ETF의 가격도 오르고, 지수가 떨어지면 ETF의 가격도 그만큼 내려갑니다.

그렇다면 한 지수를 추종하는 ETF도 그 종류가 한 가지일까요? 아닙니다. 똑같은 지수를 추종하지만 그 특징에 따라 다양한 ETF가 탄생할 수 있습니다. 방금 예로 든 QQQ는 나스닥 지수의 상승세를 그대로 추종하지만, QLD라는 ETF는 나스닥 지수 상승세의 2배만큼 오릅니다. 반대의 경우도 있습니다. 나스닥 지수를 추종하되, 나스닥 지수가 하락하면 그만큼 오르는 ETF도 있습니다. 하지만 하락에 베팅하거나 곱버스(지수 상승의 2배, 3배만큼 오르는 상품)는 리스크도 그만큼 크다는 것을 주의해야 합니다. QLD는 나스닥 지수의 상승세의 2배만큼 상승하지만, 하락할 때는 2배만큼 하락하기 때문입니다. 그래서 초보자에게는 곱버스 상품에 투자하는 것을 추천하지 않는 편입니다.

그렇다면 ETF에는 기업을 담고 있는 ETF만 있을까요? ETF의 종류는 생각보다 다양합니다. 네이버 증권 탭을 통해 ETF의 종류를 살펴보겠습니다.

네이버 증권 탭에서는 위 사진과 같이 ETF를 총 7개로 분류해놓았습니다. 이 중에서 비슷한 것끼리 묶으면 1) 국내 시장지수와 국내 파생, 2) 국내 업종/테마, 3) 해외 주식, 4) 원자재와 채권 및 기타로 네 종류입니다.

1) 국내 시장지수, 국내 파생

국내 시장 지수 ETF는 말 그대로 국내 시장 지수를 추종하는 ETF로 KODEX 200, TIGER 200 등이 있습니다. 우리나라 전반적인 시장에 투자하는 것으로 하루에 십몇%씩 오를 수 있는 개별 주식들과는 달리 큰 변동성은 없지만 안정적이라는 장점이 있습니다. 주식의 상장폐지보다는 우리나라가 망할 가능성이 훨씬 희박하니까요.

국내 파생 ETF는 국내 시장지수를 기반으로 변형된 것입니다. 앞에서 말씀드린 시장지수가 내리면 그만큼 가격이 오르는 인버스, 시장지수의 2배만큼 오르는 레버리지 등이 있습니다.

2) 국내 업종/테마

2차 전지, 자동차, 메타버스, 반도체 등 특정 업종과 테마를 추종하는 ETF입니다. 예시로는 우리가 살펴본 TIGER 2차전지테마, KODEX 자동차 등이 있고, 배당을 많이 주는 고배당주로 이루어진 ARIRANG 고배당주도 여기에 포함됩니다. 우리나라 전반적인 시장보다는 특정 업종과 테마에 투자하고 싶다면 국내 시장 지수 ETF보다는 국내 업종/테마 ETF를 살펴봐야합니다.

3) 해외 주식

우리나라에 주식시장이 있는 것처럼 다른 나라도 각 나라에도 추종지수가 존재하고 그에 따른 ETF 또한 다양합니다. 참고로 ETF의 성지 미국은 우리나라보다 몇 배 이상 큰 ETF 시장을 가지고 있고

ETF 투자가 매우 대중화되어 있습니다. 미국의 대표지수는 세 가지로 한 번쯤 들어보셨을 S&P500, 다우존스, 나스닥입니다. 지수마다 다른 특징을 가지고 있으며 지수를 어떻게 추종하는지에 따라 수많은 미국 ETF가 존재합니다.

먼저 S&P500은 뉴욕증권거래소에 상장된 11개의 섹터에서 상위 500개 기업을 추종하는 지수로 상위 500개에 들어가는 기업은 미국에 상장된 기업 시가총액의 약 80%를 차지합니다. 그만큼 신뢰도가 높은 지수이며 워런 버핏은 유언으로 "내가 죽으면 내 재산의 90%를 S&P500 인덱스 펀드에 투자하라."라는 말을 남길 정도입니다. 이 지수에 포함되어있는 대표 기업은 테슬라, 애플, 엔비디아, 마이크로소프트, 아마존 등이며 지수를 추종하는 대표 ETF는 SPY입니다.

미국은 기업 이름이나 ETF가 너무 길기 때문에 약자로 많이 표현하는데 이걸 '티커'라고 합니다. 증권사 앱 등에서 미국 기업을 찾을 때 티커를 이용하면 빠르고 정확하게 찾을 수 있습니다. 예를 들자면 애플의 티커는 AAPL, 마이크로소프트는 MSFT입니다.

다음은 다우존스 지수입니다. 세 지수 중 가장 오래된 지수로 미국에서 영향력 있는 핵심 기업 30개를 추종합니다. 아무래도 S&P500보다 종목 수가 현저히 적기 때문에 대표성을 띠기에는 무리가 있다는 의견이 있지만, 역사가 깊어 미국 주식시장의 변화를 이해하기에 좋은 지수입니다. 애플, 마이크로소프트, 코카콜라 등이 포함되어 있습니다. 다우존스 지수를 추종하는 대표 ETF는 DIA입니다.

마지막으로 나스닥 지수입니다. 나스닥 증권거래소에서 거래되는 모든 주식을 추종하는 지수이며 주로 대형주와 우량주를 추종하는 S&P500과 다우지수와 달리 중소기업, 소형주들도 포함하기 때문에 변동성이 크다는 특징이 있습니다. 실제로 2022년 하락장에서 주요 미국 주식 지수 중 가장 큰 하락률을 기록했습니다. 하지만 2012년 이후 3대 지수 ETF 중에서 가장 높은 수익률을 자랑하기도 합니다. 이런 나스닥 지수 중에서도 시가총액과 유동성 등을 고려해 상위 100개 기업을 추종하는 '나스닥 100'이라는 지수도 있습니다. 이 지수를 추종하는 대표 ETF에는 QQQ가 있습니다.

한국에 사는 우리가 미국 주식시장에 상장한 QQQ, SPY 등과 같은 해외 ETF에 투자하려면 미국 장이 열리는 우리나라 새벽 시간에 증권사 앱을 통해 달러로 구매해야 합니다. 이런 불편함을 해소하기 위해 미국 ETF를 우리나라 증권사에 상장시킨 ETF가 바로 해외 주식 ETF입니다. '해외 ETF'와 '해외 주식 ETF'는 단어가 비슷하지만 전혀 다릅니다. 해외 ETF는 해외 지수를 추종하고 해외 회사에서 운용되는 ETF를 말합니다. 예를 들어 QQQ, SPY가 있죠. 이와 달리 해외 주식 ETF는 해외 지수를 추종하는 건 같지만, 우리나라 회사가 운용합니다. 해외 지수를 추종하는 ETF이지만 만들고 관리하는 건 삼성자산운용, 미래에셋자산운용 등이라는 거죠. 예를 들어 TIGER 미국나스닥100, KBSTAR 미국S&P500, TIGER 차이나전기차SOLACTIVE 등이 해당됩니다. 또 세금이나 거래 방식 등에서 차이점이 있는데 이 내용은 다음 장에서 자세히 다루도록 하겠습니다.

그런데 해외 주식 ETF에는 특이한 점이 있습니다. TIGER 미국

S&P500TR(H), ARIRANG 신흥국MSCI(합성 H)과 같이 몇몇 상품명 뒤에 (H)가 붙어 있다는 점인데요. 헷지(Hedge)의 본뜻은 울타리, 대비책으로 ETF 뒤에 (H)가 붙었다면 이 상품은 환헷지를 했다는 뜻입니다. 환헷지는 환율을 헷지한다, 막는다는 뜻으로 시시각각 변하는 환율의 변동은 고려하지 않고 ETF 자체의 가격만 고려한다는 것이죠.

예를 들어 ARIRANG 미국S&P500(H)는 미국의 S&P500 지수를 추종하지만 환헷지가 되어 변화하는 달러 가격의 영향을 받지 않습니다. 예를 들어 미국 ETF에 투자는 하고 싶지만 당장 달러 가격이 너무 올랐다고 생각되면 환헷지가 된 상품을 선택하는 방법이 있습니다. 하지만 미국 시장에 투자한다는 자체가 달러 상승에 투자한다는 뜻이기 때문에 이 선택에는 약간 모호한 면이 있습니다.

반대로 TIGER 미국S&P500는 전자의 환헷지된 상품과 똑같이 미국의 S&P500 지수를 추종하지만 (H)가 붙어 있지 않습니다. 이는 환노출되었다고 말하며 환율의 상승과 하락에 영향을 받는다는 뜻입니다. 환노출된 TIGER 미국S&P500를 예로 들어보겠습니다. 이 ETF의 가격이 10% 올랐는데 환율도 2% 올랐다면 총 12%의 상승분을 얻게 됩니다. 하지만 환율이 2% 하락했다면 반대로 ETF의 상승분에서 그만큼 깎이기 때문에 총 8%의 수익률이 됩니다. 미국 ETF에 투자했다는 것은 미국과 달러의 가치가 상승한다는 쪽에 투자했다는 뜻이기에 보통은 환노출된 상품을 선호하는 편입니다. 앞으로 경제 상황과 자신의 투자 성향을 잘 고려해서 적절한 선택을 하면 됩니다.

4) 원자재, 채권, 기타

원자재나 채권은 직접 투자를 할 수 있지만 ETF를 통한 간접 투자 또한 가능합니다. 각각의 장단점이 있겠지만 이 장에서는 ETF를 통한 간접 투자의 예를 들어보죠. 만약 시장이 불안정해 금과 같은 안전자산에 수요가 몰릴 것으로 판단되면 KODEX 골드선물(H)와 같은 금 ETF를 통해 투자할 수 있습니다. 또 전쟁이나 원유 감산 등으로 인해 원유 가격이 오를 것으로 예상하면 KODEX WTI원유선물(H)을 활용할 수 있습니다. 원자재에는 금이나 원유뿐만 아니라 식량도 포함됩니다. 가뭄이 들어 곡물이나 농산물의 가격이 상승할 것 같다면 농산물 ETF를 활용하는 것도 좋습니다.

마지막으로 채권입니다. 채권은 정부, 공공단체와 주식회사 등이 비교적 거액의 자금을 일시에 조달하기 위해 발행하는 차용증서입니다. 자금이 필요한 국가나 기업이 사람들에게 돈을 빌리고 몇 %의 금리로 언제까지 갚겠다고 써진 차용증(채권)을 주죠. 여기서 약속된 금리가 우리에겐 투자가 되겠습니다. 보통 우리나라 국채나 미 국채에 많이 투자하는 편이고 그 투자 방법의 하나가 채권 ETF입니다. 예로는 TIGER 단기통안채, TIGER 미국채10년선물 등이 있습니다.

ETF는 다양한 투자 방법과 방향을 제공합니다. 하지만 다양한 선택지가 있는 만큼 나에게 맞는 선택지를 잘 고르는 것도 중요합니다. 잘 차려진 뷔페 같은 ETF를 활용해 나의 취향이 담긴 나만의 포트폴리오를 꾸려보는 건 어떨까요?

한국 ETF vs. 미국 ETF

앞에서 다양한 ETF를 살펴보았는데요. 슬슬 드는 고민이 있습니다. 나는 애플, 아마존, 구글과 같은 미국 기업을 담고 있는 ETF에 투자하고 싶은데 한국에 상장된 미국 ETF에 투자할지, 미국에 상장된 ETF에 투자할지 말이죠. 예를 들어 S&P500 지수를 추종하는 미국 ETF에는 SPY가 있고, 국내에는 TIGER S&P500이 있습니다. 둘 다 똑같은 지수를 추종한다고 하니 더 헷갈립니다. 만약 둘 중 무엇을 선택할지 고민된다면 세금을 고려하는 게 도움이 됩니다.

먼저 ETF에 투자하면 내야 하는 세금은 증권거래세, 양도소득세, 배당소득세입니다. 증권거래세는 주식을 매수·매도할 때 내는 세금, 양도소득세는 주식 매도 시 차익에 대한 세금, 배당소득세는 배당금을 받을 때 내는 세금인데 ETF에서는 분배금이라고도 합니다.

세금에 따른 ETF 구분

이러한 세금을 고려하면 ETF는 1) 국내 주식형 ETF, 2) 국내에 상장된 해외 주식 및 기타 ETF, 3) 해외에 상장한 ETF로 나눌 수 있습니다. 이 셋에 따라 세금의 부과 여부와 퍼센트가 달라집니다.

1) 국내 주식형 ETF

먼저 국내 주식형 ETF입니다. 말 그대로 국내 기업을 담고 있는 ETF로 KODEX 200, TIGER 2차전지테마, ARIRANG 고배당주, KODEX 반도체 등입니다. 이런 국내 주식형 ETF는 증권거래세가 없으며 차익을 얼마나 벌었는지에 상관없이 양도소득세도 부과되지 않으며 배당소득세는 분배금의 15.4%의 세금이 부과됩니다. 국내 주식형 ETF는 개별 주식과 다르게 매매차익에 대해 세금이 부과되지 않는다는 매력적인 특징 때문에 많은 투자자가 선호합니다.

2) 국내에 상장된 해외 주식 및 기타 ETF

다음은 국내에 상장된 해외 주식 및 기타 ETF입니다. 해외 지수를 추종하지만 국내에 상장된 TIGER 미국나스닥100, TIGER 차이나전기차SOLACTIVE, KODEX 선진국MSCI World, TIGER 차이나CSI300 등이 포함됩니다. 기타 ETF란 국내 주식형 ETF 외의 모든 ETF를 말합니다. 채권형, 원자재형, 파생형 등이며 KODEX 레버리지, KODEX 단기채권, TIGER 원유선물인버스(H) 등이 포함되죠.

국내 상장 해외 주식 및 기타 ETF도 거래세는 없지만 매매차익에 대해서 15.4%의 세금이 부과됩니다. 배당소득세는 똑같이 배당금에 대해 15.4%입니다. 그리고 중요한 점은 손익통산이 적용되지 않습니다. 즉 내가 A상품에서 100만 원의 이익을 보고 B상품에서 300만 원의 손해를 본 경우 결론적으로 나는 200만 원의 손해가 났지만, 어쨌든 A상품에서 100만 원의 이익을 봤으니 이 부분에 대해서 15.4%, 약 15만 원 상당의 양도소득세를 내야 한다는 것입니다.

이런 부분이 해외 상장 ETF보다 불리하게 적용되어 많은 투자자가 해외 상장 ETF로 투자하기도 하는데요. 옛 속담에 "하늘이 무너져도 솟아날 구멍이 있다."라고 하죠. 연금저축펀드 계좌 안에서 굴리는 펀드, ETF 상품들은 손익통산이 적용된다는 점 참고해주세요.

3) 해외에 상장한 ETF

마지막으로 해외 상장 ETF입니다. QQQ, SPY, SKYY 등이 있으며 거래세는 나라마다 다르지만 미국의 경우는 0.00229%로 아주 적습니다. 매매차익에 대해서는 250만 원 공제 후 시세차익에 대해 22%의 세율이 부과됩니다. 그러니까 내가 QQQ로 250만 원 이하의 차익을 벌었다면 양도소득세는 내지 않아도 됩니다. 만약 350만 원의 시세차익을 얻었다면 250만 원 공제 후 남는 돈인 100만 원에서 22%, 즉 22만 원의 양도소득세를 내야 합니다. 하지만 해외 상장 ETF는 손익통산이 적용되기 때문에 투자자들의 부담이 덜하다는 특징이 있습니다.

수익률을 결정 짓는 세금

양도소득세 부분에서 손익통산 적용 여부에 따라 상대적으로 해외 상장 ETF보다 국내 상장 해외 ETF가 불리하다는 의견이 많았습니다. 그래서 2023년에는 기존에 배당소득, 양소도득이 금융상품별로 달라 복잡했던 세금을 하나로 통합한 '금융투자소득세'가 도입될 예정이었습니다. 금융투자소득세에 따르면 국내 주식 또는 국내 주식형 ETF에서 발생하는 매매차익에 5천만 원이 공제되고 3억 원 이하는 22%, 3억 원 초과는 27.5%의 세율이 부과됩니다. 그 밖에 모든 투자수단은 250만 원이 공제되니 우리가 지금까지 살펴본 해외 상장 ETF는 세율이 동일하고 해외 상장 국내 ETF는 기존에 공제금액이 없이 매매차익의 15.4%를 부과했지만 해외 상장 ETF와 같이 250만 원 공제 후 22% 세율이 부과되는 것으로 변경될 예정이었습니다. 하지만 금융투자소득세 적용은 2년이 유예되어 다가오는 2025년에 적용된다고 하니 관심을 두고 살펴봐야겠습니다.

금융소득종합과세도 빼놓을 수 없는 부분입니다. 금융소득종합과세는 1년에 받는 배당금과 이자가 2천만 원을 넘는 경우 부과되는 세금으로 구간마다 세율이 다르고 누진세로 적용되는 특징이 있습니다. 2천만 원 안에는 주식과 ETF의 분배금, 이자뿐만 아니라 예·적금의 이자도 포함됩니다.

이 금융소득종합과세가 생각보다 세율이 높으므로(2천만 원 초과분에 대해 6.6~49.5%) 절세 방법을 잘 챙기는 게 중요한데요. 배당금을

1년에 2천만 원, 한 달로 치면 월에 166만 원이 넘지 않도록 설정하는 것이 절세 포인트입니다. ETF의 세 유형의 분배금 모두 금융소득종합과세 대상에 해당하며, 그중에서도 국내 상장된 해외 ETF의 경우 매매차익도 분배금(배당금)에 포함시켜서 계산하기 때문에 여기에 투자한다면 연간 매매차익과 배당금, 이자 등을 더해서 2천만 원이 넘는지 잘 체크해야 합니다(2025년에 금융투자소득세가 적용되면 국내 상장 해외 ETF의 매매차익은 분배금이 아닌 양도소득세에 해당).

정리하자면 분배금은 세 유형 다 15.4%의 배당소득세가 부과되고, 양도소득세 측면에서 국내 주식형 ETF는 비과세, 국내 상장 해외 ETF는 매매차익이 분배금에 해당하기 때문에 15.4%, 해외 상장 ETF는 250만 원 공제 후 22%가 부과됩니다. 그리고 금융소득종합과세 대상은 국내 주식 ETF와 해외 상장 ETF의 분배금, 국내 상장 해외 ETF의 매매차익과 분배금입니다.

세금도 수익률을 결정하는 중요한 포인트입니다. ETF도 마찬가지이기 때문에 해외 기업에 ETF 상품을 통해 투자하고 싶은데, 국내 상장된 해외 ETF와 해외 상장 ETF 중에 고민된다면 나의 연간 수익금을 체크해야 합니다. 매매차익이 833만 3,333원 이하라면 국내 상장 해외 ETF를, 매매차익이 833만 3,334원~2천만 원 사이라면 해외 상장 ETF를, 매매차익이 2천만 원 이상이라면 국내 상장 해외 ETF를 추천합니다.

약 833만 원까지는 국내 상장 해외 ETF나 해외 상장 ETF나 각각 부과되는 세율과 공제금액은 다르지만 결론적으로 내는 총 세금이 동일합니다.

- 국내 상장 해외 ETF: 매매차익의 15.4%(약 833만 원×15.4=약 128만 원)
- 해외 상장 ETF: 250만 원 초과하는 금액에 대해 22% 과세[(833만 원-250만 원)×22=약 128만 원]

그리고 연간 2천만 원의 기준은 금융소득종합과세를 고려해 설정된 금액으로 해외 상장 ETF는 분배금과 이자, 국내 상장 해외 ETF는 분배금과 이자에 더해 매매차익까지 합쳐서 2천만 원이 넘는지 보기 때문에 이런 기준이 설정됩니다. 이 외에도 매매의 편리함, 나의 투자 성향 등을 고려하셔서 투자 방법을 결정하면 되겠습니다.

연금저축펀드에서 ETF 활용하기

ETF는 인덱스 펀드를 주식처럼 편하게 거래할 수 있는 점이 장점이었습니다. 하지만 어떤 분들에게는 일반 주식 창에서 ETF를 거래하는 것보다 여기에서 거래하면 훨씬 이득일 수 있습니다. 바로 연금저축펀드입니다. 먼저 연금저축이 무엇인지 간단하게 알아보죠. 연금저축은 노후를 대비하기 위한 금융상품으로 우리나라 국민이라면 의무적으로 가입해야 하는 국민연금과는 달리 개인이 추가로 선택할 수 있는 개인연금입니다.

개인연금은 꼭 필요할까요? 국민연금만으로 노후 자금을 마련하기에 충분한지 살펴보면 됩니다. 국민연금공단에 따르면 2022년 기준 매달 27만 원씩 20년을 납입한다면 20년 후 월 수령액은 약 57만 원이라고 합니다. 잠깐, 이건 27만 원밖에 안 넣어서 그런 것 같다면 매달 약 49만 원 정도 20년 동안 납입했다고 가정해도 월 수령액은 83만 원 정도입니다. 20년 동안 넣은 세월이 있는데 생각보다 적은 금액 같습니다.

그렇다면 부부가 둘 다 국민연금을 수령하면 이것보다는 상황이 괜찮지 않을까요? 부부가 어느 정도 여유로운 노후를 보내고 싶다면 필요한 한 달 생활비는 약 200만~300만 원일 것입니다. 국민연금공단에 따르면 2021년 기준 부부 합산 월 300만 원을 받는 경우는 단 196쌍밖에 되지 않는다고 합니다. 갈수록 연금격차가 커지는 시대에서 우리는 국민연금 외에도 개인적으로 무언가 준비를 해나가야 합니다. 그중 많은 사람이 추천하고 꾸려나가는 것 중 하나가 바로 연금저축펀드입니다.

개인연금으로 추천하는 연금저축펀드

연금저축펀드는 하나의 증권사에서 계좌 개설이 가능합니다. 우리는 연금 계좌를 통해 연간 1,400만 원 한도 내에서 자유롭게 ETF로 투자하며 노후 자금을 불리는 것이 목표입니다. 세액공제와 비과세 혜택까지 챙기면서요. 안정적으로 노후 자금을 불리는 것이 목적이기 때문에 개인 주식 종목과 위험부담이 높은 투자 수단을 제외하고 ETF나 펀드 범위 내에서만 투자하는 게 특징입니다.

그나저나 국고가 점점 바닥나고 있는 시점에서 개인이 스스로 노후를 준비하다니, 국가 입장에서는 얼마나 기특하겠습니까. 그래서 여러 가지 혜택을 부여해줍니다. 그중 하나가 연금저축 계좌 납입액의 연간 400만 원 한도까지 세액공제 혜택을 주는 것입니다. 연말정산 시 13.2%에서 16.5%까지 세액공제 혜택을 받을 수 있으므로 최대 66만 원을 환급받을 수 있습니다(단, 연 소득 5,500만 원 이하). 나의 노후를 위해 납입했더니 최대 66만 원까지 환급받을 수 있다니 좋네요.

또 투자하면 발생하는 양도소득세, 배당소득세, 거래세 등의 세금이 부과되지 않는 비과세 혜택이 있습니다. 불어난 노후 자금을 55세 이후 매달 연금 형태로 수령한다면 3.3~5.5% 저율로 과세됩니다. 하지만 목적이 노후 대비이기 때문에 중간에 해지하게 되면 그동안 받은 혜택을 뱉어내야 하며 기타소득세 15.4%의 세금을 내야 하는 점도 참고하시기 바랍니다.

그래서 '어차피 나는 ETF로 장기 투자를 할 생각이었다.'라면 세제 혜택과 비과세 혜택까지 챙길 수 있는 연금저축펀드에서 ETF를 투자하는 게 훨씬 이득이겠죠. 하지만 장기 투자와 꾸준히 계좌를 관리하는 게 어려운 사람들은 일반 주식 창에서 ETF를 매매하시는 것도 괜찮은 방법입니다. 나의 상황과 투자 성향을 잘 고려해서 선택하면 되겠습니다.

참고로 연금저축펀드 외에 연금저축의 또 다른 종류에는 연금저축보험이 있습니다. 연금저축펀드와 연금저축보험 둘 다 세제 혜택과 비과세 혜택은 동일하나 연금저축보험은 보험사에게 비교적 높은 수수료를 지불해야 하고 중도해지 시 개인이 추가로 내야 하는 비용이 발생할 수 있습니다. 우리의 풍족한 노후에 높은 수수료가 들어올 자리는 없는 걸로 칩시다. 실제 2021년 금감원에 따르면 연금저축 종류별 수익률이 손해보험은 1.63%, 생명보험은 1.83%, 펀드는 13.45%입니다. 이런 점 때문에 개인적으로 연금저축보험보다 연금저축펀드를 추천합니다.

연금저축펀드의 장점과 단점

연금저축펀드는 앞서 말했듯이 개인연금이기 때문에 스스로 관리해야 한다는 장점이자 단점이 있습니다.

장점은 내가 내 포트폴리오를 자유롭게 꾸릴 수 있다는 점입니다. ETF로 자유롭게 매수와 매도를 하며 수익률을 관리할 수 있죠. 참고로 장이 좋지 않다면 어느 정도 현금 확보를 하고 연금저축펀드 계좌에 돈을 넣고만 있어도 세액공제 혜택을 받을 수 있습니다. 선택한 증권사 또한 자유롭게 이전할 수 있습니다.

단점은 꾸준히 관리하고 신경을 써서 매수와 매도를 해야 한다는 점입니다. 매수와 매도가 완전히 자유로운 방식이기 때문에 매일 투자하지 않는다면 자칫하면 매수나 매도를 해야 한다는 사실을 잊을 수 있습니다. 그래서 보통 시기를 정해서 일주일이나 한 달에 한 번씩 선택한 ETF를 추가로 매수하는 방법을 쓰기도 하고, 장의 상황을 봐서 그때그때 거래하기도 합니다.

이런 연금저축펀드의 특성 때문에 추천 여부가 갈립니다. 특히 20대 초중반은 공격적으로 자산을 불려나가고 개별 주식에 투자해보면서 나와 잘 맞는 투자 성향 등을 정립해나갈 시기라고 생각합니다. 연금저축펀드는 안정적이지만 개별 주식은 투자할 수 없으므로 20대 초중반이고 공격적으로 자산을 불려나가고 투자도 적극적으로 해보고 싶다면 개별 주식을 추천합니다.

덧붙여 연금저축펀드에서 ETF 투자를 위해 증권사를 선택할 때는 수수료 혜택이나 이벤트를 하는 증권사 혹은 내가 평소에 자주 써서 익숙한 증권사 등을 기준으로 선택하면 됩니다.

6장

부린이를 위한
내 집 마련 가이드

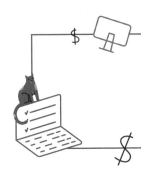

청약은
기본 중의 기본

주식은 하는 사람이 있고, 하지 않는 사람이 있습니다. 개인의 자유로운 선택이죠. 이와 달리 우리나라 모든 국민이 강제로 참가해야 하는 세계가 있습니다. 바로 부동산입니다. '저는 부동산 투자 안 하고 사는데요?'라고 할 수 있지만 우리는 알게 모르게 간접적으로든 직접적으로든 부동산의 세계에 발을 담그고 있습니다.

먼저 적극적인 유형은 크게 두 가지로 나뉩니다. 그중 가장 적극적인 유형은 자산 증식을 위해 다수의 부동산을 활용하는 분들입니다. 다른 하나는 주거 안정을 누리면서 평생 한 채, 혹은 터전을 옮겨 두 채의 주택쯤을 거쳐 살아가는 분들로 주로 옛날 어르신들이 그랬죠. 그 외는 자의든 타의든 부동산을 소유하지 않은 경우로 전세나 월세 같은 경우입니다. 전세나 월세도 집에서 거주하는 기간만큼의 대가를 지불하는 것이니까요.

이렇게 우리는 좋든 싫든 어쨌든 부동산 세계에 참가했으며, 이 세계에서 살아가야 한다면 '집'을 생각하지 않을 수 없습니다. 지피지기면 백전백승이라는 말이 있죠. '내 집 마련'을 하려면 부동산에 대해서 알아야 합니다. 이 장에서는 부동산 세계에서 내 집 마련을 위해 알아야 하는 필수적인 이야기를 하려고 합니다.

기회는 준비된 자에게 온다

내 집은 생각보다 많은 의미를 지니고 있습니다. 우리 아이가 이사를 계속 다니면서 새로운 동네에 잘 적응할 수 있을까 하는 불안감을 지워줄 수 있고, 어느 동네로 이사 가야 하나 수많은 고민에 쌓인 시간을 줄여줄 수 있습니다. 그뿐만 아니라 집이라는 변수가 고정되었으니 다른 요인들을 결정하기에 훨씬 수월해집니다.

하지만 이 모든 것은 부담되지 않은 선에서 적정한 집을 마련했을 때의 가정입니다. 그래서 다음 장에서는 현명하게 집을 마련하는 방법의 하나인 청약에 대해서 알아보려고 합니다. 기왕 나라에서 청약이라는 제도를 마련해놓았으니 우리 한 번 똑소리 나게 내 집 마련에 활용해봅시다.

기본적으로 청약을 넣으려면 청약통장이 있어야 하는데요. 청약에 대해서 정말 모른다고 해도 이런 이야기는 한 번쯤 들어봤을 겁니다. "청약에 당첨이 되려면 무주택 기간이 길어야 한다더라." "부부는 자식이 많아야 한다더라." "청약통장에 돈을 적어도 10년, 20년은 부어야 점수가 높다더라." 이런 이야기를 듣다 보면 '아무래도 나는 청약에 당첨되기 힘들 것 같은데?' 하는 생각이 들죠. 그래서 청약통장에 가입할 필요도, 청약통장에 5만 원이나 10만 원쯤 매달 돈을 납입할 필요도 없을 것 같다는 생각이 듭니다. 하지만 청약통장은 있는 게 좋습니다.

물론 과거에 주택을 소유했거나, 나이가 적어 가점이 낮은 분들은 남들이 모두 다 바라는 좋은 입지에 좋은 가격으로 나온 청약 단지들에 당첨되기는 힘듭니다. 하지만 청약 안에서도 꼭 하나의 방법으로 내 집 마련을 할 수 있는 것은 아닙니다. 투기과열지구나 조정대상지역이 아닌 비조정대상지역의 분양 아파트는 1주택자라도 청약을 넣을 수 있습니다. 또 '줍줍'이라고 하죠. 당첨됐다가 알고 보니 자격이 안 되거나 개인적인 사정으로 당첨을 포기한 물량은 다시 청약을 진행하는데, 이런 경우는 청약통장만 있어도 지원할 수 있습니다.

주변 지인도 20대 중반에 '줍줍'을 통해 아파트 청약에 당첨됐고, 운이 좋게 상승장을 거쳐 주변 집값 상승이 오른 덕에 입주 후 시세차익을 어느 정도 기대할 수 있는 상황입니다.

기회는 준비한 자가 얻을 수 있다고 생각합니다. 언제 나에게 맞는 적절한 기회가 찾아올지 모릅니다. 하지만 적어도 준비가 됐다면 그 기회가 왔을 때 기회를 알아보고 단단히 잡을 수 있습니다. 청약은 그저 어렵고 나와 관련 없는 이야기라고 생각하고 시도조차 안 해본다면 나에게 찾아온 로또 같은 기회를 날려 보낼 수 있다는 점을 기억합시다.

실제로 청약에 당첨된 분들이나 다수의 주택을 소유하고 있는 분도 청약통장을 보유하고 있습니다. 언제 어떻게 법이 개정될지 모르고 정부의 정책이 어떻게 바뀔지 아무도 모릅니다. 그러니 가능성을 아예 배제해버린 채 포기하는 것보다는 언젠가 다가올 기회를 잡을 수 있도록 문을 열어두는 것이 좋습니다.

많은 사람이 급한 일이 생기거나 목돈이 필요할 때 청약통장에 있는 돈을 쓰기 위해 통장을 해지합니다. 그러나 청약통장에 들어 있는 몇백만 원이 후에 몇천만 원, 몇억 원이 넘는 자산이 될 수 있으므로 되도록 청약통장 해지는 신중히 고민해야 합니다. 대신 청약통장을 담보로 대출을 받을 수 있는 상품이 있으니 해지 대신 이 방법을 고민해보세요.

청약제도란 무엇일까

청약통장이랑 아파트랑 무슨 상관이길래 통장이 있으면 아파트 청약에 신청할 수 있을까요? 주택 청약제도는 정부가 1977년 '국민주택 우선공급'을 발표하면서 도입됐습니다. 국민의 안정적인 주거를 위해 아파트를 지어 공급해야 하는데 재원이 부족한 겁니다. 그래서 생각해낸 묘안이 하나의 전용 '통장'을 만들고 사람들이 돈을 넣으면 그

예금으로 기금을 조성해 아파트를 짓자, 그리고 그 통장이 있는 사람들만 아파트에 청약할 수 있도록 하자는 것이었습니다.

한 아파트 단지에 청약을 넣은 사람들이 많으면 그 전용 통장에 돈을 납입한 기간, 납입한 횟수, 무주택 기간, 부양가족 수 등을 기준으로 당첨자를 선정합니다. 이들 중 자녀가 남들보다 많거나 국가유공자거나 노부모를 부양하거나 신혼부부 등 사회적 배려가 필요한 계층인 경우, 주거 안정을 위해서 이들은 일반 청약자와 경쟁하지 않고 '특별공급'으로 물량을 따로 배치해주도록 정해놓았습니다.

이렇게 청약제도는 30년이 넘는 시간 동안 지속되면서 많은 변화가 있었고 자격 요건 등은 까다로워지면서 실수요자들에게 더 많은 기회를 주는 쪽으로 변하고 있습니다. 최근에는 청년과 무주택 기간이 긴 중·장년층을 위해 청약제도가 개편되기도 했습니다.

이런 부분은 내가 모르면 그냥 지나칠 수 있지만 반대로 내가 알면 적극적으로 활용해 틈새를 공략할 수 있고 최종적으로는 당첨 확률을 확실히 높이게 됩니다. 그렇기 때문에 실수요자일수록 꼼꼼하게 공부하고 나에게 맞는 전략을 세우면서 청약제도를 활용하는 것이 좋습니다.

하지만 규제가 계속 심해진다는 법은 없습니다. 부동산 시장의 상황에 맞춰 규제지역의 여부가 풀리기도 합니다. 실제로 2022년 9월, 수도권 일부 및 지방 대부분에 지정되었던 규제가 해제되었습니다. 규제지역의 해제는 대출의 여부, 세금의 범위에 많은 영향을 미치고 심지어 해당 단지의 청약이 불가능했는데 가능해질 수도 있습니다.

그러니 실수요자뿐만 아니라 다른 사람들도 청약을 쉽게 포기하지 않고 꾸준히 관심을 둘 필요가 있습니다.

한국부동산원 청약홈 자료에 따르면 2022년 8월 전국 주택청약종합저축 전체 가입자 수는 약 2,700만 명입니다. 우리나라 전체 인구 약 5,162만 명의 약 절반가량이 청약통장을 가지고 있다는 뜻이죠. 어떻게 보면 '이렇게 많이 가지고 있나?'라는 생각이 들고 또 다르게 보면 '아직 반밖에 가입을 안 했네?'라는 생각도 듭니다. 어쨌든 청약은 아는 사람만 활용할 수 있고 당첨이 될 수 있음을 기억해야 합니다.

누구나 가입하는 주택청약종합저축

정리하자면 청약은 청약통장이 자격이 되고 이를 활용해 분양하는 아파트 단지 중 원하는 아파트에 청약하는 제도입니다. 청약을 통해 들어갈 수 있는 아파트의 종류는 크게 두 가지입니다. 바로 국민주택과 민영주택입니다.

국민주택은 주거전용 면적이 85m^2 이하이면서 국가, 지방자치단체, LH 및 지방공사가 건설하거나 국가나 지방자치단체의 재정 또는 주택도시기금(구 국민주택기금)을 지원받아 건설·개량하는 주택을 말합니다. 단, 수도권 및 도시 지역이 아닌 읍·면 지역은 주거전용면적 100m^2 이하까지 가능합니다. 이 국민주택을 분양해 사람들이 청약을 넣는 것을 공공분양이라고 합니다.

민영주택은 국민주택을 제외한 주택입니다. 쉽게 말해 국민주택은 국가나 지방자치단체, 지방공사가 직접 건설하거나 이들의 도움을 받아 건설되는 아파트이고 민영주택은 정부 주도가 아닌 민간 기업에서 아파트를 짓고 시민들에게 분양하는 것입니다. 민영주택을 분양해 사람들이 청약을 넣는 것을 민간분양이라고 합니다.

예를 들어 국민주택의 경우 한국토지주택공사(LH)와 서울주택도시공사(SH)가 시행하는 행복주택이 해당하고, 민영주택의 대표적인 예시는 민간건설사가 짓는 자이, 힐스테이트 같은 아파트입니다.

국민주택과 민영주택은 각각 청약이 가능한 통장이 다릅니다. 국민주택은 주택청약종합저축과 청약저축통장, 민영주택은 주택청약종합저축과 주택예금·부금 통장으로 각각 청약할 수 있습니다. 청약예금, 청약부금, 청약저축 통장은 2015년 9월부터 신규 가입이 중단되었으므로 현재 신규로 가입 가능한 통장은 주택청약종합저축입니다.

주택청약종합저축은 국민주택과 민영주택 둘 다 청약이 가능한 만능통장입니다. 국내 거주자인 개인이라면 연령, 자격 제한과 관계없이 누구나 가입할 수 있고, 통장을 만들어 매월 2만 원 이상 50만 원 이내에서 자유롭게 납입할 수 있습니다. 약정이율은 보통 1.0~1.8%입니다. 이 통장에 납입한 돈의 액수와 납입횟수로 청약 당첨자가 갈리기 때문에 매우 중요한 통장이죠. 참고로 납입금액에 상관없이 1회 최대 납입 인정 금액이 10만 원이기 때문에 대부분 매달 10만 원씩 납입하는데, 납입금액은 본인의 상황과 성향에 따라 결정하면 됩니다. 가입 시 구비 서류는 다음과 같습니다.

가입 시 구비서류

- 본인이 직접 가입신청 시: 실명확인증표
- 배우자/직계존·비속이 대리 가입신청 시: 주민등록표등본, 대리인 실명확인증표
- 제3자가 가입신청 시: 본인 및 대리인 실명확인증표, 본인이 작성한 위임장, 본인의 인감증명서(금융계좌 개설용)

주택청약종합저축 통장을 개설할 수 있는 은행은 현재 농협, 신한, 우리, 하나, 기업, 국민, 대구, 부산, 경남은행입니다.

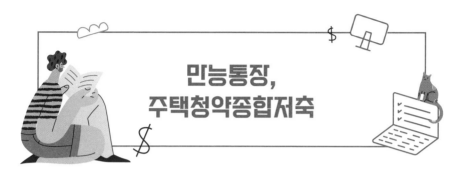

만능통장, 주택청약종합저축

입주자저축 중 모든 주택에 청약을 넣을 수 있는 통장은 주택종합
저축입니다. 이와 관련해 여러 가지 궁금할 만한 사항을 알아보겠습
니다.

먼저 기존에 청약저축, 청약부금, 청약예금 등 청약통장을 보유하
고 있다면 주택청약종합저축으로 전환할 수 있을까요? 아쉽지만 주
택청약종합저축으로 전환은 불가능하고 기존 청약통장을 해지한 후
신규로 주택청약종합저축에 가입해야 합니다. 주택청약종합저축 납
부 후 일부 인출이나 일부 해지가 가능한지도 궁금하죠. 일부 인출이
나 일부 해지는 불가능하며 원금 및 이자는 해지 시 일시에 지급합니
다. 해지한다면 가입기간 등 납입내역이 소멸되는 점도 명심해야 합
니다. 열심히 쌓은 점수가 사라지는 거니까요.

또한 이미 납입된 회차의 예치금을 추후에 수정하는 것은 불가능합니다. 예를 들어 원래 2만 원씩 납입했는데 나중에 보니 금액이 부족해서 추가로 8만 원씩 입금할 테니 10만 원으로 수정할 수 없다는 뜻입니다. 다만 다음 회차부터의 예치금은 언제든지 늘리고 줄일 수 있습니다.

주택청약종합저축의 증여 또는 명의 변경이 가능할까요? 이는 가입자가 사망하며 그 상속인 명의로 변경하는 경우만 가능합니다. 이렇게 증여받은 통장은 아마 오랜 기간 납입한 통장일 확률이 크기 때문에 '황금통장'이라고도 불립니다. 기존 가입자의 납입인정 금액 및 회차가 인정되어 그대로 승계되기 때문입니다.

청년이라면 꼭, 청년우대형 주택청약종합저축

다음은 청년이라면 놓치면 안 되는 부분입니다. 주택청약종합저축도 통장이니 납입금액에 어느 정도 이율이 적용됩니다. 그런데 조건에 해당하는 청년이면 기존 이율에 1.5% 우대 이율을 더 적용해줍니다. 바로 청년우대형 주택청약종합저축입니다. 총 세 가지 조건을 만족해야 가입 대상에 해당하는데요.

먼저 나이는 만 19세 이상~만 34세 이하로 병역 이행 기간(최대 6년)을 인정해줍니다. 소득은 직전년도 신고소득이 있는 자로 연 소득 3,600만 원 이하 근로·사업·기타 소득자여야 합니다. 마지막으로 무주택 세대주여야 합니다. 추가로 주택을 소유하고 있지 않으며 3년 이내에 세대주가 될 예정인 자나 주택을 소유하고 있지 않는 세대의 세대원도 인정됩니다(단, 세대주는 3개월 이상 연속해 유지해야 합니다).

청년들을 위한 우대이율은 청약통장에 가입한 지 2년 이상이어야 받을 수 있고 총 원금 5천만 원까지 최대 10년(무주택인 기간에 한함) 동안 적용되며 2년 이상 유지 시 최대 연 3.3%로 상승됩니다.

기존에 주택청약종합저축 통장이 있으신 분들은 기존 가입기간과 납입인정회차는 당연히 인정되며 각종 증빙서류 등은 기존 통장을 보유하고 있는 은행에 문의하면 정확하게 알 수 있습니다. 보통 자취를 하고 취직한 지 얼마 안 된 사회초년생이라면 대부분 해당되리라 생각됩니다.

하지만 제 주위에도 조건에 해당하지만 이런 상품이 존재하는지 몰라서 청년우대형으로 전환하지 않는 사람들이 대부분이었습니다. 청년들을 위한 청년우대형 주택청약종합저축은 가입기간이 2023년 12월 31일까지니 조건이 된다면 늦지 않게 신청하세요.

청약을 넣기 위해
꼭 확인해야 하는 조건들

청약 가능한 지역인지 확인하기

청약통장이 있다고 모든 지역의 아파트에 청약을 넣을 수 있는 것은 아닙니다. 내가 청약 신청을 할 수 있는 지역인지 아닌지를 먼저 확인해야 합니다.

주택은 원칙적으로 입주자모집공고일 현재 해당 주택건설지역에 거주하고 있는 자를 공급대상으로 정하고 있습니다. 그러니까 내가 인천광역시에 살면 인천광역시에서 분양하는 아파트에 청약을 넣을 수 있습니다. 하지만 지리적으로 가까운 곳이라면 서로 청약이 가능하도록 묶어놓은 지역들이 있습니다. 이곳을 청약가능지역이라고 하며 다음 8개로 나뉩니다.

1. 서울특별시, 인천광역시 및 경기도 지역(이하 '수도권')

2. 대전광역시, 세종특별자치시 및 충청남도

3. 충청북도

4. 광주광역시 및 전라남도

5. 전라북도

6. 대구광역시 및 경상북도

7. 부산광역시, 울산광역시 및 경상남도

8. 강원도

청약가능지역에 거주하고 있어서 신청할 수 있다고 해도 같은 순위에서는 아무래도 해당 주택건설지역에 사는 사람들에게 혜택이 돌아가니 이들에게 우선공급되고 남은 주택이 있는 경우에 근처 지역에 기회가 돌아가게 됩니다. 예를 들어 경기도에 거주하고 있는 사람이 서울특별시 청약에 지원할 수 있지만 같은 순위에서는 서울특별시에 사는 사람이 우선된다는 이야기입니다.

또한 투기를 방지하기 위해 해당 지역에 거주한 기간이 몇 년 이상이 되어야 한다는 조건이 추가될 수 있습니다. 예를 들어 수도권의 투기과열지구라면 해당 지역에 2년 이상 거주한 사람에게 우선공급됩니다.

인기가 많은 지역은 우선공급에서 대부분 마감되기 때문에 우선공급의 조건을 충족하는지가 중요하게 작용합니다. 그래서 내가 원하는 지역에 괜찮은 아파트 청약이 예정되었다면 그 지역으로 미리 이사

가서 2년 거주요건을 채우려는 계획을 잡기도 합니다. 하지만 어떤 변수가 생길지 모르기 때문에 청약 당첨에 100% 확신할 수 없고, 청약 일정이 미뤄질 수도 있다는 위험부담이 있다는 점도 참고하세요.

해당 지역에 사는 사람을 우선으로 하는 경우가 많기 때문에 보통 청약은 하루에 진행되지 않고 3일 정도에 걸쳐서 진행됩니다. 첫 번째 날에는 해당 지역에 2년 이상 거주한 사람들의 청약 신청일이면, 다음 날은 해당 지역에 거주하지만 2년 이상의 거주요건을 채우지 못한 경우, 다음 날은 해당 지역은 아니지만 청약가능지역에 거주한 사람들(기타 지역)의 청약을 받습니다.

만약 첫 번째 날에 신청한 사람들이 많아서 공급물량이 다 소진됐다면 두 번째 날부터는 청약이 열리지 않습니다. 그래서 나는 어디에 해당하는지 미리 파악하는 게 중요하고 아파트마다 정해놓은 청약가능지역의 범위, 우선공급 범위 등이 다를 수 있기 때문에 이는 해당 주택의 입주자모집공고를 통해 확인하는 게 좋습니다. 입주자모집공고는 청약홈, LH청약센터, 직방과 같은 앱을 통해 간단하게 확인할 수 있습니다.

청약 모집 우선 순위를 확인하라

이렇게 내가 사는 지역에 따라 청약의 신청 가능 여부가 결정되며 다음으로는 1순위 자격 조건을 확인해야 합니다. 5년 이내에 청약 당첨 이력이 없고, 주택청약통장을 보유하고 있으면 누구나 청약을 넣을 수 있지만 당첨 확률을 높이기 위해서는 1순위를 충족하는 게 중요하기 때문이죠. 다자녀, 신혼부부와 같이 특별한 사유가 없는 일반 사람들이 청약하는 유형이 일반공급이고, 이 일반공급 안에서 남보다 우선으로 공급받을 수 있는 순위를 일반공급 1순위라고 합니다. 만약 1순위 자격 조건을 충족하지 못한다면 그다음인 2순위가 됩니다.

1순위가 중요한 이유는 해당 지역에 사는 사람들을 우선으로 하는 것처럼 2순위보다 우선으로 공급을 받기 때문인데요. 예를 들어 1천 세대를 모집하는데 1순위에 해당하는 사람들에서 모집 인원이 다 채워졌다면 2순위에는 당첨 기회가 없습니다. 하지만 1순위에서 600명 밖에 지원하지 않았다면 나머지 400개의 물량은 2순위에 당첨 기회가 돌아가게 됩니다. 인기 있는 지역의 청약단지는 대부분 1순위에서 청약이 마감되기 때문에 당첨의 기회를 노린다면 1순위 자격은 꼭 충족하는 게 좋습니다.

따라서 정리하면 청약 모집 우선순위는 ① 해당 지역에 거주하는 1순위, ② 인근 지역에 거주하는 1순위, ③ 해당 지역에 거주하는 2순위, ④ 인근 지역에 거주하는 2순위로 진행되며 앞 순서에서 모집이 끝나면 뒤 순서에는 모집하지 않습니다.

또 내가 청약하려는 지역이 청약과열지구나 투기과열지역 등 규제지역인지 아닌지 확인해야 합니다. 투기지구, 투기과열지구, 청약과열지구(조정대상지역)를 통틀어 규제지역이라고 하는데요. 각각 기준에 따라 분류되며 규제지역으로 분류되면 그에 따르는 제한사항이 있습니다. 부동산 상승률이 과도한 지역을 규제지역으로 정해 이를 조절하기 위함인데요. 해당 지역의 주택가격상승률이 물가상승률보다 얼마나 높은지에 따라 투기지역, 투기과열지구, 조정대상지역 등으로 분류됩니다.

투기지역은 직전 월 당해 주택 가격상승률이 전국소비자물가상승률의 130%에 해당하는 경우, 투기과열지구는 해당 지역 주택가격상승률이 물가상승률보다 현저히 높을 경우 등이 그 기준입니다. 그 외 여러 조건이 있지만 우리에게 중요한 건 현재 어떤 지역이 투기지역, 투기과열지구, 조정대상지역(청약과열지역)으로 분류되었는지입니다. 그 여부에 따라 청약 재당첨 기회, 청약 당첨 후 분양권 전매제한 가능 여부, 청약 신청자의 소득 자격 등이 갈리기 때문입니다.

규제지역 여부는 시장 상황에 따라 조절됩니다. 부동산 시장이 과열되면 넓은 범위를 규제지역으로 설정해 이를 조절하고자 하고, 부동산 시장이 침체되면 반대로 규제지역을 풀어 거래를 활성화시키고자 합니다. 2023년 1월 5일 기준 규제지역은 서울 4개구(용산·서초·강남·송파구)만 남기고 모두 해제되었습니다.

1순위 자격 조건 확인하기

일반공급 1순위 자격 조건은 국민주택인지, 민영주택인지에 따라 각각 다른 부분도 있고 공통적으로 보는 부분도 있습니다. 먼저 국민주택과 민영주택의 1순위 자격 조건 중 공통적인 조건은 거주지역과 청약통장 가입기간입니다. 여기에 더해 국민주택은 납입횟수를 충족해야 하고, 민영주택은 지역별 예치 기준 금액을 충족해야 합니다.

국민주택과 민영주택 모두 보는 1순위 자격 조건을 살펴보겠습니다. 우선 아까 말한 대로 최초 입주자모집공고일 현재 해당 주택건설지역 또는 인근지역에 거주해야 하며, 만 19세 이상이어야 합니다. 만 19세가 아니어도 자녀를 양육하거나 직계존속의 사망, 실종선고 및 행방불명 등으로 형제자매를 부양하는 경우 청약 신청을 할 수 있습니다(단, 양육하는 자녀나 부양하는 형제자매는 세대주인 미성년자와 같은 주민등록표본에 등재되어 있어야 합니다).

청약통장 가입기간은 국민주택과 민영주택 모두 투기과열지구 및 청약과열지구는 가입 후 2년이 경과해야 하며 위축지역은 가입 후 1개월만 지나면 됩니다. 투기과열지구 및 청약과열지역, 위축지역 외 수도권 지역은 가입 후 1년이 지나야 하고 수도권 외 지역은 가입 후 6개월만 경과해도 됩니다. 참고로 시·도지사가 필요 시 가입기간을 수도권은 24개월까지, 수도권 외 지역은 12개월까지 연장할 수 있으니 입주자모집공고에서 잘 확인해야 합니다.

다음으로 국민주택과 민영주택에서 각각 인정하는 1순위 조건입니다. 앞서 공통된 조건 외에 다음 조건들도 함께 충족해야 하는데요. 먼저 국민주택부터 살펴보겠습니다.

국민주택은 주민등록표등본에 함께 등재된 세대 전원이 주택 또는 분양권 등을 소유하고 있지 않은 무주택 세대 구성원이어야 하며 여기에 더해 투기과열지구나 청약과열지역의 경우는 무주택 세대 구성원 중 세대주만 1순위로 인정해줍니다.

이제 청약통장의 납입횟수를 충족하면 됩니다. 매월 약속된 납입일에 납입금을 연체 없이 지역별로 정해진 횟수 이상 통장에 납입하면 되는데요. 투기과열지구 및 청약과열지역은 24회, 위축지역은 1회, 투기과열지구 및 청약과열지역, 위축지역 외 수도권은 12회, 수도권 외 지역은 6회 이상 납입해야 합니다.

이 모든 사항의 기준 날짜는 아파트별로 평수, 모집 세대 수 등을 공고하는 최초 입주자모집공고일입니다. 예를 들어 내가 청약을 넣고 싶은 아파트의 최초 입주자모집공고일이 10월 1일이면 이날까지 위의 조건을 만족하면 1순위로 청약을 넣을 수 있습니다.

참고로 이러한 조건을 충족해도 투기과열지구나 청약과열지역 내 국민주택에 청약하는 경우, 세대주가 아니거나 과거 5년 이내 다른

- 세대는 다음과 같습니다.
  - 가. 주택공급신청자
  - 나. 주택공급신청자의 배우자
  - 다. 주택공급신청자의 직계존속(배우자의 직계존속 포함) 및 직계비속(직계비속의 배우자 포함)
    - * 주택공급신청자 또는 주택공급신청자의 배우자와 세대별 주민등록표상에 함께 등재되어 있는 경우에만 인정
  - 라. 주택공급신청자의 배우자의 직계비속(직계비속의 배우자 포함)
    - * 주택공급신청자와 세대별 주민등록표상 함께 등재되어 있는 경우에만 인정
    예) 신청자와 동일한 주민등록표 상에 등재된 재혼한 배우자의 직계비속 및 직계비속의 배우자
    ※ 형제, 자매, 동거인 등은 청약자와 동일한 주민등록표에 등재되어 있어도 청약자의 세대에 속한 자가 아닙니다.

지역 및 전용면적별 예치금액(단위: 만 원)

구분	서울/부산	기타 광역시	기타 시/군
85m² 이하	300	250	200
102m² 이하	600	400	300
134m² 이하	1,000	700	400
모든 면적	1,500	1,000	500

※ 민영주택 청약신청 시 지역별, 전용면적별 예치금액. 청약부금 가입자는 85m² 이하 민영주택에만 청약신청할 수 있음

주택에 당첨된 자가 속해 있는 무주택 세대의 구성원이라면 1순위가 아닌 2순위로 청약을 넣어야 합니다. 국민주택은 이렇게 거주지역, 무주택 세대원(투기과열지구와 청약과열지역은 무주택 세대주만), 청약통장 가입기간과 지역별 납입횟수를 충족하면 1순위로 인정됩니다.

다음은 민영주택 1순위 자격 조건입니다. 민영주택은 위의 공통으로 보는 청약통장 가입기간과 더불어 지역별로 정해진 예치금액 이상이 청약통장에 납입되어야 합니다. 지역별 예치금액은 위의 표와 같은데요. 참고로 이 지역은 내가 청약을 넣을 주택 주소가 아니라 청약 신청자가 거주하고 있는 지역을 말합니다.

그러니까 나는 서울에 살고 인천광역시에 있는 107m²의 민영주택에 청약을 넣고 싶으면 인천이 속한 기타 광역시가 아닌 내가 사는 서울에 해당하는 예치금액을 봐야 합니다. 즉 청약통장에 600만 원이 있어 청약 신청을 할 수 있다는 이야기입니다. 나중에 소형을 넣을지

국민주택 1순위 자격요건

지역		자격		
		가입 기간	납입 횟수	기타
투기과열지구 및 조정대상지역		2년	24회	· 최초 입주지모집공고일 현재 해당 주택건설지역 또는 인근 지역에 거주하는 자 · 무주택 세대주 · 과거 5년 내 다른 주택에 당첨된 적이 없는 무주택 세대 구성원
그 외 지역	수도권	1년	12회	· 최초 입주지모집공고일 현재 해당 주택건설지역 또는 인근 지역에 거주하는 자 · 무주택 세대주 · 무주택 세대의 세대원
	수도권 외	6개월	6회	
위축지역		1개월	1회	

※ 동일한 주택 및 당첨자 발표일이 동일한 국민주택에 대해 한 세대에서 한 사람만 청약신청해야 함. 한 세대에서 2인 이상 청약 시 당첨취소 등 불이익이 발생할 수 있음

대형을 넣게 될지 아직 잘 모르겠다면 최고 면적에 해당하는 금액까지 넣어두는 게 마음이 편합니다.

민영주택은 이렇게 거주지역, 청약통장 가입기간과 더불어 지역별 예치금이 청약통장에 납입되어 있으면 1순위로 인정됩니다. 하지만 주택 소유 부분에서 국민주택과 다르게 보는 부분이 있는데요. 국민주택은 세대 전원이 무주택이어야 청약을 신청할 수 있었고 투기과열지구 또는 청약과열지역에서는 무주택 세대주만 청약이 가능했지만, 민영주택은 기준이 조금 더 유합니다. 투기과열지구와 청약과

민영주택 1순위 자격요건

지역	자격		
	가입기간	납입금	기타
투기과열지구 및 조정대상지역	2년	납입인정금액이 지역별 예치금액 이상인 분	· 최초 입주자모집공고일 현재 해당 주택건설지역 또는 인근 지역에 거주하는 자 · 무주택 세대주, 1주택 세대주 · 과거 5년 내 다른 주택에 당첨된 적이 없는 무주택 세대 구성원
그 외 지역 — 수도권	1년		· 최초 입주자모집공고일 현재 해당 주택건설지역 또는 인근 지역에 거주하는 자 · 세대주, 세대원
그 외 지역 — 수도권 외	6개월		
위축지역	1개월		

※ 주거전용 85m²를 초과 공공건설임대주택, 수도권에 지정된 공공주택지구에서 공급하는 민영주택에 청약하는 경우 2주택 이상 소유한 세대에 속한 자는 1순위 청약 불가능

열지역 외라면 1주택을 소유해도 1순위로 청약을 신청할 수 있기 때문입니다.

민영주택은 아래 두 가지 경우에 중 어느 하나라도 해당한다면, 1순위가 아니라 2순위로 청약해야 합니다. 첫 번째는 투기과열지구 또는 청약과열지역 내에 있는 민영주택에 청약하는 경우 세대주가 아니거나, 세대에 과거 5년 이내 다른 주택에 당첨된 자가 있거나 2주택 이상 소유한 세대에 속한 자입니다. 두 번째는 주거전용 85m² 초과 공공건설임대주택, 수도권에 지정된 공공주택지구에서 공급하

는 민영주택에 청약하는 경우 2주택 이상 소유한 세대에 속한 자입니다.

가장 조건이 까다로운 투기과열지구와 청약과열지역을 기준으로 정리하자면 국민주택 1순위는 해당 지역에 거주하고 청약통장 가입기간이 2년 이상, 청약통장 납입횟수는 24회 이상, 무주택 세대주, 5년 내 청약 당첨 사실이 없어야 합니다. 민영주택은 해당 지역에 거주하고 청약통장 가입기간이 2년 이상, 청약통장 지역별 예치금 기준 충족, 세대주, 2주택 이상 소유하지 않고, 5년 이내 청약 당첨 사실이 없어야 합니다.

여기에 더해 지역별로 해당 지역에 2년 이상 거주해야 하는 조건이 추가될 수도 있습니다. 하지만 투기과열지구와 청약과열지역이 아닌 경우는 아까 살펴본 대로 이것보다는 기준이 완화되기 때문에 내가 청약하는 지역에 맞춰 1순위 자격 조건을 꼼꼼히 체크해보길 바랍니다.

동일 순위 내
당첨자 선정 방식

다음은 당첨자 선정 방식입니다. 1순위 자격 조건을 충족하기만 해도 당첨된다면 정말 좋겠지만, 투기과열지구에서는 공급하는 주택의 5배까지 예비입주자를 선정하고, 청약과열지역, 수도권, 지방 광역시는 3배까지 청약 신청자를 모집하기 때문에 같은 1순위 안에서도 경쟁을 통해 당첨자를 최종 선정합니다. 같은 순위 내에서 어떻게 당첨자를 뽑는지에 따라 당첨 여부가 달라질 수도 있으므로 매우 중요한 부분입니다. 국민주택은 순위순차제로 당첨자를 뽑고 민영주택은 가점제와 추첨제로 당첨자를 선정합니다.

국민주택과 민영주택 선정 방식

먼저 국민주택 1순위 중 같은 순위 안에 경쟁이 있다면 당첨자 선정 방식은 주택크기에 따라 달라집니다. 40m² 이하인 경우는 납입 횟수를 보고, 40m² 초과인 경우는 저축총액을 보며, 그중에서도 3년 이상 무주택 세대 구성원이라면 우선으로 해주는데요. 즉 국민주택 40m² 이하인 경우 첫 번째 순차는 3년 이상 무주택 세대 구성원으로서 납입횟수가 많은 자고 두 번째 순차는 납입횟수가 많은 자입니다. 마찬가지로 40m² 초과인 경우도 첫 번째 순차는 3년 이상 무주택 세대 구성원으로서 저축총액이 많은 자고 두 번째 순차는 저축총액이 많은 자입니다. 그 뒤 2순위는 추첨 방식으로 입주자를 선정합니다. 1회에 최대 10만 원까지 납입금액을 인정해주기 때문에 40m² 이하와 초과 물량 둘 중 무엇에 청약할지 아직 모르겠다 하시면 10만 원씩 매달 꾸준히 통장에 납입하는 걸 추천합니다.

민영주택은 1순위 중 같은 순위 안에 경쟁이 있다면 가점제 및 추첨제로 입주자를 선정하고 2순위는 100% 추첨제입니다. 가점제와

국민주택 당첨자 선정

순차	40m² 초과	40m² 이하
1	3년 이상 기간 무주택 세대 구성원으로서 저축총액이 많은 지	3년 이상 기간 무주택 세대 구성원으로서 납입횟수가 많은 지
2	저축총액이 많은 지	납입횟수가 많은 지

추첨제 비율은 주택면적과 투기과열지구 여부, 수도권 내 공공주택지구 여부 등에 따라서 달라집니다. 무주택 기간, 부양가족 수, 입주자저축 가입기간을 점수로 계산해 높은 점수를 가진 사람이 당첨되는 가점제는 아무래도 청년층보다는 중·고령층이 훨씬 유리합니다.

반대로 무작위로 추첨해 당첨자를 뽑는 추첨제에서는 나이에 상관없으므로 청년층이라면 이 추첨제를 잘 노리는 게 당첨 확률을 높이는 방법입니다. 다음 페이지 상단 표는 청약제도 개편 전의 가점제와 추첨제 비율이고 하단 표는 2022년 10월 26일에 발표된 정부의 공급 계획 개편안입니다.

개편 전을 보면 85m² 이하는 가점제 100%였습니다. 가점제 항목은 무주택 기간과 부양가족 수, 청약통장 가입기간에 따라 점수가 정해지기 때문에 아무래도 나이가 젊은 청년층이 당첨될 확률은 매우 희박했습니다. 그렇다고 추첨제 비율이 비교적 있는 85m² 초과로 청약을 넣으려고 하니, 대형 평수다 보니 분양가가 높아서 말 그대로 청년층에게는 그림의 떡과 같은 상황이었죠.

이런 점을 고려해 규제지역 내 민영주택 청약제도가 바뀔 예정이라고 합니다. 우선 비교적 자금이 적고 소형평수가 필요한 청년층을 위해 기존에는 없던 60m² 이하와 60~85m² 사이 두 가지 소형평수가 신설되었는데요. 아무래도 청년층을 고려해서 세분화한 것이니 투기과열지구와 조정대상지역 내 이 두 소형평수에서는 기존 가점 100%였던 가점제 비중을 줄이고 추첨제 비중을 새로 만들었습니다.

60m² 이하 면적에서는 투기과열지구는 가점 40%, 추첨 60%이고

민영주택 가점제와 추첨제 비율

주거 전용 면적	투기 과열지구	청약 과열지역	수도권 내 공공주택 지구	85m² 초과 공공건설 임대주택	그 외 주택
85m² 이하	가점제 100% 추첨제 0%	가점제 75% 추첨제 25%	가점제 100% 추첨제 0%	-	가점제 40%(~0%) (시장 등이 40% 이하로 조정 가능) 추첨제 60~100%
85m² 초과	가점제 50% 추첨제 50%	가점제 30% 추첨제 70%	가점제 50%(~0%)(시장 등이 50% 이하로 조정 가능) 추첨제 50% (~100%)	가점제 100% 추첨제 0%	가점제 0% 추첨제 100%

민영주택 규제지역 청약 개선(안)

면적	투기과열지구		조정대상지역	
	현행	개선(안)	현행	개선(안)
60m²	가점제 100%	가점제 40% 추첨제 60%	가점제 75% 추첨제 25%	가점제 40% 추첨제 60%
60~85m²		가점제 70% 추첨제 30%		가점제 70% 추첨제 30%
85m²	가점제 50% 추첨제 50%	가점제 80% 추첨제 20%	가점제 30% 추첨제 70%	가점제 50% 추첨제 50%

※ 비규제지역은 85m² 이하 가점제 40% 추첨제 60%, 85m² 초과 추점제 100% 현행 유지

조정대상지역에서는 가점 40%, 추첨 60%입니다. 60~85m² 면적에서는 투기과열지구, 조정대상지역 모두 다 가점제 70%, 추첨제 30%입니다. 기존에 소형평수에는 추첨제 물량이 0%로 아예 없었지만 개편 이후에는 소형평수에도 추첨제 물량이 생기는 게 청년층들에게는 희소식이 될 것 같습니다.

하지만 청약 당첨을 위해 몇십 년을 청약통장에 꾸준히 그리고 성실히 납입한 중·장년층분들도 소외돼서는 안 됩니다. 따라서 청년층보다는 부양가족 수가 더 많을 확률이 높은 중·장년층분들을 위한 85m² 초과의 면적의 민영주택에서는 가점제 비율을 전보다 늘렸습니다. 참고로 비규제지역은 상단 표의 '그 외 주택'과 같으며, 현행 유지됩니다.

민영주택에서 면적과 지역 여부에 따른 추첨제와 가점제 비율을 살펴보았으며, 지금부터는 추첨제와 가점제 각각 자세히 살펴보겠습니다.

추첨제와 가점제 알아보기

추첨제는 단순 추첨이라서 우리의 머리를 복잡하게 하지 않습니다. 하지만 추첨제에서도 무주택 세대가 조금 더 우선이 되는데요. 만일 모집 세대 수보다 청약 신청자가 더 많다면, 주택수의 75%를 무주택 세대에서 먼저 추첨하고 나머지 35%는 1주택자(기존 주택 처분조건

서약 하에, 분양권 등을 소유한 경우는 제외)에서 추첨됩니다. 만약 1주택자에서 추첨을 돌리고도 모집 세대 수가 남는다면 주택처분에 서약하지 않은 1주택 소유자와 1분양권 소유 세대에 속한 자에게 추첨 기회가 돌아갑니다.

다음은 가점제입니다. 점수를 계산할 때 많은 사람이 헷갈리며 점수를 잘못 입력해서 당첨이 취소되기도 합니다. 애써 당첨됐는데 점수를 잘못 입력해서 당첨이 취소된다면 정말 억울하기 그지없는 일이 아니겠습니까. 그렇기 때문에 가점 항목 및 점수 부분은 꼼꼼히 살펴본 후, 내 포지션이 어디인지 객관적으로 바라보고 전략적으로 다가가는 게 중요합니다. 가점 항목은 세 가지이며 각 항목당 점수는 무주택 기간 32점, 부양가족 35점, 청약통장 가입기간 17점으로 최고점수는 84점이 됩니다.

무주택 기간

무주택 기간의 점수는 무주택 기간 15년 이상까지를 끝으로 보고, 최대 점수는 32점입니다. 무주택 기간이 1년 미만일 경우 2점부터 시작이고, 그 후는 1년마다 2점씩 늘어납니다. 즉 무주택 기간이 1년 미만은 2점, 1년 이상~2년 미만이라면 4점, 2년 이상~3년 미만은 6점입니다.

여기서 중요한 점은 무주택으로 인정해주는 기준과 무주택 기간 계산 방법입니다. 무주택 여부는 청약 신청자 본인만 무주택이면 되는 것이 아닙니다. 내가 청약을 넣고 싶은 아파트의 입주자모집공고

무주택 기간 가점 항목

무주택 기간	점수	무주택 기간	점수
1년 미만	2	8년 이상~9년 미만	18
1년 이상~2년 미만	4	9년 이상~10년 미만	20
2년 이상~3년 미만	6	10년 이상~11년 미만	22
3년 이상~4년 미만	8	11년 이상~12년 미만	24
4년 이상~5년 미만	10	12년 이상~13년 미만	26
5년 이상~6년 미만	12	13년 이상~14년 미만	28
6년 이상~7년 미만	14	14년 이상~15년 미만	30
7년 이상~8년 미만	16	15년 이상	32

일 현재 세대별 주민등록표등본에 등재된 청약하는 사람을 포함해 세대에 속한 자 모두가 주택이나 분양권* 등을 소유하지 않아야 합니다.

세대 중 한 명이라도 주택을 가지고 있다면 유주택으로 간주돼 무주택 부분 점수가 0점이 됩니다. 만일 배우자 분리세대인 경우, 분리된 배우자 및 배우자와 동일한 세대를 이루고 있는 세대에 속한 사람 중 한 명이라도 주택(분양권 등 포함)을 소유하면 이 경우도 마찬가지

---

* 단, 행복도시 이전기관 특별공급은 분양권등을 1개 소유하더라도 1주택 처분 조건 승낙으로 청약 가능

로 무주택으로 인정되지 않습니다.

다음은 무주택 기간 산정입니다. 기간 산정은 청약 신청자와 그 배우자를 기준으로 합니다. 앞선 기준에 충족해 무주택 여부가 인정됐다면 무주택 기간은 청약 신청자의 연령이 만 30세가 되는 날부터 주택의 모집공고일까지 계산합니다. 30세 미만은 주택이 없어도 무주택 기간으로 쳐주지 않아 무주택 기간 점수는 0점입니다.

그럼 30세 미만은 무주택 기간을 전혀 인정받지 못할까요? 그건 아닙니다. 만약 30살이 되기 전에 혼인한 경우는 혼인신고일로 등재된 날부터 주택의 모집공고일까지 무주택 기간으로 산정해줍니다. 만일

무주택 기간 산정 방법

청약 신청자 및 배우지기	무주택 기간	부터	까지
주택을 소유한 적이 없을 때	청약 신청지기 만 30세 이전에 결혼한 경우	혼인신고일	입주지 모집 공고일
	청약 신청지기 만 30세 이전에 결혼하지 않은 경우	만 30세기 된 날	
주택을 소유한 적이 있을 때	청약 신청지기 만 30세 이전에 결혼한 경우	무주택지기 된 날과 혼인신고일 중 늦은 날	
	청약 신청지기 만 30세 이전에 결혼하지 않은 경우	무주택지기 된 날과 만 30세기 된 날 중 늦은 날	

※ 청약 신청자의 배우자가 결혼 전 소유했다 처분한 주택은 제외하고 산정

청약 신청자와 배우자가 주택을 소유(분양권 등 포함)했던 적이 있다면, 점수가 초기화되어 그 주택을 처분한 후 무주택자가 된 날부터 입주자모집공고일까지 날짜를 계산해 점수가 산정됩니다. 자세한 내용은 정리한 표를 참고해주세요.

이렇게 무주택 기간 점수는 만 30세부터 입주자모집공고일까지 날짜를 계산해서 1년마다 2점씩 점수가 부과됩니다. 예외는 과거 주택소유 여부와 만 30세 이전에 혼인한 경우입니다.

부양가족

다음은 가점제의 두 번째 항목인 부양가족 수입니다. 먼저 부양가족에서 본인은 제외되고 배우자는 포함합니다(배우자 분리세대도 인정). 본인 외 부양가족이 아무도 없다면 0명으로 기본 5점부터 시작해 1명씩 추가될 때마다 5점씩 점수가 늘어납니다. 따라서 혼자 자취를 하는 세대주라면 부양가족 수는 0명으로 5점, 부양가족 수가 1명이면 10점, 2명이면 15점으로 부양가족 수에서 얻을 수 있는 최대 점수는 6명 이상으로 35점입니다.

중요한 건 부양가족의 인정 범위입니다. 직계존속은 부모나 조부모를 말하고, 직계비속은 자녀나 손자녀를 말합니다. 부양가족으로 인정되는 사람은 직계존속(부모·조부모)과 직계비속(자녀·손자녀)입니다. 여기서 몇 가지 조건이 추가됩니다. 직계존속은 청약 신청자와 배우자의 직계존속 모두를 말하며 청약 신청자가 세대주어야 하고 동일등본 내 3년 이상 계속 등재된 직계존속이어야 합니다.

부양가족 가점 항목

부양가족 수	점수	부양가족 수	점수
0명	5	4명	25
1명	10	5명	30
2명	15	6명 이상	35
3명	20		

만약 청약 신청자의 친아버지와 시아버지 두 분 모두 부양가족으로 인정받기 위해서는 청약 신청자가 세대주여야 하고, 친아버지와 시아버지 둘 다 3년 이상 동일 주민록표등본에 계속 등재되어 있어야 합니다. 단, 동일 등본 내 3년 이상 계속 등재돼 있어도 직계존속 및 그 배우자, 즉 내 부모님이나 조부모님 및 그 배우자 중 한 명이라도 주택을 소유(분양권 등 포함)하고 있다면 부양가족으로 보지 않습니다.

예외는 있습니다. 60세 이상의 직계존속 또는 그 배우자가 소유하고 있는 주택이 소형(전용면적 60m² 이하)이거나 저가주택(수도권은 1억 3천만 원, 그 외 지역은 8천만 원 이하)이라면 주택을 가지고 있어도 다른 조건을 만족하면 부양가족으로 인정됩니다.

그리고 미혼 직계비속(자녀·손자녀)은 동일 등본 내 등재되어 있기만 해도 부양가족으로 인정됩니다. 하지만 자녀나 손자녀가 미혼이어야 부양가족으로 인정되며, 혼인 중이거나 혼인한 적이 있는 자녀는 한 세대에 있어도 부양가족으로 보지 않습니다. 또한 자녀나 손자녀의 나이가 만 30세 이상이라면 동일 등본 내 1년 이상 등재되어야 한다는 조건이 추가됩니다. 직계비속 중 손자녀는 부모가 모두 사망한 경우, 미혼인 경우에만 부양가족으로 인정됩니다.

청약통장 가입기간

민영주택 가점제 마지막 항목인 청약통장 가입기간입니다. 가입기간이 길수록 당연히 점수가 높아지며 가입기간이 6개월 미만이면 1점부터 시작해서 6개월 이상~1년 미만이면 2점, 1년 이상~2년 미만이면 3점으로 1년에 1점씩 높아집니다. 최고 인정 기간은 15년으로

입주자저축 가입기간 가점 항목

가입기간	점수	가입기간	점수
6개월 미만	1	8년 이상~9년 미만	10
6개월 이상~1년 미만	2	9년 이상~10년 미만	11
1년 이상~2년 미만	3	10년 이상~11년 미만	12
2년 이상~3년 미만	4	11년 이상~12년 미만	13
3년 이상~4년 미만	5	12년 이상~13년 미만	14
4년 이상~5년 미만	6	13년 이상~14년 미만	15
5년 이상~6년 미만	7	14년 이상~15년 미만	16
6년 이상~7년 미만	8	15년 이상	17
7년 이상~8년 미만	9		

최대 점수는 17점입니다.

역시 기준은 내가 청약을 넣고 싶은 아파트의 입주자모집공고일이며 청약통장 가입자의 가입기간으로부터 입주자모집공고일까지 날짜를 계산하는 방식입니다. 중간에 청약부금 등 입주자저축의 종류와 금액, 가입자 명의변경을 한 경우에도 최초 가입일을 기준으로 봅니다.

문득 이런 생각이 듭니다. '그럼 아기일 때부터 청약통장에 가입시켜놓으면 좋겠네?' 아쉽지만 우리의 생각을 다 읽었나 봅니다. 미성년자 때 가입한 기간은 최대 2년만 인정한다고 합니다(미성년자로서 가입한 기간이 2년을 초과하면).

점수에 따라 전략을 짜자

살펴본 것처럼 민영주택의 가점제는 무주택 기간 32점, 부양가족 35점, 청약통장 가입기간 17점으로 최고점수는 84점이 됩니다. 그렇다면 점수가 얼마쯤 돼야 인기가 많은 아파트 청약에 당첨이 될 수 있을까요?

청약홈에 따르면 서울 아파트 청약 당첨가점 평균은 2018년 55점, 2019년 53점, 2020년 56점, 2021년 62점입니다. 최고점수를 모두 채운 그야말로 황금통장도 실제로 종종 나타납니다. 부동산 시장과 더불어 청약 시장의 열기가 뜨거웠던 2021년 서울시 서초구 반포동 래

미안 원베일리에서 전용 74m²에서 만점인 84점이 최고점수로 당첨됐고, 같은 타입에서 당첨 최저점은 78점으로 역시 만만치 않은 점수였습니다. 만점인 84점은 부양가족 수 6명 이상에, 청약통장 가입기간과 무주택 기간 모두 15년 이상이어야 만들 수 있는 엄청난 점수입니다. 불가능하다고 생각했던 점수를 가진 청약통장이 실제로 여럿 있는 만큼, 젊은 청년들도 지금부터 꾸준히 점수를 쌓거나 전략을 잘 짜는 게 정말 중요해 보입니다.

마찬가지로 2021년 주변 시세보다 훨씬 저렴한 가격으로 분양해 일명 '로또청약'이라고 불렸던 화성시 동탄역 디에트르 퍼스티지의 1순위 평균 경쟁률은 809 대 1로 역대 최고를 기록했으며, 당첨 점수 또한 모든 평수에서 70점이 넘었습니다. 그런데 2022년을 넘어오면서 계속된 금리 인상과 경기 상황에 따른 불안함이 더해져 부동산과 청약 시장이 주춤하고 있기 때문에 청약 당첨 평균 점수도 낮아지고 있습니다.

2022년 상반기 서울시의 청약 당첨 최저가점은 44점으로 2021년의 58점보다 현저히 낮아졌으며, 전국도 마찬가지로 2021년 41점보다 낮은 28점을 기록하고 있습니다. 금리가 인상되면 대출금의 원리금 상환액도 커지기 때문에 아무래도 청약에 대한 부담감이 늘어나는 것은 사실입니다. 따라서 금리가 인하되고 원리금을 충분히 감당할 수 있을 때까지 기다리면서 점수를 잘 쌓는 것도 하나의 방법입니다.

혹은 여유자금이 충분히 있는데 가점이 낮은 분들은 오히려 기회의 시기일 수 있습니다. 높은 금리로 인한 원리금이 부담되어 당첨 가점이 현저히 낮아지고 있기 때문에 내가 정말 원하는 입지에, 여유자금으로 충분히 감당 가능한 분양가로 청약이 나왔다면 이런 시기에 한 번 청약을 도전하는 것도 좋습니다. 부동산 약세장이든 강세장이든 청약도 입지가 최우선이고 내가 감당할 수 있는 분양가와 원리금인지 체크하는 것은 필수입니다.

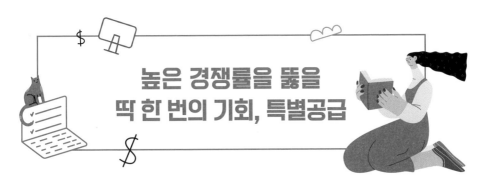

높은 경쟁률을 뚫을
딱 한 번의 기회, 특별공급

특별공급 알아보기

지금까지 살펴본 자격은 국민주택과 민영주택에서의 일반공급이었습니다. 하지만 다음 조건에 해당한다면 경쟁률을 훨씬 줄이고 그만큼 당첨 확률도 높일 수 있는데요. 바로 특별공급입니다.

주택 청약에서 주택을 공급할 때는 특별공급과 일반공급 이렇게 두 가지 유형으로 나누어서 공급합니다. 특별공급은 청약 물량의 5~30% 정도를 다자녀가구, 신혼부부, 국가유공자, 노부모 부양자 등 정책적 배려가 필요한 사람들에게 공급하는 제도입니다. 이 외 특별한 사유가 없는 분들께서 청약하는 유형이 지금까지 우리가 살펴본 일반공급입니다.

일반공급과 특별공급 비율

구분		국민주택	민영주택	
			공공택지	민간택지
일반공급		15%	42%	50%
특별공급	기관추천	15%	10%	10%
	다자녀가구	10%	10%	10%
	신혼부부	30%	20%	20%
	노부모부양	5%	3%	3%
	생애최초	25%	15%	7%
	계	85%	58%	50%

자료: 국토부

특별공급은 아무래도 다자녀나 신혼부부 등 특별한 사유가 있는 분들을 모집하고 그 안에서 경쟁이 이루어지기 때문에 일반공급보다 경쟁률이 훨씬 낮습니다. 따라서 가점이 낮은 분들도 특별공급에서는 충분히 당첨을 노릴 수 있습니다. 특별공급 청약 신청자도 일반공급과 마찬가지로 청약통장을 보유하고 있어야 하고 이 통장으로 같은 특별공급 청약자들과 경쟁합니다.

그리고 일반공급에서도 해당 지역에 거주한 기간이 1년, 2년 등 남들보다 길었다면 우선으로 주택을 공급해주었듯이, 특별공급 내에서도 우선공급이 있습니다. 같은 특별공급이지만 소득이 기준이 되어 비교적 소득이 낮은 분들이거나, 자녀가 더 많은 경우 더 우선으로 공급을 받을 수 있습니다.

일반공급에서도 공공분양과 민간분양으로 나뉘듯 특별공급도 마찬가지입니다. 국민주택에서도 특별공급물량이 나오고 민영주택에서도 특별공급물량이 나옵니다. 국민주택과 민영주택에서 일반공급과 특별공급 비율을 정리한 표를 봐주세요. 국민주택의 경우 특별공급이 85%로 일반공급보다 압도적으로 비율이 높고, 민영주택도 거의 반반임을 알 수 있습니다. 따라서 특별공급도 우리가 조건이 되는지 꼭 확인해보고, 조건이 된다면 그만큼 더 높은 확률로 당첨될 기회니 놓치지 마세요.

그리고 가장 중요한 점은 특별공급의 여러 유형을 다 통틀어서 1세대당 당첨횟수는 평생 단 한 번입니다. 예를 들어 생애최초 특별공급으로 당첨됐다면 나중에 아이를 3명 이상 낳아서 다자녀가구로 한 번더 당첨은 안 된다는 이야깁니다. 그래서 그만큼 내 상황과 조건에서 최선의 선택은 무엇인지 잘 따져보고 신중하게 지원해야 하는 게 특별공급이기도 합니다.

주의해야 할 사항들이 몇 가지 더 있는데요. 당첨자 발표일이 똑같은 청약 건에 대해서는 1세대에 1명만 그리고 그 1명도 1건의 청약만 신청할 수 있습니다. 예를 들어 1세대에서 남편은 생애최초에, 아내는 신혼부부 특공에 동시에 지원하면 안 되며 한 명이 생애최초와 신혼부부 둘 다 지원해도 안 됩니다. 만약 1명이 2건 이상 청약을 신청한다면 모든 청약 신청이 무효 처리되니 꼭 유의하길 바랍니다.

똑같은 아파트 청약에 대해서 일반공급과의 중복신청은 가능합니다. 하지만 특별공급 당첨자로 선정될 경우 일반공급 건에서는 자동으로 제외됩니다.

특별공급 유형 알아보기

특별공급 유형은 대표적으로 기관추천, 다자녀가구, 신혼부부, 노부모부양, 생애최초가 있습니다. 이 외에도 이전기관종사자, 외국인 유형이 있지만 해당하는 분들이 극소수이므로 많은 분이 관심을 갖는 다자녀가구, 신혼부부, 생애최초에 대해서 살펴보겠습니다.

유형별로 청약이 가능한 최대 주택면적과 전체 물량 중 비율, 자격 조건이 다르지만 5가지 유형에서 공통으로 보는 조건이 있습니다. 바로 무주택 여부입니다. 청약 신청자뿐만 아니라 동일한 주민등록표등본에 함께 등재된 세대[신청자, 배우자, 직계존속(배우자의 직계존속 포함), 직계비속(배우자의 직계비속 포함)] 전원이 주택 또는 분양권 등을 소유하고 있으면 안 됩니다.

만약 청약 신청자의 배우자 분리세대의 경우 그 배우자의 주민등록표등본에 등재된 직계존속과 직계비속도 주택을 소유하고 있으면 안 됩니다. 예를 들어 과거에 부모님이 특별공급에 당첨된 적이 있고, 그 후 내가 세대 분리를 해서 세대주가 되었다면 특별공급으로 청약 신청이 가능합니다. 하지만 내가 결혼 전에 특별공급에 당첨된 적이 있다면 결혼 후에 나와 내 배우자 모두 한 세대이기 때문에 더 이상

특별공급 유형별 조건

구분	신혼부부	기관추천	다자녀	노부모부양	생애최초
물량	국민 30%/민영 20%	국민 15%/민영 10%	국민 10%/민영 10%	국민 5%/민영 3%	국민 25%/민영 7~15%
대상자	혼인기간 7년 이내	국가유공자, 보훈대상자, 중소기업근무자, 장애인	미성년 자녀 3명 이상 (태아, 입양자녀 포함)	만 65세 이상의 직계존속을 3년 이상 계속 부양	생애최초 주택 구입
대상 주택	국민, 민영 전용 85m² 이하			국민, 민영주택	
세대주	미적용	미적용	미적용	적용	적용
청약 통장	통장가입 6개월 이상		일반공급 1순위에 해당		
선정 방법	당해우선 미성년자녀수 (자녀수 동일할 경우 추첨)	관련 기관의 장이 정하는 우선순위로 결정	배점기준표에 따라 점수가 높은 순	국민주택: 순차제 민영주택: 가점제 당해우선	추첨제

자료: 국토부

특별공급에 신청이 불가능합니다.

그리고 소득기준과 자산기준을 보는 유형들이 있는데요. 공공분양에서는 다자녀가구, 신혼부부, 생애최초, 노부모부양 등 특별공급 신청자와 민간분양에서 신혼부부 특별공급 신청자는 일정 소득기준을 충족해야 특별공급으로 청약을 신청할 수 있습니다.

생애최초 특별공급

먼저 생애최초 특별공급입니다. 생애최초 특별공급으로 청약이 가능한 주택은 전용면적 $85m^2$ 이하입니다(민영주택의 1인가구는 $60m^2$ 이하). 민영주택에서의 생애최초 특공 공급물량은 전체 건설량의 10%(공공택지는 20%) 내이고 국민주택에서는 건설량의 25%로 민영주택보다 훨씬 높은 비율로 모집하며 국민주택과 민영주택 둘 다 100% 추첨제로 당첨자를 선정하니 가점이 낮아도 조건이 된다면 충분히 노려볼 만한 유형입니다.

중요한 대상자입니다. 이름이 생애최초라고 해서 처음으로 집을 사는 사람들을 위한 유형으로 많은 사람이 오해하고 있습니다. 물론 세대 구성원 모두 과거에 주택을 소유한 사실이 없는, 즉 생애최초로 주택을 구입하는 분들을 위한 유형입니다만 중요한 건 여기에 더해 입주자모집공고일 현재 혼인 중이거나 미혼인 자녀가 있어야 합니다.

그런데 2022년에 청약제도가 개편되면서 혼인하지 않은 미혼 청년들도 민영주택에 한해서 생애최초 특공으로 지원할 수 있도록 바뀌었습니다. 미혼 청년을 위한 특별공급에 관한 내용은 뒤에서 자세히 다루겠습니다.

생애최초 특별공급은 총 5가지 조건을 충족해야 하는데요. ① 무주택 여부, ② 5년 이상 소득세 납부, ③ 소득기준 및 자산기준 충족, ④ 청약통장 1순위 충족, ⑤(공공분양은) 혼인 중이거나 미혼인 자녀가 있어야 합니다.

먼저 무주택 여부(분양권 등 포함)입니다. 민영주택과 국민주택 모두 세대 구성원 모두 과거 주택을 소유한 적이 없어야 합니다. 말 그대로 생애최초로 주택을 구입하려는 분들에게 해당합니다. 만약 결혼 전 배우자가 주택을 구입한 이력이 있다면, 결혼 후에 배우자를 포함한 나도 한 세대이기 때문에 생애최초 특공에 지원할 수 없습니다. 세대주 여부는 보지 않으므로 무주택 세대의 세대주 또는 세대 구성원도 가능합니다. 또 투기과열지구와 청약과열지구에 청약 시 과거 5년 내 다른 주택에 당첨된 자가 세대에 있으면 청약에 불가능합니다. 물론 당첨됐다가 포기한 경우도 포함됩니다.

두 번째로 5년 이상 소득세를 납부한 이력이 있어야 합니다. 근로자 또는 자영업자로서 5년 이상 소득세를 납부한 이력이 있어야 하며

생애최초 특별공급 소득기준과 자산기준

구분	소득기준	자산기준	기타
민영주택	우선공급(50%)	130% 이하	해당 없음
	일반공급(20%)	160% 이하	
	추첨제 30% (1인가구도 가능)	소득요건 미반영	해당 세대가 소유하고 있는 부동산(토지 및 건물)의 합계액이 3억 3,100만 원 이하
국민주택	우선공급(70%)	100% 이하	· 부동산(건물과 토지 포함): 총 2억 1,550만 원 이하 · 자동차: 3,683만 원 이하
	일반공급(30%)	130% 이하	

5년이 연속적일 필요는 없습니다. 세 번째로 소득기준과 자산기준을 충족해야 합니다. 소득기준은 전년도 도시근로자 가구당 월평균 소득을 기준으로 봅니다. 소득기준과 자산기준은 국민주택과 민영주택 각각 다르게 적용되는데, 표를 확인해주세요.

네 번째로 공공분양에서 생애최초 특별공급은 일반공급 1순위 조건을 만족해야 합니다.

- 국민주택: 통장 가입기간 2년 이상, 납입횟수 24회 이상, 예치금은 600만 원 이상
- 민영주택: 통장 가입기간 2년 이상, 납입횟수 24회 이상, 지역별 예치금 충족

마지막으로 공공분양 생애최초 특공은 혼인 중이거나 미혼인 자녀가 있어야 합니다. 저도 생애최초 특별공급을 보고 '나도 특별공급에 지원할 수 있겠구나!'라고 생각했는데, 기혼이어야 가능하다는 점을 알고 좌절했던 기억이 있습니다. 하지만 최근 민간분양에서 개편된 부분이 있어서 1인가구도 생애최초 특공이 가능해졌는데요. 소득기준은 보지 않고 자산기준을 만족하면 추첨제 30% 물량에 지원할 수 있습니다.

다자녀가구 특별공급

투기과열지구는 9억 원 이하 주택만 가능하고 공급물량은 전체 건

설량의 10%(승인권자가 인정하는 경우는 15%) 내입니다. 1천 세대를 분양한다면 이 중 100세대 안으로 다자녀가구 청약을 위한 물량이 따로 배정된다는 이야기입니다.

중요한 건 대상자입니다. 총 세 가지의 자격 조건을 충족하면 되는데요. ① 입주자모집공고일 현재 미성년인 자녀 3명 이상(태아, 입양아 포함), ② 무주택자, ③ 소득기준과 자산기준, ④ 입주자저축(청약통장) 조건을 충족해야 합니다.

다자녀 특별공급의 청약통장 조건은 다음과 같습니다.

- 국민주택 특별공급: 주택청약종합저축에 가입하여 6개월이 지나고 매월 약정납입일에 월납입금을 6회 이상 납입하였을 것
- 민영주택 특별공급: 주택청약종합저축에 가입하여 6개월이 지나고 지역 별 예치기준금액에 상당하는 금액을 납입하였을 것

다자녀가구 특별공급 소득기준과 자산기준

구분	소득기준	자산기준
민영주택	미적용	미적용
국민주택	120% 이하	· 부동산(건물과 토지 포함): 총 2억 1,550만 원 이하 · 자동차: 3,683만 원 이하

다자녀가구 특별공급 배점기준표

[별표 1] **배점기준표**(다자녀가구 주택에 한정한다)

평점요소	총배점	배점기준		해당사항	비고
		기　준	점수		
계	100				
미성년 자녀수 (1)	40	5명 이상	40		자녀(태아나 입양아를 포함한다. 이하 이 표에서 같다)는 입주자모집공고일 현재 미성년인 경우만 포함
		4명	35		
		3명	30		
영유아 자녀수 (2)	15	3명 이상	15		영유아(태아를 포함한다)는 입주자모집공고일 현재 만6세 미만의 자녀
		2명	10		
		1명	5		
세대구성 (3)	5	3세대 이상	5		공급신청자와 직계존속(배우자의 직계존속을 포함하며 무주택자로 한정)이 입주자모집공고일 현재로부터 과거 3년 이상 계속하여 동일 주민등록표등본에 등재
		한부모 가족	5		공급신청자가 「한부모가족지원법 시행규칙」 제3조에 따라 여성가족부 장관이 정하는 한부모 가족으로 5년이 경과된 자
무주택기간 (4)	20	10년 이상	20		배우자의 직계존속(공급신청자 또는 배우자와 동일 주민등록표등본에 등재된 경우에 한정)이 무주택자이어야 하며, 무주택기간은 공급신청자 및 배우자의 무주택기간을 산정
		5년 이상 10년 미만	15		
		1년 이상 5년 미만	10		
해당 시·도 거주 기간 (5)	15	10년 이상	15		공급신청자가 해당 지역에 입주자모집공고일 현재까지 계속하여 거주한 기간 ·시는 광역시·특별자치시 기준이고, 도는 도·특별자치도 기준이며, 수도권의 경우 서울·경기·인천지역 전체를 해당 시·도로 본다
		5년 이상 10년 미만	10		
		1년 이상 5년 미만	5		
입주자 저축 가입기간 (6)	5	10년 이상	5		입주자모집공고일 현재 공급신청자의 가입기간을 기준으로 하며 입주저축의 종류, 금액, 가입자 명의 변경을 한 경우에도 최초 가입일 기준으로 산정

※ 2023년 상반기 공공분양에서 다자녀 가구 기준이 3명 이상에서 2명 이상으로 바뀔 경우 표에서 미성년 자녀 수의 기준과 점수가 변경될 예정

조건을 충족하는 사람 중 경쟁이 있다면 해당 지역 거주자가 우선하고, 해당 지역 거주자 안에서는 배점기준표에 따라 점수가 높은 사람이 우선됩니다.

신혼부부 특별공급

신혼부부 특별공급은 전용면적 $85m^2$ 이하만 해당하며 투기과열지구는 9억 원 이하의 주택만 청약할 수 있습니다. 민영주택에서 전체 물량의 20%, 국민주택은 30%의 비율로 공급되기 때문에 특별공급 중에서는 가장 많은 물량이고, 그만큼 신혼부부인 분들은 자격만 되면 청약 당첨에 유리하겠죠.

우선 여기서 말하는 신혼부부는 입주자모집공고일 기준 혼인기간이 7년 이내여야 합니다. 생각보다 신혼부부의 정의 기간이 꽤 여유 있으니 이 기간을 놓치지 않는 게 중요합니다. 조건은 ① 무주택자, ② 혼인기간 7년 이내, ③ 자산기준과 소득기준 충족, ④ 청약통장 조건을 충족해야 합니다.

- 국민주택: 주택청약종합저축에 가입해 6개월이 지나고 매월 약정납입일에 월납입금을 6회 이상 납입
- 민영주택: 주택청약종합저축에 가입해 6개월이 지나고 지역별 예치기준 금액에 상당하는 금액을 납입했을 것

참고로 신혼부부 특공의 무주택 날짜는 혼인신고일부터 입주자모집공고일까지만 봅니다. 태어나서 계속 무주택자여야 하는 생애최초 특공보다는 기준이 유하다고 볼 수 있죠. 그 외 기타사항은 소득기준과 자산기준 표를 확인해주세요.

추첨제를 제외한 신혼부부 특별공급의 입주자 선정방식은 다음과

신혼부부 특별공급 소득기준과 자산기준

구분		소득기준	자산기준
민영 주택	우선공급 50%	전년도 도시근로자 가구당 월평균 소득의 100% 이하 (맞벌이의 경우 120% 이하여야 하나 부부 중 1인은 100% 이하여야 함)	미적용
	일반공급 20%	전년도 도시근로자 가구당 월평균 소득의 140% 이하 (맞벌이의 경우 160% 이하여야 하나, 부부 중 1인은 140%이하여야 함)	미적용
	추첨제 30%	소득기준 미반영	해당 세대가 소유하고 있는 부동산 (토지 및 건물)의 합계액이 3억 3,100만 원 이하
공공 주택	우선공급 70%	전년도 도시근로자 가구당 월평균 소득의 100% 이하 (맞벌이의 경우 120% 이하)	부동산 2억 1,550만 원 자동차 3,683만 원
	일반공급 30%	전년도 도시근로자 가구당 월평균 소득의 130% 이하 (맞벌이의 경우 140% 이하)	

2022년 기준 도시근로자 가구원수별 월평균 소득

공급유형 (민영주택 신혼부부 특공)		구분	2021년도 도시근로자 가구원수별 월평균소득 기준 (2022년 적용)					
			3인이하	4인	5인	6인	7인	8인
소득기준 구분	우선공급 (기준소득, 50%공급)	외벌이 100%이하	~ 6,208,934원	~ 7,200,809원	~ 7,326,072원	~ 7,779,825원	~ 8,233,578원	~ 8,687,331원
		맞벌이 120%이하	6,208,935원 ~ 7,450,721원	7,200,810원 ~ 8,640,971원	7,326,073원 ~ 8,791,286원	7,779,826원 ~ 9,335,790원	8,233,579원 ~ 9,880,294원	8,687,332원 ~ 10,424,797원
	일반공급 (상위소득, 20%)	외벌이 100%초과 ~140%이하	6,208,935원 ~ 8,692,508원	7,200,810원 ~ 10,081,133원	7,326,073원 ~ 10,256,501원	7,779,826원 ~ 10,891,755원	8,233,579원 ~ 11,527,009원	8,687,332원 ~ 12,162,263원
		맞벌이 120%초과 ~160%이하	7,450,722원 ~ 9,934,294원	8,640,972원 ~ 11,521,294원	8,791,287원 ~ 11,721,715원	9,335,791원 ~ 12,447,720원	9,880,295원 ~ 13,173,725원	10,424,798원 ~ 13,899,730원
소득초과	추첨제 (30%)	외벌이 140%초과, 부동산 3억 3,100만원 이하	8,692,509원~	10,081,134원~	10,256,502원~	10,891,756원~	11,527,010원~	12,162,264원~
		맞벌이 160%초과, 부동산 3억 3,100만원 이하	9,934,295원~	11,521,295원~	11,721,716원~	12,447,721원~	13,173,726원~	13,899,731원~

같습니다. 먼저 민영주택의 1순위는 혼인기간 중 자녀를 출산(임신 중이거나 입양도 포함)해 자녀가 있는 경우입니다. 자녀가 없으면 2순위가 됩니다. 만약 1순위 안에서 경쟁이 있다면 해당 지역 거주자, 미성년 자녀 수가 많을수록 유리합니다. 만약 해당 지역에 살고 미성년 자녀 수까지 똑같다면 추첨으로 선정합니다.

국민주택의 입주자 선정방식입니다. 1순위는 혼인기간 중 자녀를 출산(임신 중이거나 입양도 포함)해 미성년 자녀가 있는 신혼부부, 혼인 중 출생자로 인정되는 혼인 외 출생자를 둔 신혼부부, 6세 이하 자녀를 둔 한부모 가족입니다. 2순위는 예비신혼부부 및 1순위에 해당하지 않은 경우입니다.

그리고 당첨자 발표일이 똑같은 청약 건에 대해서는 1세대 1인만 청약을 신청할 수 있습니다. 따라서 한 단지에 부부 두 명 다 청약을 넣거나, 당첨자 발표일이 같은 다른 단지에 각각 넣는 것도 불가능합니다.

국민주택 우선공급(70%)에서 동일 순위라면 마찬가지로 해당 지역 거주자가 유리하며 이 안에서도 경쟁이 있다면 가점 항목에서 다득점 순으로 당첨자를 선정합니다. 우선공급 외 일반공급(30%)은 가점제가 없으며 해당 지역 거주자에게 우선공급하고 경쟁이 있을 경우 추첨으로 선정합니다. 국민주택에서 우선공급에서 고려하는 가점항목은 다음 페이지에 표로 정리했습니다.

국민주택 가점 항목(우선공급, 70%)

항목	기준	기점
가구소득	전년도 도시근로자 가구당 월평균 소득 80% 이하 (맞벌이 100% 이하)	1점
자녀수	3명 이상	3점
	2명	2점
	1명	1점
해당 지역 연속 거주기간	3년 이상	3점
	1년 이상~3년 미만	2점
	1년 미만	1점
주택청약종합저축 납입횟수	24회 이상	3점
	12회 이상~24회 미만	2점
	6회 이상~12회 미만	1점
혼인기간 (예비신혼부부, 한부모가족은 선택 불가)	3년 이하	3점
	3년 초과~5년 이하	2점
	5년 초과~7년 이하	1점
자녀나이 (가장 어린 자녀의 나이 기준으로 하되, 태아인 경우 '자녀의 나이' 기점을 선택할 수 없음, 신혼부부·예비신혼부부는 선택 불가)	2세 이하 (만 3세 미만)	3점
	2세 초과~4세 이하 (만 5세 미만)	2점
	4세 초과~6세 미만 (만 7세 미만)	1점

새로 도입된 사전청약제도

청약제도는 수많은 개편을 거듭하고 있으며 특히 2020년과 2021년에 새롭게 개편된 내용 중 중요한 부분이 많은데요. 간략하게 살펴보도록 하겠습니다.

착공 전 청약하는 사전청약

먼저 정말 관심이 뜨거웠던 사전청약입니다. 현재 일반청약의 청약시기는 착공 후부터인데요. 사전청약은 말 그대로 착공 전에 사전에 청약을 진행한다는 뜻이고 본 청약보다 1~2년 정도 먼저 일부 세대의 당첨자를 선정하는 방식입니다. 공공분양에서 먼저 시작되었고 지금은 민간분양에서도 사전청약제도가 도입되었습니다.

사전청약의 목적은 무주택자의 주택마련 기회를 앞당기고 청약 대기 수요를 해소시키는 데 있다고 합니다. 하지만 사람마다 사전청약에 맞는 분도 있고, 오히려 맞지 않는 경우도 있기 때문에 무조건 사전청약에 지원하는 것은 현명한 선택이 아닐 수도 있습니다.

사전청약도 청약이기 때문에 청약통장(청약저축과 청약종합저축 둘 중 하나)이 있어야 합니다. 특별공급과 일반공급으로 나뉘며 그 안에서 경쟁하는 것도 같습니다. 공공분양과 민간분양 둘 다 자격요건이 똑같은데요. 2022년 기준으로 조건은 다음과 같습니다. 참고로 소득기준과 자산기준은 사전청약 심사 때만 만족하면 되므로 후에 자산이나 소득이 올라도 상관없습니다.

1. 입주자저축 가입자(청약저축 혹은 주택청약종합저축)

2. 무주택 세대 구성(사전청약 신청 후 본 청약 입주자모집공고일까지 계속 유지)

3. 소득기준(특별공급은 유형별로 소득기준과 자산기준이 상이함)

4. 자산기준: 부동산(토지+건물) 2억 1,550만 원 이하, 자동차 3,683만 원 이하(2022년 기준)

5. 해당 지역 거주기간 충족: 사전청약 당시 해당 지역이나 인근지역에 거주 중이면 신청할 수 있으나, 본청약까지 거주기간을 충족해야 함

민간분양 사전청약과 공공분양 사전청약의 가장 큰 차이점은 다른 청약과의 중복 신청 여부입니다.

전년도 도시근로자 가구당 월평균소득 기준

구분 공급유형	(도시근로자 가구당 월평균소득액 기준)	3인	4인	5인	6인	7인	8인
일반공급 (전용면적 60㎡ 이하)	100%	6,509,452	7,622,056	8,040,492	8,701,639	9,362,786	10,023,933
다자녀가구	120%	7,811,342	9,146,467	9,648,590	10,441,967	11,235,343	12,028,720
노부모부양	120%	7,811,342	9,146,467	9,648,590	10,441,967	11,235,343	12,028,720
생애 최초 우선공급(70%)	100%	6,509,452	7,622,056	8,040,492	8,701,639	9,362,786	10,023,933
생애 최초 잔여공급(30%)	130%	8,462,288	9,908,673	10,452,640	11,312,131	12,171,622	13,031,113
신혼부부 우선공급(70%) 배우자 소득無	100%	6,509,452	7,622,056	8,040,492	8,701,639	9,362,786	10,023,933
신혼부부 우선공급(70%) 배우자 소득有	120%	7,811,342	9,146,467	9,648,590	10,441,967	11,235,343	12,028,720
신혼부부 잔여공급(30%) 배우자 소득無	130%	8,462,288	9,908,673	10,452,640	11,312,131	12,171,622	13,031,113
신혼부부 잔여공급(30%) 배우자 소득有	140%	9,113,233	10,670,878	11,256,689	12,182,295	13,107,900	14,033,506

※ 8인 초과 가구 소득기준: 8인 가구 월평균소득금액(원) + 초과 1인당 소득금액(100% 기준 661,147) 추가

※ 테이블 포함한 가구원 수가 4인 이상인 세대는 가구원 수별 가구당 월평균소득을 말함

공공분양 사전청약과 민간분양 사전청약의 차이

구분	공공분양	민간분양
중복 신청 기능 여부	· 당첨자 발표일이 동일한 일반청약 및 다른 민간분양 사전청약에 중복 신청 불가능 · 당첨자 발표일이 다른 공공 사전청약이나 일반청약은 중복 신청 기능	
사전 청약 당첨 후	· 공공, 민간 분양의 다른 사전청약 신청 불가능	
	· 사전청약이 아닌 일반청약 신청 기능	· 사전청약이 아닌 일반청약도 불가능(사전당첨자 지위 포기하면 기능)

사전청약 신청도 한국부동산원 청약홈(www.applyhome.co.kr)과 LH청약센터(apply.lh.or.kr)를 통해 가능합니다. 워낙 방대한 내용이다 보니 제도에 대해서 자세히 담지는 못했습니다. 사전청약에 관심 있다면 각 홈페이지를 방문해 확인해주세요.

청년을 위한 제도 개선

다음으로 청년을 중심으로 개편된 사항들입니다. 그동안 가점제의 비율이 높을수록, 기혼일수록, 아이가 많을수록 청약 당첨에 유리한 부분이 있었습니다. 따라서 미혼 청년은 추첨제의 극소수 물량만을 노리거나 아예 청약을 포기할 수밖에 없었죠. 이런 점을 고려해 청년들을 대상으로 청약제도 개편이 이루어지고 있습니다.

먼저 미혼 청년 특별공급 유형이 신설되었습니다. 정부의 '청년·서민 주거 안정을 위한 50만 가구 공급 계획'에 따라 5년(2023~2017) 동안 공급되는 공공분양 아파트 중 약 10%가 넘는 5만 2천여 가구를 미혼 청년 특별공급물량으로 배정했습니다. 미혼 청년 특공의 자격 및 소득 요건은 주택 소유 이력이 없는 19~39세 미혼으로 1인가구 월평균 소득의 140% 이하, 순자산은 2억 6천만 원 이하여야 합니다. 여기에 더해 특이한 점은 부모의 자산이 상위 10%(9억 7천만 원)를 넘으면 미혼 청년 특공에 지원이 불가하다는 점도 참고해주세요.

정부의 '청년·서민 주거 안정을 위한 50만 가구 공급 계획'에 따르면 공공분양 50만 호의 공급 형태는 세 가지 유형으로 나뉩니다. 그전 청약과는 다른 신선한 부분이죠. 첫 번째는 나눔형으로 전체 50만 호 중 25만 호를 차지하는 유형입니다. 이 중 미혼 청년에 해당하는 물량은 15%로 약 3만 7천 호 정도입니다. 나눔형의 특징은 시세의 70% 이하로 분양하고, 시세차익 70% 보장한다는 건데요. 의무 거주 기간 5년 후 공공에 환매할 시 시세차익을 7 대 3으로 나누어 3은 정부가, 7은 수분양자가 가져간다는 뜻입니다.

두 번째는 선택형 유형으로 총 10만 호가 공급되고 미혼 청년 물량은 마찬가지로 15%로 1만 5천 호가 공급됩니다. 6년간 살아보고 분양 여부를 선택할 수 있는 게 특징입니다.

마지막은 일반형으로 50만 호 중 15만 호가 공급되고 시세 80% 수준으로 분양됩니다. 다만 일반형에는 미혼 청년 특공에 배정되는 물량은 따로 없습니다. 어쨌든 기존 생애최초 특별공급에도 자녀가 있거나 혼인해야 한다는 조건이 있었지만 이런 조건이 없어지고 소득과 자산요건만 보는 미혼인 청년을 대상으로 한 '청년특별공급'이 신설되었다는 점이 의미가 큽니다. 앞으로 분양되는 공공분양 50만 호에 관심 있다면 뉴홈 홈페이지(사전청약.kr)를 살펴보고 자신에게 적합한 유형을 선택해 청약하면 되겠습니다.

한정된 예산에서 최선의 집 고르기

내 집 마련의 시기는 언제가 적당할까요? 하락장이라면 여기서 조금 더 떨어지면 사겠다고 마음먹거나 더 하락할지도 모르는 두려움에 한발 물러서는 분들이 많을 겁니다. 반대로 상승장이라면? 타이밍을 잡으면 너무나 좋겠지만 이 타이밍은 아무도 모릅니다. 운과 시장의 상황이 다 따라주어야 잡을 수 있기에 내가 잡는 타이밍이 상승장의 꼭지가 아닐까 하는 두려움에 망설이게 되는 건 마찬가지입니다.

시장 상황뿐만 아니라 나의 상황도 영향을 미치겠죠. 현재 모은 자금으로 내 집 마련이 힘들다고 생각하면 관심사에서 자연히 멀어집니다. 이렇게 타이밍을 놓치면 하락장이든 상승장이든 내가 준비됐든 안 됐든 내 집 마련이라는 목표와는 점점 더 멀어지게 될 뿐입니다.

그렇기에 지금부터 관심을 꾸준히 가지고 준비를 탄탄히 해놓는다면 내가 준비됐을 때, 내가 원하는 가격이 됐을 때 그 기회를 남들보다 빠르고 정확하게 잡을 수 있으리라 생각합니다.

모두에게 적용되는 정형화된 내 집 마련의 시기는 없습니다. 하지만 나를 기준으로 보자면 정답이 있죠. 바로 '내가 필요하고 준비가 됐을 때'입니다. 이 장에서는 내가 준비됐을 때가 도대체 언제인지 구체적으로 내가 필요한 금액을 계산하는 방법과 내 집 마련의 단계들을 순서대로 살펴보겠습니다.

예산 확인하기

가장 첫 번째 단계는 '나의 예산 확인'입니다. 보통은 이 단계를 거치지 않고 바로 네이버 부동산을 들어가서 내가 살고자 하는 지역의 시세를 알아봅니다. 하지만 사람은 아무래도 익숙한 동네를 기준으로 살펴보기 때문에 혹시라도 내가 가진 예산으로 갈 수 있는 인근 지역의 좋은 아파트를 놓칠 수도 있습니다. 또 내가 가진 예산으로는 역부족일 거라고 단정 짓고 샅샅이 살펴보지 않을 수도 있습니다.

물건을 하나 살 때도 몇 번은 고민하고 구매를 하는데, 내 집을 마련하는 데는 그만큼 더 많은 시간과 정성을 들이는 게 당연한 이치입니다. 정성을 들이는 첫 번째 단계는 바로 내 예산 확인하기입니다.

내 예산 = 종잣돈 + 대출금

디딤돌대출과 보금자리론 비교

구분	디딤돌대출	보금자리론
대상	· 무주택 세대주(세대원이 있다면 전원이 무주택자여야 함)(만 30세 미만 단독세대주, 만 30세 미만 미혼세대주는 예외 상황을 제외하고는 대출 불가) · 부부합산 연 소득 6천만 원 이하(생애최초, 신혼, 2자녀 이상의 경우 7천만 원까지) · 본인 및 배우자의 합산 자산 5억 600만 원 이하(2023년 기준)	· 부부 합쳐서 무주택 또는 1주택(1주택자는 대출실행일로부터 2년 내 처분해야 함, 투기지역이나 투기과열지구는 1년 이내 처분) · 부부합산 연 소득 7천만 원 이하 · 신혼부부는 연 소득 8,500만 원 이하, 신혼부부는 혼인신고일로부터 7년 이내이거나 결혼예정자 · 다자녀 가구일 경우 1자녀 8천만 원, 2자녀 9천만 원, 3자녀 이상 1억 원까지 가능
집 조건	· 5억 원 이하(신혼기구 및 2자녀 이상 기구는 6억 원 이하)(KB시세 기준) · 전용면적 85m² 이하	· 6억 원 이하 · 전용면적 제한 없음
상품 구조	· LTV: 70%(생애최초 80%) · DTI: 60%	· LTV: 70%(생애최초 80%) · DTI: 60%
대출 한도	**최대 4억 원 이내** (일반 2.5억 원, 생애최초 미혼 2억 원, 생애최초 일반 3억 원, 2자녀 또는 다자녀 4억 원, 신혼기구 4억 원)	**최대 3억 6천만 원** (미성년 자녀가 3명인 경우 4억 원)
대출 금리	· 연 2.15~3% (2023년 7월 기준) · 생애최초는 1.85~1.70%	연 4.15~4.45% (2023년 7월 기준)

※ 만 30세 미만 단독세대주는 대출 제외. 단, 민법상 미성년인 형제·자매 중 1인 이상과 동일세대를 구성하고 주민등록등본상 부양기간(합가일 기준)이 계속해서 6개월 이상인 경우 가능

※ 만 30세 미만 미혼세대주는 대출 제외. 단, 직계존속 중 1인 이상과 동일세대를 구성하고 주민등록등본상 부양기간(합가일 기준)이 계속해서 6개월 이상인 경우 가능

내 예산은 그동안 모아둔 종잣돈과 대출금입니다. 대출은 크게 세 가지로 나뉩니다. 일반 대출과 디딤돌대출, 보금자리론입니다. 디딤돌대출과 보금자리론은 정부에서 지원하는 주택담보대출의 종류입니다. 조건이 된다면 일반 대출보다 훨씬 싼 금리로 대출받을 수 있으니 활용해야 합니다. 다만 디딤돌대출은 금리가 가장 낮지만 그만큼 자격이 복잡하고 한도가 낮습니다. 보금자리론은 금리가 더 높지만 그래도 시중은행보다는 낮고 그만큼 디딤돌보다 자격요건과 한도 면에서 여유롭습니다.

대출금의 규모는 내 월급에 따라 결정이 됩니다. 대출금의 원리금 상환액이 내 월급 안에서 감당될 수 있는 범위여야 한다고 정부가 규제했기 때문입니다. 우리나라에서는 대출해줄 때 상환능력과 집값을 보고 대출금이 결정됩니다.

LTV와 DSR, DTI

먼저 집값과 관련된 규제는 LTV(주택담보대출비율)입니다. 집값 대비 얼마까지 빌릴 수 있는지 나타냅니다. 상환능력과 관련된 규제는 DSR(총부채원리금상환비율)입니다. 1년간 버는 소득에 비해 빚을 갚는 돈(상환액)이 얼만큼인지 뜻하죠. 예를 들어 DSR 40%라면 1년에 1억 원을 벌 때 1년간 내는 대출 상환액이 4천만 원 이내여야 한다는 뜻이에요. 받으려는 주택담보대출의 원리금 상환액(이자+원금)과 나머지

주택담보대출 규제

구분	규제지역 (2023년 기준 서초·강남·송파·용산)		비규제 지역 (서초·강남·송파·용산을 제외한 모든 지역)	
	LTV	DTI	LTV	DTI
생애 최초	80% (대출 금액 최대 6억)	60%	80%	60%
서민 실수요자	70% (대출 금액 최대 6억, DSR 허용 이내)	60%	-	-
무주택	60%	40%	70%	60%
1주택 이상	30%	-	60%	50%

※ 대출 1억 원 이상 시 DSR 40% 모두 적용

대출의 원리금 상환액(학자금, 전세대출, 카드대출 등)을 포함한 금액이 총소득의 40%를 넘으면 안 된다는 규제입니다.

DTI(총부채상환비율)는 DSR보다 유합니다. DSR은 주택담보대출뿐만 아니라 다른 대출의 원리금도 봤지만, DTI는 내가 받으려는 주택담보대출의 원리금만 보고 다른 기타 대출은 이자만 봅니다. 이 둘은 더한 금액이 내 월급의 몇 %를 넘으면 안 된다는 규제입니다.

이 규제를 적용해서 내 소득에 맞는 대출금액을 확인하고, 모아둔 종잣돈과 합하면 최종 예산이 됩니다. LTV와 DSR, DTI와 같은 규제는 주택 소유 여부와 규제 지역인지 아닌지에 따라 %가 다르게 적용되고 주택 시장 상황에 따라 변화하기도 합니다. 2022년 12월에도 한 차례 개정되었죠. 그래서 주택 구입 전에 한 번 더 확인해봐야 합니다.

전 정부는 집값 상승을 막기 위해 2021년부터 DSR를 1단계부터 단계적으로 적용해왔는데요. 현 정부 또한 가계부채 관리를 위해 3단계 DSR를 예정대로 2023년 7월에 시행했습니다. 3단계 DSR 규제는 총대출액 1억 원 초과 시 연간 원리금 상환액이 연 소득의 40%를 넘으면 안 된다는 내용입니다. LTV와 DTI 규제를 완화해도 DSR 규제가 풀리지 않으면 큰 의미가 없다는 의견이 많아 DSR 규제 또한 완화해야 한다는 요구가 많습니다만, 과도한 가계부채 증가를 막기 위해 DSR 규제가 필요하다는 의견도 있어 앞으로 어떤 방향으로 흘러갈지 지켜봐야 할 것입니다.

대출 사례로 알아보기

예를 들어서 계산을 해보겠습니다.

- 무주택자
- 투기과열지구 8억 원짜리 주택을 구입
- 금리: 6%
- 원리금균등분할, 30년 만기
- LTV 50%, DTI는 40%, DSR 40%
- 주담대 이외 기타 부채 없음

대출 사례

계산서 1 🕐 📄

#	적요	금액	비고
1	연소득	75,000,000	입력값
2	총대출건수	1	(본건 포함)
3	**대출1**	**400,000,000**	**주택담보대출, 원리금균등분할상환, 금리 6%**
4	대출1 잔액	400,000,000	입력값
5	대출1 기간	360개월	전체 기간(잔여 360개월)
6	연원금상환액1	4,912,047	실제 상환액
7	연이자상환액1	23,866,378	실제 납부이자
8	총 원리금상환액	28,778,425	대출 원금 + 이자 상환액
9	**DSR**	**38.37%**	**총 원리금상환액 / 연소득 * 100**

먼저 LTV를 적용하면 집값 8억 원의 50%인 4억 원까지 대출이 나옵니다. 4억 원에 원리금균등으로 6%, 상환기간은 30년으로 설정하면 총원리금 상환액은 약 2,800만 원 정도이며 이 금액이 내 연 소득의 40% 안에 해당하려면 연봉은 최소 7,500만 원이어야 합니다. 결론은 무주택자이고, 투기과열지구에 8억 원짜리 집을 사기 위해서는 연봉이 최소 7,500만 원 이상이어야 한다는 이야기입니다(단, 조건이 다를 경우 결과도 달라집니다).

DSR을 만족하면 DTI는 당연히 만족시키기 때문에 DSR을 먼저 고려하는 게 편합니다. 이렇듯 DSR을 적용하면 차주의 상환능력에 따라 대출 규모가 달라집니다. 따라서 아무래도 소득이 적다면 받을 수 있는 대출금이 줄어들기 때문에 실수요자인 무주택자 서민들은 매수

가능한 주택의 가격 범위가 너무 제한적이지 않냐라는 의견도 많은 규제이기도 합니다.

이런 의견과 시장 상황을 고려해 정부가 2023년 1월 연 4% 대의 고정금리 정책모기지 상품인 '특례보금자리론'을 출시했습니다. 기존 보금자리론, 안심전환대출, 적격대출 등 정책 주택담보대출을 통합해 만든 상품으로 기존 보금자리론을 대신해 2023년 1년간 한시적으로 운영됩니다. 기존 보금자리론에서 자격 요건을 대폭 완화시킨 것이

특례보금자리론

대상	무주택자 또는 1주택자, 소득요건 삭제		
주택조건	9억 원 이하		
상품구조	LTV: 70%(생애최초 80%) DTI: 60%(담보주택 소재지기 조정지역인 경우 50%)		
대출한도	최대 5억 원		
대출금리	일반형	우대형	
	주택가격 6억 원 이상이거나 소득이 1억 원 이상인 경우	주택가격 6억 원 미만이고 소득이 1억 원 미만인 경우	- 일반형은 아낌E로 신청할 경우 0.1%p 우대금리 - 우대형은 이 외에도 저소득청년, 사회적 배려층, 신혼가구, 미분양주택인 경우 최대 0.8%p 우대금리 적용 가능
	4.2~4.55% (우대금리 최대 적용 시 4.15~4.45%)	4.15~4.45% (우대금리 최대 적용 시 3.25~3.55%)	
특징	2023년 1년간 예산 30억 원 이내에서 한시적 운영		

특징입니다.

기존 보금자리론의 소득 요건은 부부합산 연 7천만 원이어서 소득이 초과하면 금리가 더 높은 일반 주택담보대출을 이용해야 했고, 이에 따라 DSR, DTI 등의 규제도 적용됐습니다. 하지만 특례보금자리론은 소득 요건을 삭제했고 기존 보금자리론과 동일하게 DSR도 적용되지 않습니다. 파격적인 조건이라고 볼 수 있죠.

특례보금자리론의 특징은 대출실행일부터 만기까지 고정금리라는 점입니다. 고정금리 대출 상품은 금리 상승기에 '여기서 금리가 더 오르면 어쩌지.'라는 불안감을 덜어줄 수 있습니다. 하지만 금리 하락기에는 일반 시중 은행의 주택담보대출보다 특례보금자리론의 금리가 더 높아질 수도 있습니다. 실제로 지난 4월 특례보금자리론의 금리보다 예금은행의 고정형 주택담보대출 금리가 0.07%p 더 낮아지는 역전 현상이 발생하기도 했습니다. 따라서 소득이 높아 일반 보금자리론을 이용하지 못하는 분들은 특례보금자리론과 시중은행 주택담보대출 중에 선택할 때 DSR이나 금리를 잘 비교해야겠습니다.

금리가 하락할 것 같으면 고정금리인 특례보금자리론보다 변동금리인 일반 시중은행 주택담보대출을 이용하는 것도 하나의 선택지가될 수 있습니다. 금리가 상승할 것 같으면 선택은 반대가 되어야 하겠죠. 또한 디딤돌대출과 보금자리론, 특례보금자리론은 일반 시중은행의 주택담보대출에서 DSR을 적용하는 것과는 달리 기준이 더 유한 DTI를 기준으로 합니다. DSR은 원래 가지고 있던 기존 대출의 원리금 상환액도 함께 반영해서 대출한도가 결정되는데 DTI는 기존 대출의 이자상환액만 반영하기 때문에 더 많은 대출한도를 받을 수 있습니다. 이런 부분을 고려해 각자 상황과 여건에 맞는 상품을 선택하면됩니다.

내 집 마련 자금지원 대출 상품 비교

구분	디딤돌대출	특례보금자리론	보금자리론
대출금리	연 2.15~3.00%	연 4.25~4.55% (우대형 4.15~4.45%)	연 4.15~4.55%
대상요건	무주택 기구주	무주택, 1주택	무주택, 처분조건 1주택
소득요건	부부 합산 연 6천만 원 이하	제한 없음	연 7천만 원 이하
지산요건	부부 합산 5억 600만 원 이하	제한 없음	제한 없음
주택가격	5억 원 이하	9억 원 이하	6억 원 이하
대출한도	2억 5천만 원	5억 원	3억 6천만 원
LTV	70% (생애최초 80%)	비규제, 실수요지 70% 규제 60% (생애최초 80%)	비규제 70% 규제 60%
DTI	60%	비규제, 실수요지 60% 규제 50% (생애최초 60%)	비규제 60% 규제 50%

※ 디딤돌대출과 보금자리론 관련 내용은 387쪽 참고 바람

입지, 입지,
그리고 또 입지

예산을 확인했으면 두 번째는 내 예산으로 갈 수 있는 지역을 고르는 단계입니다. 지역은 직장과 너무 멀지 않은 곳 중에서 입지를 분석해 가장 괜찮은 선택지를 고르면 좋습니다.

지역별 평당 매매 가격은 'KB부동산 → 데이터허브 → KB통계 → 주택가격동향조사 → m²당 평균가격 → 시군구'로 좁혀가면서 찾을 수 있습니다. 그럼 내 예산으로 갈 수 있는 지역 리스트들의 윤곽이 잡힙니다.

세 번째 단계는 입지 분석입니다. 목록에서 내가 할 수 있는 최선의 선택을 하기 위한 중요한 단계죠. 입지를 볼 때는 앞에서 살펴본 것처럼 나뿐만 아니라 다른 사람이 봤을 때도 만족스러울 만한 조건인지 생각하면 편합니다.

주택가격동향조사

아파트 ㎡당 매매평균가격

지역명	2022.03	2022.04	2022.05	2022.06	2023.07	2022.08	2022.09	2023.10	2022.11	2022.12	2023.01	2023.02	2023.03	2023.04	2023.05	2023.06
전국	601.71	664.43	686.71	687.30	686.07	680.00	673.60	659.87	662.85	650.38	634.84	625.89	617.32	609.34	604.28	603.23
서울	1,546.13	1,553.76	1,560.84	1,562.89	1,561.60	1,554.20	1,543.24	1,517.28	1,533.91	1,510.04	1,477.20	1,439.20	1,426.11	1,410.60	1,408.62	
영남1권역	1,177.71	1,308.11	1,196.89	1,194.94	1,291.55	1,286.52	1,303.02	1,565.51	1,337.65	1,220.47	1,201.01	1,189.12	1,177.90	1,172.06		
강남11개구	1,769.00	1,779.78	1,788.08	1,790.73	1,789.73	1,781.26	1,767.12	1,743.45	1,759.25	1,730.65	1,693.43	1,673.65	1,653.68	1,639.74	1,621.86	1,622.75
수도권	986.10	990.62	994.46	995.43	992.94	989.42	977.46	957.89	950.10	938.88	914.48	900.48	886.59	874.35	865.63	863.56
6개광역시	503.06	505.98	508.25	508.72	507.63	501.91	496.58	485.61	488.37	478.29	467.80	460.95	453.55	447.08	443.20	442.96
5개광역시	481.15	483.49	485.30	485.58	479.32	474.87	465.51	470.21	461.44	452.12	446.81	440.58	434.47	430.14	429.39	
기타지방	306.03	308.87	311.29	311.97	311.64	310.75	309.08	303.29	311.78	307.87	302.76	299.85	297.60	295.43	294.38	293.96
단독 ㎡당 매매평균가격	550.26	553.71	556.51	557.26	556.24	550.53	545.88	536.44	544.01	533.59	521.72	516.14	508.25	499.59	494.51	494.75
단독 ㎡당 전세평균가격	472.11	473.14	473.47	473.29	471.83	463.09	456.75	445.33	447.33	438.00	429.13	423.63	417.40	411.01	404.71	402.49
인천	583.73	588.82	592.83	593.51	592.34	583.21	574.72	558.90	555.47	540.55	523.58	513.00	503.13	493.49	490.89	492.23
광주	387.77	390.30	393.04	393.92	391.59	391.70	388.98	386.14	390.95	390.58	380.31	375.87	373.69	372.02	370.51	
대전	507.44	509.03	509.72	504.67	508.08	501.53	494.43	480.20	478.98	470.19	462.34	455.55	448.65	442.17	439.07	438.64
울산	408.01	410.50	411.75	412.31	411.20	408.88	407.79	400.20	404.20	395.91	387.65	383.05	380.16	377.00	373.86	373.13

좋은 입지의 조건

좋은 입지라고 하면 보통 양질의 일자리, 좋은 학군, 교통의 발달, 주변 환경 등을 고려합니다. 하나씩 살펴보죠.

먼저 얼마나 많은 일자리가 있는지가 중요합니다. 일자리가 많다면 출근하는 사람도 당연히 많겠고 대부분 직장 근처에 집을 잡고 싶어 하겠죠. 이렇게 일자리가 풍부하면 그 지역에 집을 살 수요가 많아지기 때문에 좋은 입지의 조건 중 하나로 꼽습니다. 거기에 대기업이나 IT 계열, 공공기관 등 양질의 일자리가 많으면 더욱 좋겠죠. 또 나와 내 배우자의 직장과의 거리도 가까운지도 살펴봐야 합니다.

두 번째로 살펴볼 입지 조건은 학업성취도입니다. 아이가 좋은 학군의 학교에 다녔으면 하는 부모님의 마음은 똑같을 것입니다. 초등학교 입학을 앞둔 자녀가 있는 분들은 좋은 학군의 초등학교에 입학

시키기 위해 이사 가는 경우도 많죠. 학군에 좋은 동네는 이렇게 이사를 오고 싶어 하는 수요가 항상 존재하기 때문에 다른 조건이 다 비슷한 두 지역 중 고민이 된다면 학군이 좋은 동네를 고르는 것도 좋은 선택입니다.

세 번째는 교통의 발달입니다. 특히 수도권에 해당되는 이야기인데요. 지역 간의 거리가 먼 수도권은 교통, 즉 지하철 노선의 유무가 중요합니다. 그럼 아파트 근처에 지하철이 다니기만 하면 될까요? 더 중요한 건 어떤 노선인가입니다. 일자리가 많은 강남, 여의도와 같은 곳 연결된 지하철 노선은 사람들이 그만큼 많이 이용할 테니 이런 노선과 아파트가 가깝다면 더욱 좋겠죠. 양질의 일자리와 연결된 수도권의 황금노선은 2호선, 1호선, 9호선, 신분당선입니다. 그리고 서울 다음으로 양질의 일자리가 있는 판교, 과천, 삼성전자 사업부 등에 연결되는 노선이라면 실수요층이 있기 때문에 아직 준공되기 전이지만 충분히 잠재력이 있는 노선이라고 생각합니다(월판선, 인동선).

입지를 분석할 수 있는 또 다른 쉬운 방법은 내 목록에 있는 아파트를 기준으로 강남과의 접근성을 따져보는 것입니다. 강남에 빨리 갈수록, 쉽게 갈수록 교통이 발달한 것으로 보기 때문입니다. 그렇게 따진다면 다음 지역이 좋겠네요.

- 2호선: 강남, 여의도, 가산디지털
- 1호선: 여의도, 가산디지털
- 9호선: 강남, 여의도

아실의 학군리스트

네 번째는 각종 편의시설의 유무입니다. 말 그대로 백화점, 마트, 영화관 등이 많은 지역이 거주하기 당연히 편리하고, 그만큼 사람들의 선호도도 높습니다. 또 백화점, 아울렛, 영화관 같은 편의시설은 오래된 시설보다는 신축일수록 가치가 높습니다.

입지분석표 만들기

이런 입지 분석 내용들을 머릿속에 넣고 단지들을 비교하다 보면 헷갈릴 수도 있고, 차이점이 한눈에 들어오지 않아 최종 선택에서 고민하게 됩니다. 그래서 추천하는 방법은 입지분석표를 만드는 것입니

입지분석표 예시

구분	일자리	학군	교통	편의시설
A아파트	1	2	1	2
B아파트	2	1	3	1

다. 내 예산에 맞게 목록으로 만든 아파트 단지들과 앞에서 살펴본 입지 요소들을 쭉 쓴 다음에 등급을 매기는 거죠. 표현 방식은 각자 취향에 맞게 할 수 있고, 예를 들어서 저는 좋을수록 1등급에 가깝게 기록을 했습니다.

입지분석표를 만들어 살펴봤을 때 더 좋은 등급의 아파트를 선택하면 됩니다. 만약 등급 격차가 미미하다면 자신의 선호도에 맞게 선택합니다. 만약 나는 교통과 일자리가 중요하다면 A아파트를 고르고, 학군과 편의시설이 중요하다면 B아파트를 선택하는 겁니다. 입지분석표를 이용하면 목록에 있는 아파트들을 헷갈리지 않게 판단할 수 있고 한눈에 차이를 알아볼 수 있으니 꼭 만들어보세요.

이렇게 지역까지 선택했다면 마지막 단계는 손품, 발품을 파는 단계입니다. 네이버 부동산 등의 앱에서 내가 고른 지역을 매일 수시로 접속해 내가 세운 조건과 맞는 적당한 평수, 연식, 가격의 아파트를 매의 눈으로 찾아야 합니다. 물론 내가 시간과 정성을 쏟는 만큼 내 마음에 쏙 드는 매물을 찾을 확률은 높아지겠죠.

짧으면 몇 년, 길면 십수 년을 살게 되고 교환과 반품도 없는 주택

시장이기에 한 번 선택할 때 나에게 딱 맞는 집을 고르는 게 정말 중요합니다. 또 그만큼 시간과 노력을 들인다면 하지 않을 때와는 차원이 다른 좋은 결과를 가져다줄 수 있다고 생각합니다. 우리가 피땀 흘려가며 모은 목돈을 쓰기에 열심히 공부하고 발품팔아 최고의 선택을 위해 다 같이 나아가보는 건 어떨까요?

7장

제2의 월급으로
제2의 인생 살아가기

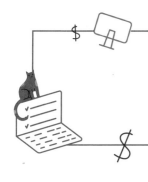

부자 청년,
가난한 청년

3가구 중 1가구 집 책장에 무조건 꽂혀 있는 경제 저서의 바이블을 아시나요? 자식이 읽든 안 읽든 일단 사고 본다는 책, 바로 『부자 아빠 가난한 아빠』입니다. 가난한 자신의 아빠가 아닌 부자인 친구 아빠를 따라 부동산 세미나를 갔다 일찍 돈에 눈을 떠버린 주인공의 이야기인데요. 그 아이가 어른이 된 시대가 바로 지금이라고 생각합니다. 어쩌면 책 속 아이보다 더 영리하고 빠르게 자산을 축적하는 젊은 부자, 부자 청년들의 전성시대가 도래한 것이죠.

한국 부자 보고서

KB금융지주 경영연구소의 '2020 한국 부자 보고서'에 따르면 부자들의 평균 연령이 68세라고 합니다. '뭐야? 너무 나이 많은 거 아니야? 회장님 나이 정도겠네.'라고 생각하겠지만 이 수치는 부자 보고서 발행 이후 최초로 평균 연령이 60대가 된 결과입니다. 60대 부자들이 많아진 것도 있겠지만 젊은 부자들의 탄생이 평균 연령을 팍팍 깎았습니다.

그리고 2021년, 코로나19로 누구는 파산하고 폐업하는 와중에 금융자산 10억 원 이상의 자산가들은 3만 9천 명이 늘었습니다. 역대 두 번째로 높은 상승세이며 전년 대비 10%가량 증가한 수치입니다. 먹고살기 힘들다고 하지만 여전히 부자인 사람은 정말 많고 매년 늘어나는 것 같습니다. 물론 전례 없는 3천 포인트를 뚫은 코스피와 멈출 줄 모르던 부동산 가격도 부자 증식(?)에 한몫했겠지만요.

그럼에도 자산증가의 원인 중 불굴의 1위는 사업소득이며 40% 비중을 차지했습니다. 금융자산, 즉 주식으로는 12%를 차지했죠. 그래프를 보면 상속과 근로소득에 대한 비중은 점점 낮아지고 있으며 사업과 재테크를 통한 비중은 커지고 있는 것을 볼 수 있습니다.

여기서 중요한 것은 10억 원가량의 종잣돈을 마련하는 시기입니다. 평균 41세로 무척 단축되었거든요. 이런 추세라면 근 5년 이내 10억 원가량의 자산가들의 평균 연령이 30대로 내려가는 건 시간문제라고 생각합니다.

부의 원천 변화(2011년 vs. 2020년)(단위: %)

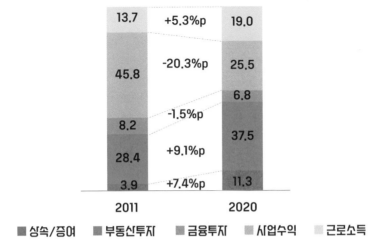

* 2011년 n=306, 2020년 n=400

최소 종잣돈을 마련한 나이(단위: 세)

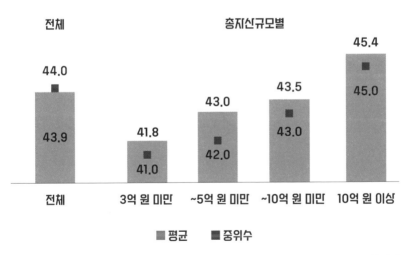

* 전체 n=400, 3억 원 미만 n=63, ~5억 원 미만 n=45, ~10억 원 미만 n=141, ~10억원 이상
  n=151

아이러니하죠. 평균 수명은 늘어나는데 부자들의 나이는 점점 젊어지니까요. '10억 원 가지고 뭘 그래?'라고 할 수도 있겠죠. 그러나 늘어난 수명만큼이나 오히려 상대적으로 우리가 일할 시간은 줄어든 셈입니다. 젊을 때, 벌 수 있을 때 많이 벌고자 하는 욕구도 커지고 있는 거죠. 일자리를 보장받지 못하는 노후가 길어질 테니까요.

유튜브에 20대에 2억 원 번 후기, 30대에 10억 원 번 후기 등 다소 빨리 억대의 자산을 얻은 사람들의 영상이 쏟아져 나오는 것만 봐도 알 수 있습니다. 즉 얼마가 아닌 언제 경제적 자유를 이루느냐가 중요하게 된 겁니다.

2020년 인터넷을 달군 단어가 있습니다. 바로 '벼락거지'입니다. 벼락부자보다 더 자주 언급됐던 단어인데요. 사실 이 단어를 인터넷 언어로 표현하자면 저는 '극혐'합니다. 거지는 돈만 없는 사람이 아닙니다. 돈을 벌 의지가 없는 사람이라고 생각합니다. 내가 내 한 몸 먹이고 입히기 위해 노력하고 일을 한다면 그건 거지가 아니라 열심히 사는 그냥 사람일 뿐입니다. 문제는 저 단어 하나로 많은 청년이 자신을 거지로 취급한다는 겁니다.

'이번 생은 글렀다.' '언제 벌어서 집 사냐.' '정부가 문제다.' '투기꾼들이 문제다.' 하며 각각의 탓을 해대며 세상과 자기 삶을 부정적으로 보게 만들었습니다. 그런 마음을 이해는 하나 그렇다고 포기하지는 않았으면 좋겠습니다. 여러분에게는 돈으로 환산할 수 없는 시간이라는 자산이 있습니다. 당장 2~3년의 부의 격차는 중요한 게 아닙니다.

부의 길로 나가는 법

여러분이 직장을 다니면서 부의 사이클은 앞으로 2~3번 더 찾아올 겁니다. 그 사이클에 제대로 서핑할 수 있으려면 스스로 준비되어 있어야겠죠. 그렇기에 더 이상 자포자기하지 않았으면 합니다.

부자 아빠, 가난한 아빠의 시대는 갔습니다. 이제는 부자 청년, 가난한 청년의 시대입니다. '부자 아빠를 못 만나서 나는 부자가 안 돼!'라고 생각했다면, 아니 '어렸을 적 필독서로 『부자 아빠 가난한 아빠』를 못 읽어서 난 안 돼!'라고 생각했다면 오히려 잘됐습니다. 그 선입견을 깰 시간이니까요.

부자 청년이 되려면 우리는 무엇을 해야 할까요? 어렵게 생각할 필요가 없습니다. 창조의 어머니는 모방이라는 말이 있듯이 부자가 되는 가장 쉬운 방법은 부자들을 따라 하는 겁니다. 앞서 그래프에서 등장한 젊은 부자들의 부의 축적 방법을 보면 상속으로 인한 부의 축적은 축소되고 있습니다. 즉 금수저가 다 해 먹는 시기도 지났다는 거죠. 그럼 좋은 직업, 전문직들이 다 해 먹을까요? 임금 또한 중요한 부의 축적 수단이지만 강력한 수단은 아니네요.

부자 청년들은 애초에 이 부의 축적 공식을 깨버렸습니다. 돈이 돈을 버는 자동화 구조, 플랫폼 사업, 자기 브랜딩, 파이프라인 다양화, 레버리지를 통한 투자 등 젊은 부자들은 부자가 되는 공식을 스스로 만들어내며 돈을 빨아들이고 있습니다.

여러분은 이 중 무엇을 이용해 부자 청년이 되고 싶나요?

파이프라인
쉽게 뚫는 법

"아니, 회사에서 주는 돈이 정해져 있는데 내가 어떻게 늘려!"

네, 그 편견에서 깨어나세요. 직장인이더라도 공무원이더라도 여러분은 바로 제2의 월급을 벌 수 있습니다. 당연히 현재 직장에 해를 끼치는 수준으로는 하면 안 되겠지만요.

한 달에 1만 원도 좋습니다. 여러분의 기술로 매달 단돈 1만 원이라도 벌 수 있다면 그 가치는 곱하기 100배에서 1천 배까지도 가능하다고 생각합니다.

파이프라인으로 +α(알파) 만들기

지금은 단군 이래 가장 돈 벌기 쉬운 시대입니다. 실감이 안 난다고요? 여러분이 오늘 찾아갔던 맛집, 어제 봤던 먹방, 얼마 전에 샀던 올리브영 추천 수분크림 등 모두 어디에서 왔을까요? 인스타그램, 블로그, 유튜브와 같은 SNS입니다. 자신의 경험이, 생각이 그리고 기술이 돈이 되는 시대입니다.

물론 누구나 10만 유튜버가 될 수도 없고 인플루언서가 될 수도 없다는 걸 압니다. 하지만 그들은 이미 SNS를 자신의 본업 삼아 목숨 걸고 하는 사람들입니다. 우리는 그럴 필요까지 없습니다. 앞서 말했듯 한 달에 딱 1만 원이라도 벌기만 하면 되니까요. 그 뒤는 알아서 30만 원이 될지 100만 원이 될지 모르겠지만, 여러분이 자신이 능력으로 돈을 벌 수 있다는 걸 안 순간부터 누가 하라고 하지 않아도 스스로 길을 만들어 갈 겁니다.

제 경험을 들자면 저는 유튜브로 제2의 월급까지는 아니고 용돈 정도 벌고 있습니다. 아파트 대출금, 공과금, 자동차 유지비, 생활비까지 원래라면 빠듯할 수밖에 없는 월급이지만 덕분에 적금을 붓고도 주식을 하고도 생활을 할 수 있습니다. 그리고 적금과 주식으로도 수익을 내고 있으니 이중으로 소득을 올리는 효과가 있는 셈이죠. 그리고 그 수익은 또다시 재투자해 복리의 마법을 느끼고 있습니다.

이제 여러분이 파이프라인을 만들 수 있는 테크트리를 알려드리겠습니다. 학력, 직업 다 상관없습니다. 저도 영상 전문가는 아니고 경제 전문가는 더욱 아닙니다. 그리고 여러분이 접하는 수많은 영상 속, SNS 속 사람들도 사실 전문가가 아니라는 걸 알고 있죠. 저와 그들의 공통점은 하나입니다.

"자신의 경험을 콘텐츠화한다."

내가 가진 기술, 혹은 경험, 강점을 글이든 영상이든 사진이든 콘텐츠화하는 겁니다. 즉 다른 사람들이 활용할 수 있게끔 가공하는 거죠. 제일 추천하는 콘텐츠는 여러분이 현재 하는 일입니다. 즉 커리어와 연관이 있으면 상부상조가 되겠죠. 마케팅 업무를 한다면 말을 잘하는 법, 세일즈를 잘하는 법이 주제가 되겠고, 디자인 업무를 한다면 태블릿으로 디자인하는 법을 알려주거나 멋진 그림을 그리는 모습을 보여주는 것 자체도 콘텐츠가 되겠죠.

꼭 직업과 연관 짓지 않아도 됩니다. 취미가 콘텐츠가 되기도 합니다. 요리, 그림, 춤, 노래, 독서, 사진, 여행 등 무엇이든 여러분이 할 수 있고 재밌어하는 것이라면 콘텐츠가 됩니다.

이 외에도 기계나 신제품을 너무 좋아해서 리뷰하는 유튜브나 스시집에서 일을 하다가 생선을 손질하는 법을 알려주는 유튜브도 있고 호텔을 너무 좋아해서 혼자 떠나는 여행으로 콘셉트를 잡은 유튜브도 있습니다. 저희 유튜브 또한 사회초년생이라면 궁금해할 만한 전세대출, 행복주택, 대출 후기 등 진짜 제가 했던 경험이 곧 콘텐츠가 되기도 했습니다.

특별한 사람이 콘텐츠가 되는 건 TV의 시대였습니다. 하지만 이제는 특별한 콘텐츠가 특별한 사람으로 만드는 시대입니다. 여기서 중요한 점은 특별하다고 해서 돈이 많이 들거나 어려운 게 아니라는 겁니다.

꾸준히! 공감할 수 있게! 쉽게!

콘텐츠를 만들 때는 세 가지 키워드를 반드시 기억하세요. 꾸준하고, 공감하며, 쉽게 하는 것입니다. 3년간 유튜브를 운영하면서 느꼈던 점은 적어도 이 세 가지만 지킨다면 수익은 반드시 따라온다는 것입니다.

유튜브를 하기 위해서 제일 필요한 재능 한 가지를 뽑으라면 저는 '성실함'이라고 하고 싶습니다.

저희는 물론이고 수십만 유튜버를 보면 적어도 주 1회씩은 업로드하려고 노력합니다. 유튜브도 시청자와의 약속이고 올리지 않으면 자연스럽게 알고리즘에서 잊히길 마련입니다. 그러니 너무 공들여서 만들기보다는 힘을 빼고 지속적으로 올리는 데 중점을 주셨으면 좋겠습니다. 시청자들은 우리에게 마블이나 디즈니 수준의 영상 퀄리티를 원하는 게 아니라 우리의 소소한 경험들, 이야기들을 기대하는 거니까요.

최대한 많은 사람이 궁금해하거나 검색할 만한 콘텐츠를 고민해보세요. 일단 노출이 많이 되는 게 중요합니다. 당연히 뉴스 속보처럼 사람들이 지금 당장 궁금해할 이야기로 바로 영상을 만들 수는 없습니다. 우리는 일을 해야 하니까요. 원룸 인테리어, 출근길 도시락, 자동차 세차법, 적금 추천, 여행지 추천과 같은 일상적이면서도 한 번씩은 검색할 만한 주제로 시작하는 걸 추천합니다.

제가 처음 유튜브를 시작할 때는 어려운 주식 용어로 기업을 분석하는 영상이 많았습니다. 구독자가 조금씩 늘긴 했지만 조회수가 따라주지 않았죠. 하지만 폭발적으로 월별 수익이 올라가게 된 계기는 보금자리론이라는 주택대출상품을 설명하는 영상이었습니다. 사실 인터넷에 검색하면 누구나 알 수 있지만 어렵게 느껴지고 제대로 이해한 건지 궁금해지죠. 저는 대출 경험자로서 쉽게 전달할 수 있었고 이 영상을 계기로 영상 하나가 이렇게 수익을 가져다줄 수 있는지 처음 알았습니다. 정말 저는 제가 경험한 것만 쉽게 이야기했을 뿐이었는데요.

그렇게 특별한 것도 없습니다. 뻔뻔하게 시작하세요. 남들이 모르는 이야기를 해줘야 한다고, 남들도 다 하는 거니까 남달라야 한다고 부담 갖지 않았으면 좋겠습니다. 같은 주제의 수많은 영상이 있더라도 시청자들은 10초 이내에 마음이 들지 않으면 다른 영상을 클릭합니다. 그때 여러분의 콘텐츠가 간택 당할 수도 있는 거죠.

꾸준한 글도 콘텐츠가 된다

꼭 유튜브가 아니어도 됩니다. 얼굴을 드러내는 것, 영상을 만드는 것이 부담스럽다면 글로 시작해보세요. 네이버 블로그, 티스토리에 하나의 주제로 꾸준히 글을 올리는 겁니다. 예를 들어 '직장인 퇴근 후 독서'로 주제를 정했다면 매일 퇴근하고 독서를 하고 감상을 남기면 됩니다. 그렇게 수십 개의 감상문이 모였다면 그건 이제 직장인의 퇴근 후 독서 루틴이라는 콘텐츠가 되는 거죠.

100일 이상 운영했다면 블로그는 애드센스 신청, 즉 수익화가 가능합니다. 물론 심사가 필요하지만 앞서 말한 꾸준히, 공감, 쉽게 키워드를 이용했다면 네이버의 경우 그렇게 까다롭지 않게 수익화를 받아주는 편입니다. 그리고 여러분의 글 중간마다 들어가는 광고들을 통해서 광고 수익이 생기게 됩니다.

저도 처음에는 블로그로 시작을 했었는데요. 개인적인 공부 글이었는데도 애드센스가 통과되었습니다. 화려한 글의 배치나 사진도 없었습니다. 휴대폰 화면 캡처가 전부였죠. 그럼에도 애드센스에서 제가 통과되었던 이유는 바로 꾸준함이었습니다. 주말을 제외하고 매일같이 주식시황을 올렸었거든요. 그렇게 많은 시간이 소요되지도 않았습니다. 15~30분 정도였습니다. 많지는 않았지만 매일 주식시황을 보고 싶은 사람들이 제 구독층이었습니다.

티스토리는 더 적극적인 광고 유치가 가능해 수익이 상대적으로 많긴 하다만 '애드고시'라고 불릴 정도로 수익화 심사가 까다로운 편입니다. 처음이라면 네이버 블로그를 이용해보고 디자인이나 편집 업무에 능통하다면 티스토리로 시작하는 것도 좋습니다.

자면서도 돈을 벌게 하라

워런 버핏이 한 말이 있죠. "자면서도 내가 돈을 벌게 하라." 여러분이 일 끝나고 노동을 주로 하는 알바를 해도 되지만 그 일들은 부가가치가 일어나지 않습니다. 차라리 알바를 하되 프로N잡러의 일상으로 브이로그를 올린다면 부가가치가 생기겠죠. 내가 일하지 않고 자는 시간에도 누군가는 내 영상을 보며 광고수익을 올려줄 거니까요.

여러분들이 자면서도 수익이 생기는 구조를 직접 만들어보세요. 처음에는 조회수가 없어 아무 수익이 없을 수도 있겠지만 계속 여러분만의 속도로 콘텐츠를 쌓으면 됩니다. 이후 구독자나 조회수가 쌓이면서 방문한 사람들은 이전의 콘텐츠까지 보려고 할 겁니다. 콘텐츠가 쌓이면 쌓일수록 더 수익과 조회수가 배로 높아질 수밖에 없는 구조가 되는 겁니다. 3명이 쳐다보고 있으면 30명이 모인다고 합니다. 그리고 30명이 모여 보고 있으면 300명을 불러 모으는 효과를 냅니다.

그리고 좋은 기회로 광고를 맡거나 책을 내거나 강연을 하거나 프로젝트를 진행할 수도 있겠죠. 그렇다면 여러분은 여러분의 콘텐츠를 통해서 새로운 파이프라인을 하나 더 뚫게 되는 겁니다. 제 책은 파이프라인을 전문으로 다루는 책이 아니기에 여기까지만 남기겠습니다. 마지막으로 제가 많이 도움을 받았던 책 또는 유튜브를 알려드리니 참고해보세요.

1. 『유튜브는 처음입니다만』(서민재 지음, 카시오페아, 2019년)

2. 『젊은 부자들은 어떻게 SNS로 하루에 2천을 벌까?』(안혜빈 지음, 나비의활주로, 2019년)

3. 드로우앤드류(youtube.com/@drawandrew): 자기브랜딩 유튜브

4. 고객의눈, 김팀장(youtube.com/@kimteamjang___): 블로그, 마케팅

명품 가방 대신
노트북을 샀다

전 세계 부자들은 소비할 때도 투자를 합니다. 즉 자신에게 이익이 될 수 있는 소비를 하는 것이죠. 수백억 원의 주식을 사들이면서 정작 10년도 더 된 낡은 삼성 피처폰을 들고 다녔던 워런 버핏처럼요. 부자가 되려면 부자를 따라 해야 한다는 말처럼 소비하되 나에게 도움을 줄 수 있는 소비를 해야 합니다.

어느덧 저는 20대 후반을 바라보고 있는 나이입니다. 그럼에도 제가 제일 자주 들고 다니는 가방은 노트북 가방인 듯합니다. 꾸미는 것에 관심도 많고 옷도 좋아하지만 이상하리만큼 명품 가방에는 인색해지더군요. 이유는 하나입니다. 너무 비싸기 때문이죠.

그런데 명품 가방보다 비싼 노트북을 보면서 제가 했던 말은 "오, 싼데?"였습니다. 작년에 저는 8년 만에 새 노트북을 과감하게 질렀습니다. 덕분에 저는 명품 가방 하나 없지만 노트북을 통해서 그 이상의 가치를 들고 다닌다고 생각합니다. 이 노트북으로 수백 편의 영상을 만들었고 지금 이 글을 쓰고 있습니다. 앞으로도 그럴 예정이고요.

8년 만에 새로 산 노트북은 소비가 아닌 나를 위한 투자라고 생각합니다. 1시간이 넘게 걸리던 영상 저장 속도도 1분 안에 해결이 되었으며 무게도 가벼워져서 들고 다니기 편하거든요. 저는 제가 영상을 만들 때 제일 빛난다고 생각합니다. 그러니 굳이 반짝거리는 명품 가방을 따로 살 필요가 없겠죠(물론 선물로 받는다면 매우 감사할 것 같긴 합니다).

드라마에서 나온 배우들이 빛나는 이유는 누가 들어도 알 만한 브랜드의 옷을 입어서일까요? 멋진 외모도 일조했겠지만 극에 몰입해 더 멋진 연기를 보여줄 때 배우들은 빛이 납니다. 어색한 연기를 하는 배우들이 입고 나온 명품 브랜드의 옷들은 인기가 적으리라 생각됩니다. 내가 지닌 물건은 내가 지닌 매력에서 추가가 되는 것이지 그 자체로 빛나진 않으니까요.

앞서 월급 포트폴리오에서 의문의 투자비용 항목을 기억하고 있나요? 일부러 투자비용을 뺀 이유는 대부분 자신에게 투자하는 데 너무 인색하기 때문입니다. 외식비로는 20만 원이 나가지만 책은 2만 원도 비싸다고 생각하죠. 상견례 식사 자리, 꿈꾸던 이상형과의 식사 자리가 아닌 이상 어떤 소비가 자신에게 더 도움이 될까요?

한 가지 물건에 소득의 15% 이상을 소비해야 하는 순간이 온다면 한번 자신에게 물어봐야 합니다. '왜 그걸 사려는 거야?' '그걸 사면

나에게 어떤 이익이 있어?' '그 이익은 오래 유지되는 거야, 아님 일회
성이야?' 이 세 가지 질문을 통해 과소비인지 아니면 내게 투자하는
것인지 판단해보세요.

꼭 강의나 책과 같은 공부가 아니어도 됩니다. 여러분의 목표에 조
금이라도 도움을 줄 수 있다면 무엇이든 상관없습니다. 여러분의 경
험을 콘텐츠화하기로 했다면, 그 경험에 투자해도 됩니다. 여행 콘텐
츠라면 여행에, 카페 추천 블로그라면 카페 탐방 등에 말이죠.

명품보다도 여러분을 진정으로 반짝반짝 빛나게 만들어줄 수 있는
곳에 과감히 투자했으면 좋겠습니다.

생애 자금
활용 테크트리

지금까지 알아본 주식 투자, ISA, 연금저축펀드, 부동산, 파이프라인 창출을 통한 생애 주기별 자금 테크트리는 다음과 같습니다.

1. 사회초년생~목돈 굴리기: ISA로 주식 투자 + 적금 활용

2. 결혼 또는 경제적 독립 시작: 목돈 + 대출 = 내 집 마련

3. 적금 후 남은 잉여자금: 주식 투자 및 나에게 투자해 파이프라인 견고화

   - 이때 주식은 우량주 및 배당이 확실한 기업 위주로 투자

   - 저평가 공식 활용해 더 안전하게 투자(책임져야 할 식구가 있다면 더욱)

4. 노후 대비 자금: 연금저축펀드

5. 2번과 3번에서 나오는 수익으로 더 좋은 입지로 이사

6. 좋은 입지에서 은퇴 후 연금저축펀드, 국민연금 등 연금을 수령하며 여유

제가 만든 테크트리의 핵심은 지속입니다. 목돈을 모은다고 끝도 아니고, 집을 산다고 끝도 아닙니다. 어쩌면 자녀가 생겨 자금계획이 변동되거나 계획되지 않은 변수들로 자산을 관리하는 것조차 버거울 수도 있습니다. 그럼에도 이정표를 꽂아놓으면 돌아가더라도 언젠가는 제 길로 찾아가리라 생각합니다. 목표를 알고 있는 것만으로도 행동의 동기가 될 테니까요.

처음에 작고 소중한 월급으로 도대체 어떻게 시작할지 몰랐는데, 지금 당장 무엇을 해야 할 것 같은지 감이 오나요? 그렇다면 정말 다행입니다. 여러분이 당장에 해야 할 행동들은 제가 알 수 없으니까요.

전체적인 틀과 제가 다치고 깨지면서 배웠던 노하우는 전달할 수 있어도 여러분의 지금 상황에 딱 맞는 행동은 여러분 스스로가 깨달아야 합니다. 그게 절약이 되었든 무엇이 되었든지 말이죠. '아, 나는 투자가 안 맞네, 대신 커리어를 먼저 쌓아야겠다.' 하며 내게 가장 도움이 되는 방향을 찾으면 됩니다. 결국 우리의 목표는 '부자'니까요.

당신은 어떤 부자가 되고 싶나요?

1장에서 '○○ 부자로 살기' 기억하나요? 저와 이곳에서 만나기로 했었죠. 그런데 여러분은 부자란 무엇이라고 생각하시나요? 돈이 많은 사람? 부동산이 많은 사람? 주식이 많은 사람?

2022년 12월, 한 임대업자가 빌라를 1천 채를 가지고 있었음에도 전혀 여유롭지 못한 죽음을 맞이했다는 기사를 보았습니다. 수십 채는 전세자금을 돌려주지 못해 전세사기와 압류에 휘말려 있었고 다른 세입자들도 전세보증금을 돌려받을 수 있을까 싶을 정도로 자금들이 돌려막기되어 있는 상태였죠. 유일한 가족조차도 그의 유산을 떠안으려고 하지 않았습니다. 이상하죠. 빌라가 1천 채가 있었는데도 말이에요. 불법적인 조직이 관련되어 있다는 이야기도 있지만, 이렇게 사기를 치고 도망을 다니며 남을 희생시키는 사람들은 결코 행복해질 수 없을 겁니다. 빌라를 2천 채, 3천 채를 모으더라도요.

단순히 자산이 많다고 부자는 아니라고 생각합니다. 매출이 1조 원이 넘어도 부도처리가 나는 기업이 있는 것처럼 결국에는 내실이 중요합니다. 즉 가치가 중요합니다. 가치 있는 자산이 많은 사람, 저는 그것이 부자라고 생각합니다.

저는 돈이 많으면 좋으리라 생각했고, 집이 생기면 다 됐다고 생각했고, 주식이 상한가를 가면 다 좋을 것이라 여겼습니다. 그런데 그런 기쁨은 정말 잠시더군요. 집이 있어도 여전히 직장에 가는 것은 버겁고, 돈은 있다가도 또 안 보이고 주식은 오르락내리락을 반복했습니다.

정작 제가 행복했었을 때는 따로 있었습니다. 내가 가진 시간을 내어 우리 반 꼬맹이들의 영상을 만들어줄 때, 내가 알고 있는 것을 이렇게 책이든 영상으로든 전달해줄 수 있을 때, 사랑하는 사람들에게 거리낌 없이 선물할 수 있을 때 저는 오래 행복했습니다. 그래서 제게 부자는 '주는 부자'입니다.

제가 가진 것을 나누면서 더 부자가 될 겁니다. 아낌없이 지식과 경험을 나눌 거고요. 그에 대한 보상으로 인세나 유튜브 수익이 들어온다면 가능한 시나리오라고 생각합니다. 꼭 돈이 아니더라도 색다른 경험의 기회가 찾아올 수 있겠죠. 그 점이 참 설렙니다.

여러분은 어떤 부자가 되고 싶으신가요? 여러분을 가장 여러분답게 또 행복하게 해주는 부자가 되어 저를 우리나라에서 제일 많은 부자를 창출시킨 작가로 만들어주시기를 기다리고 있겠습니다.

평범한 우리도
할 수 있습니다

저는 잘난 사람이 아닙니다. 영상을 만들긴 하지만 특출나게 잘 만드는 것도 아니고 누가 봐도 '와~' 할 만한 커리어를 가진 것도 아닙니다. 날고 기는 아이들이 총집합한 대학교에 들어갔을 때가 생각이 납니다. 내가 최고라고 생각했던 우물 안 고등학교에서 갓 나온 저는 제가 그렇게 어중간한 사람인지 몰랐던 것 같습니다. 사회에 나와서는 더 그렇더군요. 그래서 의기소침할 때도 많았습니다.

그렇기에 저는 잘되기 위해 노력했습니다. 아니, 잘되기 위한 이유를 만들어갔습니다. 생각보다 별거 아니더군요. 책을 1권 더 읽는 것, 글을 한 줄 더 적는 것, 정말 쉬고 싶지만 그럼에도 영상을 하나 더 찍어 올리는 것, 졸린 아침에 신문을 펼쳐보는 것. 그러다 보면 제가 잘될 수밖에 없는 이유가 수두룩하니 결국 잘되지 않을까요?

이 책에 내용을 조금 아껴 쓸 만도 한데 다 갈아 넣었습니다. 제일 좋아하는 책 중 하나가 원앤원북스의 『나의 첫 금리 공부』입니다. 그래서 그 책과 같은 출판사의 연락을 받고 너무 기뻤습니다. 정말 감사했고 며칠 동안은 한 3cm는 공중에 뜬 채로 보낸 것 같습니다. 부족한 저에게 이런 기회를 준 만큼, 또 『나의 첫 금리 공부』에서 배운 만큼, 누군가를 위한 '투자사용설명서'를 만들고 싶었습니다.

이광민 과장님, 저희 때문에 속 터지셨을 텐데 다시 한번 너무 감사드립니다. 제가 존경하는 선생님께서 해주신 말이 있는데요.

씨앗. 너무 애쓰지 마라. 어차피 꽃이 필 운명이니.

어차피 애쓸 것 압니다. 아직 부족한 제 책까지 왔으면 진짜 애 많이 쓴 것이겠죠. 그러니 우리는 더 멋진 꽃을 피울 운명이란 것도 알고 있었으면 좋겠습니다.

사랑하는 엄마 아빠에게, 경제에 대해 치열하게 고민할 수밖에 없이 키워주셨습니다. 현명한 엄마의 선택과 우직한 아빠가 버텨주지 않았다면 저는 이렇게 일어날 수 없었을 것 같습니다. 한 칸 한 칸 넓어지는 방을 보면서 엄마가 어떤 결정을 하고 그를 위해 치열하게 고민하고 절약했는지 알 수 있었습니다. 사회생활을 하다 보니 30년간 한 조직에서 버텼던 아버지의 어깨가 어땠을지는 감히 상상도 할 수 없었습니다. 부족한 딸내미지만 이렇게 몇 글자나마 감사함을 전하고 싶습니다. 제 인생에 있어 최고의 자산이자 가치주를 뽑으라면 저의 부모님입니다.

그리고 최우혁 사장님, 낮은 자리에서 이렇게 훌륭한 사업가로 성장해나가는 모습을 보면서 같은 호적을 공유한 호적메이트이자 엄마 아들이라 늘 자랑스러웠습니다. 그 길이 얼마나 고되었을지 아니까 동생으로서 더 따뜻하게 대해주지 못해 많이 미안합니다. 우리 사장님 같은 국내 사업가가 많이 성장하고 힘든 경기에도 버텨주어 대한민국의 경제를 이끌어주면 좋겠습니다.

제가 대표로 에필로그를 적지만 공저자이자 동업자이자 제가 사랑하는 친구 지애에게도 한마디 남기고 싶습니다.

"너는 내게 찾아온 내 인생 최고의 행운이야. 너를 알게 되어 여기까지 재밌게 지치지 않고 올 수 있었어. 천천히 가더라도 절대 포기하지 않고 누구보다 꼼꼼하게 최선을 다하는 문 대리가 옆에 있어서 늘 든든하고 앞으로 너와 함께 걸어갈 길들이 무척 기대된다. 그러니 퇴사는 없어!"

돈을 공부한다는 이유로 재테크를 한다는 이유로 자신의 관계를 소홀히 하지는 않았으면 합니다. 소중한 것을 지키려고 돈을 버는 거니까요. 때로는 말 한마디가, 작은 행동 하나만으로 행복해하는 게 바로 자신의 옆에 있는 사람들이 아닐까 생각합니다. 여러분이 소중하게 생각하는 것들을 위해 투자하셨으면 합니다.

읽어주셔서 진심으로 감사합니다.

퇴사는 무섭지만
돈은 벌고 싶은
월급쟁이들에게

초판 1쇄 발행 2023년 8월 10일
초판 4쇄 발행 2024년 5월 7일

지은이 최영은 문지애
펴낸곳 원앤원북스
펴낸이 오운영
경영총괄 박종명
편집 최윤정 이광민 김형욱 김슬기
디자인 윤지예 이영재
마케팅 문준영 이지은 박미애
디지털콘텐츠 안태정
등록번호 제2018-000146호(2018년 1월 23일)
주소 04091 서울시 마포구 토정로 222 한국출판콘텐츠센터 319호 (신수동)
전화 (02)719-7735 | **팩스** (02)719-7736
이메일 onobooks2018@naver.com | **블로그** blog.naver.com/onobooks2018
값 19,000원
ISBN 979-11-7043-432-0 03320